David Perkins
Geistesblitze

Zu diesem Buch

Was haben Archimedes, Darwin, Max Planck, die Gebrüder Wright, Sherlock Holmes und James Bond gemeinsam? Sie alle hatten im entscheidenden Moment eine zündende Idee, die zur Lösung ihres Problems führte. In diesem Buch geht es um die Frage, wie es zu solchen Geistesblitzen kommt. Die Geschichte der Erfindungen und Entdeckungen ist voller Beispiele für innovatives, bahnbrechendes Denken. David Perkins zeigt Ihnen die Struktur, die diesem Denken zugrunde liegt, und bietet eine systematische Herangehensweise, wie Sie die Fähigkeit, Geistesblitze zu haben, lernen und entwickeln. Mit vielen Rätseln und Denksportaufgaben führt David Perkins von der Theorie zur Praxis in eine »mentale Turnhalle«, wo Sie Ihr innovatives Denken trainieren können.

David Perkins promovierte am MIT in Boston in Mathematik und künstlicher Intelligenz. Er ist stellvertretender Direktor des Think Tank »Project Zero«, einer Forschungsgruppe an der Harvard Graduate School of Education, die sich auf die Themen Kreativität, Intelligenz und Lernen spezialisiert hat. Er hat bereits zahlreiche Bücher veröffentlicht. Weiteres zum Autor: www.pz.harvard.edu/PIs/DP.htm

David Perkins
Geistesblitze

Innovatives Denken lernen mit Archimedes, Einstein & Co.

Aus dem Englischen von
Andreas Simon

Piper München Zürich

Redaktion: Dr. Barbara Werner, Stuttgart

Ungekürzte Taschenbuchausgabe
Piper Verlag GmbH, München
September 2003
© 2000 David Perkins
Titel der amerikanischen Originalausausgabe:
»The Art and Logic of Breakthrough Thinking«,
W. W. Norton & Company, New York/London 2000
© der deutschsprachigen Ausgabe:
2001 Campus Verlag GmbH, Frankfurt am Main
Umschlag/Bildredaktion: Büro Hamburg
Isabel Bünermann, Julia Martinez/
Charlotte Wippermann, Kathrin Hilse
Umschlagfoto: Steven Swift/Illustration Source/PicturePress
Satz: Leingärtner, Nabburg
Druck und Bindung: Clausen & Bosse, Leck
Printed in Germany   ISBN 3-492-23934-X

www.piper.de

Meinen Söhnen Theodore und Thomas Perkins,
die mit mir über viele der Ideen in diesem Buch sprachen,
viele der hier präsentierten Rätsel lösten und selbst welche erfanden,
die auf künftige Leser warten.

Inhalt

◆

Teil I

Was ist ein Geistesblitz?

1. Denken wie Leonardo 11
2. Von Sufi-Geschichten zu James Bond-Thrillern 29
3. Die Logik des Glückhabens 45
4. Gibt es eine wissenschaftliche Erklärung
   für den Geistesblitz? 65

Teil II

Die Kunst des Geistesblitzes

5. Die lange Suche vor dem großen Knall – Umherschweifen! . 85
6. Wegmarken für die Orientierungslosen 102
7. Mit dem Kopf durch die Wand – oder lieber umdenken? . . . 118
8. Alles, nur nicht das – also abrücken! 132

Teil III

Geist, Gehirn und Geistesblitze

9. Geistesblitze auf dem Prüfstand 151
10. Gibt es eine mentale Überholspur? 161
11. Geistesgegenwart 176
12. Zu viel wissen und genug vergessen 190

Teil IV

Kann die Natur denken?

13. Die Evolution schafft den Durchbruch 207
14. Blinder Verstand und kluge Evolution 225
15. Warum wir von Klondike-Logik nicht loskommen 237

Anmerkungen 243
Literatur. 252
Danksagung 257
Bildnachweise 258
Register 260

Teil I

Was ist ein Geistesblitz?

◆

Geistesblitze gibt es überall in unserem Leben: in Wissenschaft und Technik, in der Kunst, sogar im Alltag. Vergleichbare Phänomene finden wir in der Natur, wenn durch die Evolution bisher ungeahnte Entwicklungen ausgelöst werden. Im ersten Teil des Buches wollen wir auf einige dieser bahnbrechenden Ideen zu sprechen kommen, die Tiefenstruktur des innovativen Denkens untersuchen und den Lesern die Gelegenheit bieten, bei der Lösung von Rätseln die Kunst des Geistesblitzes zu erproben.

I

Denken wie Leonardo

Das Denken schwingt sich in die Lüfte

Leonardo da Vinci irrte sich – und war doch ein großer Denker. Viele seiner Vorstellungen waren falsch, und viele seiner Pläne ließen sich nicht verwirklichen. Aber sie waren richtungsweisend.

Den Italiener, der Kunst und Wissenschaft so brillant miteinander verband, bewundern wir bis heute für seinen vielseitigen und beweglichen Geist. Mit seinen Werken – von der Mona Lisa bis zum Entwurf von Kriegsmaschinen, vom »Abendmahl« bis zu den Anatomiestudien, die das Filigranwerk des menschlichen Körpers aufdeckten – versuchte Leonardo, die Welt zu verstehen, ihr bildlichen Ausdruck zu verleihen und seine Ideen durch den Bau von Geräten und Maschinen in die Tat umzusetzen. Tatsächlich könnte man sagen, dass Leonardo zu viel erstrebte. Er wurde berühmt dafür, Projekte zu beginnen und nicht zu vollenden. Denn natürlich ließ es sich nicht vermeiden, dass er in seiner unentwegten Geschäftigkeit Fehler machte.

Wegweisend waren Leonardo da Vincis Ideen für die Entwicklung der Fliegerei. Er beobachtete sorgfältig die Vögel, analysierte ihre Bewegungen und leitete daraus allgemeine Grundsätze ab. Er erkannte, dass sie sich nicht allein durch das Schlagen der Flügel in die Luft erhoben, sondern dass sie auch auf Luftkissen glitten. Diese Beobachtungen regten ihn an, verschiedene Flugapparate für Menschen zu skizzieren. Einer davon war eine Art Hubschrauber mit einer riesigen Schraube, die einen Radius von acht *braccia*, etwa 4 $^1/_2$ Meter, hatte und sich spiralförmig in die Luft erheben sollte.[1]

Leonardo verglich zwei sehr unterschiedliche Dinge miteinander. Ein Propeller sei letztlich eine Luftschraube, die sich in der Luft ganz

ähnlich »festhält«, wie eine Holzschraube im Holz, das war seine Vermutung. Die Idee war undurchführbar. Die Schraubenform, die Leonardo ins Auge fasste, hätte zu viel Gewicht tragen müssen, um sich in die Luft zu erheben. Mit menschlicher Muskelkraft ließ sich so viel Energie nicht erzeugen, grundlegende physikalische Gesetze standen dabei im Weg: Fliegen ist für kleine Lebewesen wie Vögel und Insekten – oder für kleine Fluggeräte wie Modellhubschrauber – weit einfacher als für große, denn große Lebewesen benötigen weit mehr Energie dazu.

Erst zu Beginn des 20. Jahrhunderts lösten Wilbur und Orville Wright viele Probleme des Fliegens mit Fluggeräten, die schwerer als Luft sind. Es gelang ihnen, indem sie wie Leonardo da Vinci dachten.

Auch die Wright-Brüder ließen sich vom Vogelflug inspirieren, aber sie kamen auf ganz eigene Ideen. Eine davon betraf den Propeller. Anfänglich nahmen die Brüder an, dass sie diesen nach dem Vorbild von Schiffsschrauben konstruieren könnten. Sie mussten jedoch bald entdecken, dass es weder Theorien noch Pläne von Schiffsschrauben gab. So verließen sich Wilbur und Orville Wright auf ihre Erfindungsgabe und gelangten wie Leonardo da Vinci zu einer Analogie. Ein Propeller musste nach ihrer Vorstellung nicht als Luftschraube, sondern als Rotationsflügel gedacht werden. So wie die Flügel des Flugzeugs ihm Auftrieb gaben, würden es die »Flügel« des Propellers voranziehen. Dieser Vergleich erlaubte es den Wright-Brüdern, den Propeller in Analogie zu den Flügeln zu konstruieren. Die Entwicklung des Propellers war einer der letzten bahnbrechenden Geistesblitze, die für die Erfindung des motorisierten Fliegens notwendig waren.[2]

Das Auffallendste am Denken Leonardo da Vincis und der Wright-Brüder waren nicht ihre Schlussfolgerungen, sondern die Wege, auf denen sie zu ihnen gelangten. Sie suchten nach Analogien, um ein kniffliges Problem zu überdenken und eine unerwartete Lösung zu finden. Leonardos Versuch war seiner Zeit so weit voraus, dass ihm noch die Schlüsselstücke des Puzzles fehlten. Wilbur und Orville Wright, die sich auf eine Vielzahl von Fortschritten in Wissenschaft und Technik stützen konnten, fanden schließlich die Lösung. Sie hatten den entscheidenden Geistesblitz.

»Heureka!«

Jeder bahnbrechende Geistesblitz, der diesen Namen verdient, ist einen Jubelschrei wert. Die meisten von uns würden wahrscheinlich »Hurra!« sagen, aber wir könnten auch »Heureka!« rufen. *Heureka* ist ein Wort aus dem Altgriechischen und bedeutet »Ich habe es gefunden!«. Es ist bemerkenswert, dass ein 2000 Jahre alter Spruch aus dem antiken Griechenland überhaupt in Erinnerung geblieben ist. Er stammt von Archimedes, dem griechischen Philosophen und Mathematiker, dem selbst ein Geistesblitz gelang: die Entdeckung des hydrostatischen Prinzips. Obwohl vermutlich eine Legende, ist die Geschichte des Archimedes so schön und so einleuchtend, dass sie eigentlich wahr sein müsste.[3]

Den Anlass bot ein königlicher Auftrag. Hieron II. war der neue Herrscher von Syrakus geworden. Er hielt sich für einen Günstling der Götter und gab eine goldene Krone in Auftrag, die er ihnen zum Dank weihen wollte. Hieron stellte das Gold zur Verfügung und erhielt von den Goldschmieden die Krone. Es kam ihm jedoch zu Ohren, dass die

Schmiede einen Teil des Goldes gestohlen haben könnten. Die Krone wog genauso viel, wie das Gold, das Hieron geliefert hatte, aber vielleicht hatten die Schmiede etwas Gold durch weniger wertvolles Silber ersetzt – nicht genug, um die Farbe zu verändern, aber ausreichend viel, um einen hübschen Profit einzustreichen. Da Hieron nicht gewillt war, sich betrügen zu lassen, bat er Archimedes, der Sache auf den Grund zu gehen und festzustellen, ob die Krone tatsächlich alles Gold enthielt.

Archimedes wusste, dass Silber nicht die gleiche Dichte aufweist wie Gold. Wenn die Goldschmiede wirklich einen Teil des Goldes durch einen gleich schweren Teil Silber ersetzt hatten, musste das Volumen der Krone größer sein: Die Krone wäre also etwas größer, als sie hätte sein sollen. Trotzdem war das Problem nicht leicht zu lösen. Wie konnte Archimedes das Volumen der Krone bestimmen, wo es sich doch um einen Gegenstand mit einer höchst unregelmäßigen Form handelte? Wie konnte er also überprüfen, ob sie verdächtig groß war?

Über dieses Rätsel grübelnd, ging Archimedes ins öffentliche Badehaus. Als er sich in die Wanne setzte, bemerkte er, dass das Wasser an den Seiten überlief. Je tiefer er sich hineinsetzte, desto mehr lief heraus. In einer blitzartigen Eingebung entdeckte er die Antwort: Sein Körper verdrängte ein gleiches Volumen an Wasser. In gleicher Weise konnte Archimedes, indem er die Krone in Wasser tauchte, ihr Volumen bestimmen und es mit dem ursprünglichen Volumen des unverarbeiteten Goldes vergleichen. Die Legende will, dass Archimedes aus der Wanne sprang, nackt durch die Straßen von Syrakus rannte und »Heureka!« ausrief: »Ich habe es gefunden!«

Da er in Analogien dachte, machte es Archimedes wie Leonardo da Vinci. Oder besser, da Archimedes viel früher lebte als das italienische Universalgenie: Leonardo da Vinci tat es dem Archimedes gleich.

Wie Geistesblitze unsere Welt verändern

Während ich hier sitze und schreibe, beleuchtet dank des Geistesblitzes, den Thomas Alva Edison um 1880 hatte, eine zentrale Erfindung der Neuzeit meinen Arbeitsplatz: eine Glühlampe. Ich schreibe diese

Worte mithilfe eines Desktop-Computers, ein technologischer Nachfahre des Transistors, den die Bell-Laboratorien 1948 entwickelten und der seither ein allgegenwärtiger technologischer Baustein ist. Und wem all dies zu technisch klingt: Ich sitze dabei immer noch auf einem einfachen Stuhl.

Betrachten wir einen Moment den Ursprung dieses Stuhls. Stuhlähnliche Formen gibt es in der Natur nur selten. Unsere Urahnen fanden Sitzflächen auf Steinen oder umgestürzten Baumstämmen, als Lehnen dienten Bäume und Höhlenwände. Entweder hatten sie Sitzflächen ohne Lehnen, oder Lehnen ohne Sitzflächen. Damit mussten sie sich so lange begnügen, bis jemand eine neue Idee hatte. Ein Stuhl sieht ganz einfach aus. Trotzdem ist er keine simple Konstruktion. Er ist kein Gegenstand, den die Natur für den Menschen bereitstellt und der so augenfällig wäre wie ein umgestürzter Baumstamm, der eine Brücke über einen Wasserlauf bildet. Der Stuhl musste erst erfunden werden.

Erfindungen entstehen häufig nicht langsam, Schritt für Schritt, sondern plötzlich. Sie verändern unsere Welt, gestalten sie um. Schnittwunden und größere Verletzungen sind seit etlichen Jahrzehnten leichte, unproblematische Unfälle, weil es Antibiotika gibt. Aber wer hätte zuvor gedacht, dass lebende Organismen wie Schimmelpilze Wirkstoffe hervorbringen können, die bakterielle Infektionen aufhalten? Seit Hunderten von Jahren malen Künstler Gebäude mit Dächern und Wänden, die in der Perspektive so zusammenlaufen, wie wir es in der Natur beobachten. Aber es mussten erst Filippo Brunelleschi und andere kommen, die lange über Optik und den Weg der Lichtstrahlen nachdachten, damit in der Frührenaissance die perspektivische Malerei entstehen konnte.

Geräte, Maschinen, Philosophien, Regierungsformen, Symbolsysteme, Fortschritte in Industrie, Wissenschaft, Technik und in vielen anderen Gebieten entstanden nicht durch stetige Verbesserungen, sondern durch beträchtliche Sprünge über das hinaus, was zuvor bekannt war und benutzt wurde. Das bedeutet nicht, dass ein stärker auf die Verbesserung und Steigerung des Vorhandenen aufbauendes Denken keinen Beitrag zur Entwicklung unserer Welt leistet. Ein wesentlicher Teil des kreativen Denkens führt nicht zu plötzlichen, bahnbrechenden Erkenntnissen, sondern zu wertvollen und in gewisser Weise auch neuen Ideen und Produkten – aber immer nur innerhalb eines vorhandenen Rahmens. Wirklich innovativ sind also allein die bahnbrechenden Geistesblitze*. Und deshalb haben wir immer etwas Besonderes vor uns, wenn wir uns mit ihnen beschäftigen.

Welche Denkprozesse liegen einem Geistesblitz zugrunde? Im Badehausabenteuer von Archimedes und in vielen ähnlichen Episoden können wir eine fünfstufige Struktur erkennen, die etwa so aussieht:

1. *Lange Suche*: Bahnbrechende Geistesblitze erfordern meistens eine lange Suche. Archimedes rang mit der von Hieron gestellten Aufgabe, Leonardo da Vinci brütete endlos über dem Problem des Fliegens und die Wright-Brüder widmeten ihrer Forschung viele Jahre ihres Lebens.

2. *Geringer erkennbarer Fortschritt*: Einen Geistesblitz haben wir gewöhnlich dann, wenn wir nahe daran sind aufzugeben, weil wir keinen oder nur einen geringen Fortschritt erkennen können. Archimedes überlegte hin und her, bevor er Hierons Auftrag erfüllen konnte. Die Wright-Brüder verschwendeten bei der Suche nach einem funktionsfähigen Propeller viel Zeit auf die Schiffsschraubenmodelle.

3. *Beschleunigendes Ereignis*: Irgendwann tritt ein Ereignis ein, das uns auf die Sprünge hilft. Manchmal führen äußere Umstände zu solch einem beschleunigenden Ereignis, wie das überfließende Wasser in der Badewanne des Archimedes. Manchmal reicht eine geistige Erkenntnis, zum Beispiel, wenn man eine neue Sicht auf ein Problem gewinnt und einen Propeller nicht als Schraube, sondern als Flügel begreift.

---

* Der Ausdruck »breakthrough thinking« des Originals (wörtlich »Durchbruchdenken«) wird hier zumeist als »bahnbrechender Geistesblitz« oder nur als »Geistesblitz« übersetzt. Der Begriff soll dabei im Sinne des Autors nicht nur als »plötzliche, geniale Eingebung« zu verstehen sein, sondern zugleich als »bahnbrechendes Denken«, als der *aktive und trainierbare Prozess unkonventioneller Denkstrategien* zur Lösung vertrackter Probleme, an dessen Ende eine blitzartige Erkenntnis, eine überraschend neuartige Einsicht, ein wirklicher Durchbruch steht. (A.d.Ü.)

4. *»Heureka!«-Erlebnis*: Und plötzlich wissen wir: »Das ist es!« Geistesblitze kommen schnell, sie sind eine Art »Einrasten«, ein kognitives »Zuschnappen«. Das ist das klassische »Heureka!« des Archimedes. Es mag sich im Bruchteil einer Sekunde abspielen, mehrere Minuten oder länger dauern, aber es ist verglichen mit der Zeit, die dem Geistesblitz vorangeht, charakteristischerweise kurz. Danach kann es wiederum einige Zeit dauern, die Verästelungen und vielfältigen Konsequenzen der Idee auszuarbeiten. Die Wright-Brüder arbeiteten und diskutierten monatelang über die technischen Probleme, bevor aus ihrer Einsicht, dass Propeller wie Flügel zu verstehen sind, ein gut konstruierter Propeller wurde.

5. *Umgestaltung der Welt*: Der Geistesblitz verwandelt die eigene geistige oder physische Welt. Archimedes hatte vor seinem Bad gewiss kein hydrostatisches Gesetz im Sinn. Propeller waren keine Schrauben oder Flügel, bis Leonardo da Vinci und die Wright-Brüder sie dazu machten. Ideen wie das Archimedische Prinzip und Technologien wie das Fliegen haben bahnbrechende Auswirkungen, weil sie die Art verändern, wie wir Menschen der Welt begegnen und in ihr handeln.

Malthus trifft zweimal ins Netz

Das beschleunigende Ereignis und das »Heureka!«-Erlebnis erinnern ein wenig an das Toreschießen beim Fußball: Zuerst kommt der Schuss, und ein paar Sekunden später fliegt der Ball zwischen die Pfosten. Bei den bisherigen Beispielen »mentaler Tore« spielte die Analogie eine wichtige Rolle: Leonardos Propeller als Schraube, der Propeller als Flügel bei Wilbur und Orville Wright sowie der Körper von Archimedes, der anstelle der Krone das Wasser verdrängte. Aber ist die Analogie das einzige Hilfsmittel? Weitere Möglichkeiten erkennen wir, wenn wir den Blick auf eine der herausragendsten Entdeckungen aller Zeiten richten, die Entwicklung der Evolutionstheorie.

Im September 1838 war es 15 Monate her, seit Charles Darwin von seiner berühmten Reise mit der H. M. S. Beagle zurückgekehrt war. Auf dieser Forschungsreise hatte er bei der Untersuchung von Vogelarten auf den Galapagosinseln zwingende Beweise für die Evolution gefunden. Überzeugt von der Triftigkeit seiner Beobachtungen, suchte Darwin nach einem Mechanismus, der den Evolutionsprozess steuerte. Wenn die Evolution eine Tatsache war, wodurch wurde sie in Gang gesetzt?

Darwin füllte seine Notizbücher mit zum Teil recht bizarren Spekulationen über den Mechanismus der Evolution. Doch der entscheidende Geistesblitz kam in einem Moment, in dem er sich überhaupt nicht mit dem Problem beschäftigte. Darwin berichtete, dass er zur Zerstreuung den berühmten *Essay on the Principle of Population* von Malthus las. Dieser vertrat darin die Auffassung, dass das unkontrollierte Wachstum der menschlichen Bevölkerung zu einer Übervölkerungskatastrophe führen müsse. Darwin grübelte über die These nach und erkannte, dass in einem solchen Szenario die tüchtigsten Individuen überleben und ihre Eigenschaften an ihre Nachkommen weitergeben würden. Dies konnte das Prinzip der Evolution sein. In wenigen Momenten gelangte Darwin zur Lösung eines Rätsels, an dem er seit Monaten gearbeitet hatte, eine Einsicht, die schließlich das Selbstverständnis der Menschheit veränderte.[4]

Bemerkenswerterweise erkannte Darwin die Bedeutung seiner Entdeckung nicht sofort.[5] Der Psychologe Howard Gruber argumentiert aufgrund einer genauen Analyse von Darwins Notizbüchern, dass dieser seine Entdeckung nicht als plötzliche Eingebung erlebte. Darwin schrieb die Idee von der natürlichen Auslese einfach in seine Notizbücher, wo er bereits Dutzende von anderen Spekulationen über die Evolution notiert hatte. Einige Tage ließ er den Gedanken auf sich beruhen. Erst dann erwog er ihn erneut, begann, seine Fruchtbarkeit zu erkennen und auszuloten, welche Konsequenzen sich daraus ergaben. Man könnte sagen, dass sich der Geistesblitz bei Darwin eher langsam ereignete. Manche Entdeckungen brauchen eine Weile, bis ihr Potenzial erkannt wird – Stunden, Tage und sogar länger. Dennoch ist die dafür benötigte Zeit immer noch weit kürzer als die vorhergehende Suche. Das plötzliche »Heureka!« ist kurz im Hinblick auf die Phase, die ihm vorangeht.

Darwin selbst hinterließ keinen detaillierten Bericht, wie er auf den entscheidenden Gedanken kam. 1838 schrieb er in seiner Autobiografie lediglich, dass ihm bei der Lektüre der beängstigenden Vorhersagen von Malthus über die Bevölkerungsentwicklung »sofort der Gedanke (kam), dass unter solchen Umständen günstige Abänderungen dazu neigen, erhalten zu werden, und ungünstige, zerstört zu werden«. Darwin wusste, dass diese Auffassung umstritten sein würde. Da er den empörten Aufschrei jener befürchtete, die an die biblische Schöpfungsgeschichte glaubten, schob er die Veröffentlichung seiner Idee 20 Jahre lang auf, während er weitere Beweise sammelte.

1858 gelang Alfred Russel Wallace die gleiche Entdeckung.[6] Seltsamerweise machte auch er sie nach der Lektüre von Malthus, der dieses »mentale Tor« sozusagen zweimal hintereinander schoss. Wallace hatte die Abhandlung einige Jahre zuvor gelesen, erinnerte sich später daran und dachte über die Konsequenzen nach. Er hatte mehr als Darwin über den Zusammenhang zwischen den Überlegungen von Malthus und der Idee von der natürlichen Auslese zu sagen. Leicht vereinfacht war es das Folgende:

1. Malthus schrieb über Menschen, nicht über Tiere. Er betonte, dass Krankheit, Unglücksfälle, Krieg, Hunger und ähnliche Faktoren die Bevölkerungszahl der »wilden Rassen« niedrig hielten.

2. Wallace sah, dass dies für Tiere und für Menschen galt – eine offenkundige Analogie.

3. Tiere vermehrten sich schneller als Menschen. Deshalb gab es bei ihnen eine hohe Sterberate.

4. Er dachte darüber nach und fragte sich: »Warum sterben manche, während andere weiterleben?«

5. Die Antwort lag auf der Hand: »Im Großen und Ganzen blieben die Tüchtigsten am Leben. Den Krankheiten entgingen die Gesündesten, den Feinden die Stärksten, Schnellsten oder Klügsten, dem Hunger die besten Jäger oder jene mit dem besten Verdauungsapparat.«

6. »Dann«, so Wallace, »wurde mir blitzartig klar, dass dieser sich selbst steuernde Prozess notwendigerweise *die Rasse verbessern* würde, weil

in jeder Generation die Minderwertigen unweigerlich ausgerottet würden und die Überlegenen zurückblieben – das heißt, die Tüchtigsten überleben.«

Wir können nicht wissen, ob Wallaces autobiografischer Bericht seinen Gedankengang genau wiedergibt. Aber er ist in dreierlei Weise aufschlussreich. Zuallererst scheint die sehr augenfällige Analogie nicht die Hauptquelle der Überlegungen zu sein, wenngleich sie vorhanden ist. Zweitens spielen logische Verknüpfungen eine Rolle. Wallace beschreibt nicht irgendeinen Sprung ins Leere, sondern eine Kette von vernünftigen Folgerungen. Drittens ist es von zentraler Bedeutung, eine entscheidende Frage zu stellen: »Warum sterben manche, während andere am Leben bleiben?« Ein anderer hätte diese Frage vielleicht nicht gestellt. Geistesblitze entstehen demnach nicht nur durch Analogiedenken, sondern ebenso durch logische Verknüpfungen und durch die Fähigkeit, die richtige Frage zu stellen.

99 Prozent Schweiß

Louis Pasteur sagte einmal: »Der Zufall begünstigt den vorbereiteten Geist.« Aber zuweilen ist es weit umständlicher, des Rätsels Lösung zu entdecken: Um sie zu finden, muss man manchmal sehr lange suchen, und man muss dies in der richtigen Umgebung tun.

Dies war es, was Thomas Alva Edison mit seinem Ausspruch meinte, Erfindungen bestünden zu einem Prozent aus Inspiration und zu 99 Prozent aus Schweiß. Sicherlich spielte er dabei seinen eigenen Einfallsreichtum herunter, aber er wusste auch, wovon er sprach. Für Edison war es eine Kunst, eine große Anzahl von Möglichkeiten systematisch zu überprüfen, und er hatte sogar einen Namen dafür: Schleppjagd.

Ein berühmtes Beispiel ist seine Suche nach einem geeigneten Draht für die Glühlampe.[7] Die Herausforderung war knifflig. Den besten Lichtstrahl erhielt man, wenn man die Temperatur des Glühdrahtes in die Nähe seines Schmelzpunktes brachte. Leider führte dies gewöhnlich dazu, dass sich das Drahtmaterial ausdehnte, riss und durchbrannte. Edison stellte erste Versuche mit verkohltem Papier an – teilweise verbranntes Papier, um es auf seinen Kohleanteil zu reduzieren, der die Elektrizität leiten sollte. Er erkannte jedoch, dass es selbst im Vakuum der Glühbirne sehr schnell ausbrannte.

In früheren Arbeiten hatten andere Forscher, die eine Glühbirne entwickeln wollten, ein vielversprechendes Material verwendet. Platin hatte eine hohe Widerstandsfähigkeit und konnte bis auf 5000 Grad erhitzt werden, ohne durchzubrennen. Diese beiden Eigenschaften ließen Platin für das riesige Beleuchtungssystem, das Edison vorschwebte, sehr geeignet erscheinen. Er begann, mit dem Material zu experimentieren, testete bald jedoch auch eine Vielzahl anderer Metalle. Palladium riss und schlug bei Erhitzung sogar Bläschen. Gold ließ sich nicht zum Glühen bringen. Andere entmutigende Ergebnisse erbrachten Versuche mit Ruthenium, Iridium und Rhodium. Einige Erfolge erzielte Edison zunächst mit Nickel. Dieses Metall oxidierte jedoch zu schnell, um als Glühdraht zu taugen. So kam er zurück zum Platin.

Wirtschaftliche Gesichtspunkte zwangen Edison allerdings, Platin als Glühdraht aufzugeben. Die notwendigen Mengen für die Massenproduktion von Glühlampen waren sowohl schwierig zu finden als auch zu teuer. Das brachte ihn zur Kohle zurück, die leichter zugänglich und wirtschaftlicher war. Edisons eigenes Laboratorium, Menlo Park, besaß bereits eine große Menge des Materials für die dort hergestellten Kreidetrommelhörer, einem Vorläufer des Telefons. Kohle erschien ihm auch deshalb aussichtsreich, weil sich jedes beliebige Material mit einer Kohlebasis karbonisieren lässt. Edison und seine Kollegen probierten eine erstaunliche Anzahl von Materialien aus, darunter Angelschnur, Pappe und weiches Papier, verkohlten sie und testeten sie als Glühdrähte. Mit einem Baumwollfaden funktionierte es am besten, doch dieser erwies sich als zu zerbrechlich. Nun erprobte Edison andere Materialien wie Holzspäne, Flachs und sogar Kokosfasern. Für eine kurze Zeit bevorzugte er verkohltes Papier als Glühdrahtmaterial, obwohl er es bereits zuvor getestet und verworfen hatte. Als ihn aber der Wissenschaftler Simon Newcomb in einem Brief darauf hinwies, dass die Helligkeit größer wäre, wenn man eine homogenere und festere

Form von Kohle benutzte, setzte Edison seine Suche fort. Er experimentierte mit verschiedenen Pflanzenfasern und entschied sich im Sommer 1880 für verkohlte Bambusfäden.

Später fiel Edisons Wahl auf einen weiteren Kandidaten. Eine Lampe mit einem Glühdraht aus Wolfram wurde als Erstes von den Österreichern Alexander Just und Franz Hanaman entwickelt und in den USA erstmals 1907 hergestellt. Der Draht war jedoch nicht sehr funktionstüchtig, bis William D. Coolidge im Jahre 1908 ein leitendes Wolfram entwickelte, das weich genug war, um zu Feindraht gezogen zu werden, ohne zu brechen. Wie sich herausstellte, war Wolfram besser als verkohlte Drähte, weil es den höchsten Schmelzpunkt aller leitenden Materialien aufwies, die sich zu Draht ziehen lassen.

Obwohl man versucht sein könnte, Edisons umfangreiche Suche als Unbeholfenheit auszulegen, gibt sein bahnbrechendes Ergebnis ihm Recht. Zu den notwendigen Schritten, die einen Geistesblitz erst möglich machen, gehört eben oftmals die mühselige systematische Suche: Edisons 99 Prozent Schweiß.

Wie Steinfliegen das Fliegen lernten

Analogie, logische Verbindungen, die richtigen Fragen, die systematische Suche: Mit Schritten wie diesen gelangt der Mensch zu Geistesblitzen. Aber wie macht es Mutter Natur?

Leonardo da Vinci und die Wright-Brüder gehören zur jüngeren Vergangenheit. Beim Fliegen, das die Natur wenigstens fünf Mal vor ihnen entdeckte, sind die Menschen Nachzügler. Äonen bevor die Wright-Brüder in ihrer Garage in Kitty Hawk, North Carolina, über das Fliegen nachdachten und arbeiteten, entwickelten kleine Dinosaurier Federn, erhoben sich in die Luft und wurden zu Vögeln. Flugsaurier mit Flughäuten gingen ihnen viele Millionen Jahre voraus. Noch lange davor waren fliegende Insekten auf der Bildfläche erschienen. Vor zirka 300 Millionen Jahren schwirrten riesige Libellen mit Flügelspannweiten von über 70 Zentimetern durch die Landschaft. Sie produzierten mit ihren Flügeln die nötige Energie, um sich in einer mit 35 Prozent Sauerstoff angereicherten Atmosphäre – heute sind es 20 Prozent – in der Luft zu halten. Fledermäuse erfanden zwei weitere Möglichkeiten des Fliegens. Daher gibt es zwei Unterordnungen von Flattertieren, jede mit ihrer eigenen Evolutionsgeschichte.

Wenn das Fliegen die Erfindungsgabe des Menschen herausforderte, galt dies für die Natur nicht minder. Evolutionsbiologen suchten lange nach einer Erklärung, wie Bodenlebewesen langsam das Fliegen erlernen konnten. Mutationen können keinen plötzlichen Übergang von flügellosen Lebewesen zu Lebewesen mit voll entwickelten Flügeln schaffen. Typische Evolutionsschritte folgen dem Muster der Flosse. Seehunde zum Beispiel entwickelten sich aus Landtieren. Ihre Flossen sind angepasste Vorderläufe. Etwas längere Vorderbeine mit besseren Schwimmhäuten ermöglichten besseres Schwimmen und begünstigten das Überleben ihrer Vorfahren, bis sie Jahrhunderttausende später ihre gegenwärtige Form erlangten.

Die Evolution ist die Geschichte schrittweise zunehmender Vorteile im Verlauf der Zeit. Doch was bei Flossen sinnvoll ist, funktioniert noch lange nicht bei Flügeln. Nehmen wir an, eine Mutation bringt einen kleinen Dinosaurier mit Flughäuten unter den Armen hervor. Das reicht bei weitem nicht zum Fliegen. Worin also besteht hier der Vorteil? Wie kann man sich die schrittweise Entwicklung von einem Bodenlebewesen zu einem Flugtier vorstellen?

Die spärlichen Fossilienfunde geben darüber nur wenig Aufschluss. Ein bestimmtes Wasserinsekt erzählt uns allerdings – aufgrund der verschiedenen Arten, die heute existieren, – eine evolutionäre Geschichte. Die Steinfliege ist ein kleines, harmloses Insekt, das auf Gewässeroberflächen lebt und auf dem Film gleitet, den die Oberflächenspannung des Wassers schafft. Sie erteilt uns, so beschreibt es der Biologe James H. Marden, eine Lektion in evolutionärer Problemlösung.[8] Einige Arten der Steinfliege fliegen gut und häufig, andere wenig und wieder andere überhaupt nicht. Aber eine nichtfliegende Spezies, *Allocapnia vivipara*, weist eine spannende Zwischenform auf: Sie segelt.

Man kann sich die Szene so vorstellen: Ein kühler Wind bläst über die Teichoberfläche. *Allocapnia vivipara* gleitet darüber hinweg und stößt auf einen Frosch, der schon auf diese willkommene Beute wartet. Nun hebt die Segelfliege ihre kleinen, noch nicht ganz flügelartigen

Gliedmaßen, fängt damit den Wind ein und jagt, angetrieben von ihren Segeln, der vorschießenden Froschzunge davon.

Diese »Segelfliege« liefert in Anatomie und Verhalten eine plausible Erklärung, wie sich Tiere durch schrittweise Anpassung vom Boden (oder, in diesem Fall, von der Teichoberfläche) erheben konnten. Frühe Vorfahren der Steinfliege hatten kleine, flügelartige Fortsätze, die offenbar nicht stark genug waren, um ihr Gewicht in der Luft zu tragen. Sie waren zu klein und zu dünn, um damit zu fliegen. Bei Wind jedoch konnten die Membranen der Steinfliege die Flucht vor Räubern oder die Partnersuche erleichtern, zunehmend ein Überlebensvorteil. So begann die natürliche Auslese bei den Steinfliegen. Über viele Generationen wurden die angehenden Flügel größer und stärker. Schließlich konnten sich einige Arten ganz vom Wasser erheben, ein weiterer Überlebensvorteil. Damit begann die Entwicklung echter Flügel zum Fliegen.

Die Natur denkt nicht im menschlichen Sinne des Wortes. Das »Denken« der biologischen Evolution gleicht einem blinden Suchprozess, den wir am Ende des Buches noch eingehender untersuchen werden. Aber wenn die Natur denken würde, welcherart wäre ihr Denken über *Allocapnia vivipara*? Interessanterweise gibt es im Ingenieurwesen einen Ausdruck für diese Denkweise: Umwidmung. Die Fortsätze der Steinfliegen entwickelten sich ursprünglich zum Segeln, wurden aber für das Fliegen umgewidmet. Umwidmung ist eine der bevorzugten Strategien der Natur – Flossen werden zu Beinen, Vordergliedmaßen zu Flügeln, Schuppen zu Federn. Und solche Umwidmungen sind auch ein bevorzugter Mechanismus in der technologischen Entwicklung, wo Faustkeile zu Steinmessern, Speere zu Pfeilen, Räder zu Wasserrädern, Feuerwerk zu Gewehren und Braunsche Röhren zu Fernsehgeräten wurden.

Die Natur hat einen »Geistesblitz«

Gibt es in der Natur etwas, das den Geistesblitzen beim Menschen vergleichbar ist? Und folgen diese bahnbrechenden Mechanismen in der Natur dem gleichen Muster wie in Wissenschaft und Technik? Gibt es in ihr also auch eine lange Suche, den scheinbar geringen Fortschritt, das beschleunigende Ereignis oder sogar einen Moment, der dem menschlichen »Heureka!« ähnelt? Tatsächlich kann man, wenn man will, ein solches Muster erkennen!

Geistesblitze ermöglichen Durchbrüche. Und dies schließt ein, dass es eine Falle gibt, der es zu entkommen gilt. In der Natur sind manche Wege der Anpassung geradlinig und werden nahezu immer beschritten. Fast jedes Meereslebewesen hat flossen- oder finnenähnliche Fortsätze – eine einfache evolutionäre Lösung. Andere Wege der Anpassung sind jedoch subtil und gewunden. Viele Lebewesen könnten sich in den Himmel erheben, aber in den etwa 600 Millionen Jahren, in denen es Mehrzeller gibt, haben es nur wenige getan.

Wenn menschliche Geistesblitze nur ein paar Augenblicke benötigen, wie steht es mit den Veränderungen in der Evolution? Lange dachte man, die Evolution erfolge langsam und stufenweise. Hälse wurden im Verlauf von Jahrtausenden länger, Schnäbel schärfer, Felle dichter. Arten entwickelten sich zu anderen Spezies, in einer Art »morphing« – ähnlich wie bei den Spezialeffekten in Kinofilmen.

Heute gibt es noch eine andere Vorstellung von der Evolution. Nach der Theorie des unterbrochenen Gleichgewichts vollzieht sich die Evolution in Ausbrüchen, denen lange Perioden der Stagnation vorausgehen.[9] Eine neue Art erscheint plötzlich nach Jahrmillionen, in denen sich kaum ein Fortschritt zeigte. Zunächst gibt es nur geringfügige Anpassungen – bloße Feinabstimmungen. Dann kommt das beschleunigende Ereignis. Es kann sich dabei um eine Katastrophe handeln, die fast die gesamte Art auslöscht und anderen Arten die Möglichkeit eröffnet, diese ökologische Nische zu besiedeln. Es kann aber auch passieren, dass eine Art einen neuen Lebensraum besetzt, an den sie sich anpassen muss, um zu überleben und zu gedeihen – ein Samen, der an eine fremde Küste gespült wird, oder eine Familie von Nagern, die sich über einen Bergpass gekämpft hat. Unter solchen Bedingungen schreitet die Evolution sehr schnell voran. Sie benötigt nur ein paar Minuten – verglichen mit den langen Zeiträumen geologischer Entwicklungen. Die Theorie des unterbrochenen Gleichgewichts bewahrt die Vorstellung, dass die Evolution ein schrittweiser Prozess ist: Kleine Dinosaurier bilden auch nach dieser Sicht nicht innerhalb einer Generation Flügel aus. Sie vertritt jedoch die Auffassung, dass sich der Wandel unter Umständen sehr rasch vollziehen kann.

Vermutlich ist die Steinfliege ein Beispiel für solch ein Entwicklungsmuster. In der Frühzeit gab es eine langsame Anpassung, bei der sich die Fortsätze der Steinfliege verfeinerten, um effizienter zu segeln. Ab einem bestimmten Punkt beschleunigte sich der Prozess. Die Segel fingen an, bedeutenden Auftrieb zu geben. Die äußere Notwendigkeit, fliegen zu können, wurde stärker – zum Beispiel weil neue Feinde auftraten, die die segelnde Steinfliege bedrohen konnten. Unter diesen Umständen entwickelten sich in relativ kurzer Zeit Flügel, wodurch die Steinfliege überlebensfähig blieb.

Solche Veränderungen in der Evolution legen nahe, dass die menschliche Fähigkeit sich weiterzuentwickeln nur ein Beispiel aus einer größeren Klasse von Prozessen ist. Lange Stagnation und plötzlicher Wandel bestimmen sowohl die Geistesblitze des Menschen als auch die »Geistesblitze« der Evolution. Obwohl die gedanklichen Durchbrüche beim Menschen eine Durchmischung von Ideen und die Durchbrüche in der Evolution eine Durchmischung von Genen reflektieren, können sie tiefenstrukturell viel gemeinsam haben.

Geistesblitze entstehen im Kopf

Was ist Kreativität? Dies ist eine der grundlegenden Fragen der Menschheitsgeschichte, auf die wir bisher keine schlüssige Antwort finden konnten. Früher dachten die Menschen wie der griechische Philosoph Platon und machten die göttliche Inspiration für ihre geistigen Leistungen verantwortlich.[10] Heute suchen wir nach den mentalen Prozessen, die unsere Kreativität steuern.

Ebenso rätselhaft wie faszinierend sind die Geistesblitze, die unsere Aufmerksamkeit immer wieder auf sich ziehen. Und das mit Recht. Nur diese ermöglichen uns Spaziergänge auf dem Mond oder bringen uns das Penizillin, die musikalische Form der Sonate, Newtons Gesetze, den Impressionismus, Sofortbildkameras, Beethovens Streichquartette und vieles mehr. Wenn wir erklären könnten, wie Geistesblitze zustande kommen, könnten wir verstehen, was den Menschen erfolgreich macht. Und wir könnten diese Erfolge mehren, da die menschliche Intelligenz – wie ich in einem früheren Buch, *Outsmarting IQ*, argumentiert habe – kultivierbar ist.[11]

Bislang haben wir umrissen, wie innovatives Denken an der Oberfläche aussieht: lange Suche, wenig Fortschritt, beschleunigendes Ereignis, »Heureka!«-Erlebnis und schließlich die Umgestaltung der Welt. Wir haben auch einige Gedankenspiele entdeckt, die uns auf die richtigen Ideen bringen: Analogie, logische Zusammenhänge, die richtigen Fragestellungen, eine systematische, breit angelegte Suche und die Umwidmung. Jetzt gilt es herauszufinden, *wie* wir innovativ denken. Wir müssen erklären, welche gedanklichen Prozesse unseren Geistesblitzen zugrunde liegen. Was passiert also in unserem Kopf, wenn wir eine zündende Idee haben?

Psychologen, die die Kreativität und die Fähigkeit des Problemlösens untersuchen, Wissenschafts- und Kunsthistoriker, Paläontologen, die sich mit der menschlichen Evolution befassen, und alle möglichen anderen Wissenschaftler haben sich dieser Frage gewidmet. Eine ihrer Antworten ist häufiger als jede andere: Besondere geistige Prozesse erledigen die Arbeit. Diese Prozesse treten nur ab und zu in Aktion, und vielleicht nur bei sehr begabten Menschen. Manche Forscher glauben, dass Geistesblitze durch die so genannte Inkubation entstehen. Das ist ein geistiger Mechanismus, der für uns Probleme lösen kann, während wir uns mit ganz alltäglichen Dingen beschäftigen. Andere erklären außergewöhnliche Denkleistungen durch Gehirnprozesse, die überraschende Zusammenhänge herstellen oder uns auf entscheidende Anhaltspunkte in medizinischen und wissenschaftlichen Rätseln stoßen.

Diese psychologischen Erklärungen erhellen einige Aspekte des innovativen Denkens, aber es besteht die Gefahr, ihnen allzu sehr zu vertrauen. Das Ziel dieses Buches ist es, eine ganz andere Sichtweise vorzuschlagen. Unsere These lautet: Der Weg, auf dem die Geistesblitze zustande kommen, lässt nicht auf die unterschwelligen geistigen Prozesse schließen, sondern auf die Struktur der Probleme selbst. Viele Probleme sind gewissermaßen »vernünftig«. Man kann sie Schritt für Schritt analysieren und lösen. Gewisse Probleme aber sind »unvernünftig«. Sie eignen sich nicht für ein schrittweises Durchdenken. Man muss sich an sie über Umwege heranschleichen – und auf den Geistesblitz hoffen.

Dasselbe gilt für die Evolution. Natürlich denkt die Evolution nicht vernünftig im menschlichen Sinne. Stattdessen begibt sie sich auf eine blinde Suche. Sie würfelt myriadenfach mit den genetischen Würfeln. Manchmal gelangt die Evolution durch ein beständiges Schritt-für-Schritt-Verfahren zum Ziel. Häufig jedoch tauchen ihre Ergebnisse am Ende von weitschweifigen und relativ plötzlichen Routen auf – das Äquivalent zum menschlichen Heranpirschen an eine Lösung. Das Fliegen ist dafür ein gutes Beispiel, bei menschlichen Erfindern wie bei der Evolution. Die Geschichte lehrt uns, dass der Mensch die Technik des Fliegens nur auf Umwegen erfinden konnte; die Paläontologie zeigt, dass das Gleiche für die Evolution galt. Trotzdem schafften es die Menschen ebenso wie die Natur, dieses »unvernünftige« Problem zu bewältigen. Beide hatten den entscheidenden »Geistesblitz«.

2

Von Sufi-Geschichten
zu James Bond-Thrillern

Warum sind wir manchmal betriebsblind?

Jahrhundertelang haben Sufi-Mystiker ihre Schüler durch Geschichten unterwiesen. Viele dieser Erzählungen sind in die Folklore, in Legenden und moralische Lehrgeschichten eingegangen. Ein berühmtes Beispiel ist die Geschichte von den drei blinden Männern und dem Elefanten. Drei blinde Männer untersuchen einen Elefanten und versuchen, dieses massige Etwas zu verstehen. Einer betastet ein Ohr und kommt zu dem Schluss, dass der Elefant groß und flach wie ein Teppich sei. Ein anderer befühlt den Rumpf und folgert, dass der Dickhäuter einer lebenden Röhre vergleichbar sei. Der Dritte tastet die Füße und Beine ab und entscheidet, dass der Elefant großen Säulen gleiche.

Diese Geschichte hat mit einem Grundproblem des innovativen Denkens zu tun. Sie hebt die Schwierigkeit hervor, das Ganze zu erfassen, indem man ein Einzelteil untersucht. Solche Erzählungen, Rätsel und Witze finden wir häufig in der Geschichte. Sie können uns ebenso wie die gedanklichen Leistungen Darwins oder der Wright-Brüder viel über unser eigenes Denken lehren.

Die islamischen Lehrerzählungen der Sufi-Tradition sind unterhaltsam und lehrreich zugleich.[1] Sie schärfen die Wahrnehmung und sollen den Schülern helfen, ein tieferes Verständnis von Gott zu gewinnen. Dabei ist es üblich, dass sich die Studierenden in die Geschichten versenken, die für das Studium ausgewählt wurden. Der Lehrmeister eröffnet ihnen deren tiefere Dimensionen, wenn er spürt, dass sie dafür bereit sind. Ein Sufi-Lehrer drückte es so aus: »Nur einige wenige Sufi-Erzählungen können von jedem jederzeit gelesen werden und das ›innere Bewusstsein‹ verändern. Bei fast allen anderen hängt es davon ab, wo, wann und wie sie studiert werden. So finden die meisten in ihnen nur, was sie erwarten: Unterhaltung, Verwirrung, Allegorie.«

Hier eine weitere Sufi-Geschichte, die uns zeigt, wie unerlässlich Geistesblitze sind.

Eines frühen Morgens kam ein Reisender mit einem Schubkarren voller Stroh an die Grenze. Das erregte beim Zöllner großen Verdacht: Es gab keinen Zoll auf Stroh, aber was war darunter versteckt? Der Zöllner durchforstete sorgfältig die steifen gelben Halme, fand jedoch nichts. Verwirrt und verärgert winkte er den Reisenden durch.

Am nächsten Tag erschien der Reisende erneut mit einer Schubkarre voll Dünger, auch dies eine zollfreie Ware. Der Zöllner dachte nun, er durchschaue die Strategie des Reisenden. Das Stroh zu durchsuchen war kein Problem gewesen, aber den Dünger zu durchwühlen hätte er sich liebend gerne erspart. Doch er kannte seine Pflicht. Mit einem Tuch um die Hand durchwühlte er die unzuträgliche Last, fand aber wieder keine Schmuggelware.

Jeden Tag, bevor die Sonne über dem Zollhäuschen aufging, wiederholte sich das Spiel. Einmal waren es Holzspäne, ein andermal eine Ladung Kies, dann wieder Dünger. Die Durchsuchungen wurden zu einem freundlichen Ritual.

»Ich weiß, dass du etwas schmuggelst. Ich werde es herausfinden«, pflegte der Zöllner grinsend zu sagen.

»Du hast meine Ehrlichkeit schon viele Male festgestellt«, antwortete daraufhin der Reisende. Er war ein fröhlicher Kerl, und während der Durchsuchung unterhielt sich der Zöllner gerne mit ihm. Man sprach über das Tagesgeschehen, über den neuesten Tratsch und sogar über die Tricks der Schmuggler, die im örtlichen Gefängnis dahinvegetierten.

»Es würde mich schmerzen, wenn dir das passierte«, sagte der Zöllner.

»Ein ehrlicher Mann hat nichts zu fürchten«, erwiderte der Reisende.

All dies setzte sich mehr als ein Jahr lang fort. Dann, eines Tages, kam der Reisende nicht mehr bei Sonnenaufgang und tauchte nie wieder auf. Mehr als ein Jahrzehnt später, als der Zöllner und der Reisende längst ganz andere Lebenswege eingeschlagen hatten, trafen sie sich zufällig in einem Wirtshaus wieder. Die Unterhaltung streifte eine Zeit lang dies und das. Dann stellte der Zöllner dem Reisenden die Frage, die ihn schon so lange umgetrieben hatte: »Ich habe diese Arbeit schon vor Jahren aufgegeben. Ich schulde der Regierung nichts, und ich weiß, dass du etwas geschmuggelt hast. Es kann nicht anders sein«, sagte er. »Um der alten Zeiten willen, was war es?«

Rätsel als Denkbeschleuniger

Was also hatte der Reisende geschmuggelt? Vielleicht kennen Sie die Antwort auf die Frage, weil Sie die Geschichte schon gehört haben. Oder Sie sind selbst darauf gekommen. Vielleicht sind Sie auch immer noch um eine Antwort verlegen. In jedem Fall wird das Rätsel gegen Ende dieses Kapitels in anderer Gestalt wieder auftauchen.

Aber warum müssen wir uns überhaupt mit Rätseln beschäftigen? Es ist schwierig nachzuvollziehen, welchen Weg Darwin beschritt, als er die Theorie von der natürlichen Auslese formulierte, oder welcher Erkenntnisprozess dem Archimedischen Prinzip zugrunde liegt. Noch schwieriger ist es, aus den bahnbrechenden Einsichten eines Darwin oder Archimedes die Grundmuster abzuleiten, die zu solchen Geistesblitzen führten. Wir können die Geschichte dieser Entdeckungen darstellen, aber nicht mit ihnen experimentieren. Und hier liegt der Vorteil der Rätsel. Entweder wir begreifen sie, oder nicht. Sie lassen uns ohne wirkliche Fortschritte im Dunkeln herumtappen, bis zu einem Geistesblitz, wenn wir plötzlich die Lösung erkennen. Rätsel bieten uns auf diese Weise eine Möglichkeit, unser innovatives Denken zu trainieren und zu erforschen.

Rätsel sind ein wichtiges Analysewerkzeug. Physiker ergründen die Geheimnisse von Atomen, indem sie sie in Teilchenbeschleunigern mit Teilchen bombardieren. Psychologen können die Geheimnisse des Denkens ergründen, indem sie den Verstand mit bestimmten Rätselproblemen bombardieren. Wie Physiker einen Teilchenbeschleuniger brauchen, so brauchen Psychologen einen »Denkbeschleuniger«.

Es ist jedoch die Frage, wer hier was womit bombardiert. Erinnern wir uns, dass die Grundauffassung dieses Buches von den traditionellen psychologischen Darstellungen abweicht. Wir gehen davon aus, dass

31

das charakteristische Muster des Geistesblitzes – lange Suche, geringer Fortschritt, beschleunigendes Ereignis, »Heureka!«-Erlebnis – nicht die außergewöhnlichen Denkprozesse bestimmter Menschen offenbart, sondern die ungewöhnlichen Strukturen bestimmter Probleme. Statt also den Verstand mit Rätseln zu bombardieren, um zu sehen, wie er funktioniert, bombardieren wir vielleicht mit unseren Verstandeskräften die Rätsel, um zu sehen, wie diese funktionieren.

Aber nicht alle Rätsel sind »unvernünftig« und verlangen nach einem Geistesblitz. Einige Rätsel laden zu einer schrittweisen Lösung ein und sind in diesem Sinne »vernünftig«. Geistesblitze gibt es auch in anderen Zusammenhängen, zum Beispiel auf dem Gebiet des Humors, durch den wir gewöhnlich ganz plötzlich zu einem völlig neuen Verständnis von einer Sache gelangen. Die folgenden Seiten sollen uns zeigen, welche Rolle innovatives Denken in all diesen Fällen spielt.

Fünf Kopfzerbrecher

Dass die Lösung eines Problems Einsicht erfordert, ist eine gute Beschreibung, aber eine poetischere lautet *rompecabeza*. Das schöne spanische Wort besteht aus zwei Teilen. *Romper* ist ein Verb, das »brechen« bedeutet, während *cabeza* das spanische Wort für »Kopf« ist. *Rompecabezas* sind »Kopfzerbrecher«. Der Name passt gut, weil es häufig so ist, als würde man mit seinem Kopf gegen eine Wand rennen, wenn man ein Problem zu lösen versucht. Das Wort ist daher eine gute Metapher für die zwei quälenden Phasen, die jedem Geistesblitz vorangehen: die lange Suche und der geringe Fortschritt.

Hier sind fünf *rompecabezas*. Die Lösungen stehen am Ende dieses Kapitels. Ich werde später noch viele weitere Rätsel anführen, begleitet von Tipps und Erklärungen, auf die ich hier noch verzichte. Probieren Sie es einfach und schauen Sie, wie weit Sie kommen.

◆ **Die Münze:** Jemand bietet einem Museumsdirektor eine alte Münze zum Kauf an. Auf der Münze findet sich die Datumsprägung »540 v. Chr.«. Statt über den Kaufpreis zu verhandeln, ruft der Museumsdirektor die Polizei. Warum?

Sahara: Sie fahren in einem Geländewagen durch die Sahara und stoßen auf einen Toten, der mit dem Gesicht nach unten im Sand liegt. Es gibt ringsum keine Spuren. Seit Tagen wehte kein Wind. Sie schauen in den Rucksack auf dem Rücken des Toten. Was finden Sie?

Der Fächer: Diese Geschichte wurde mir als wahr erzählt. Was stimmt an ihr nicht?: Einst, vor vielen Jahren, schlief ein Mann während einer langen Predigt ein und träumte vom Boxeraufstand in China. Im Traum wurde er gefangen genommen und zum Schafott geführt. In der Zwischenzeit bemerkte seine Frau, dass er eingenickt war. Gerade als der Mann träumte, wie das Henkerbeil auf ihn niedersauste, gab ihm seine Frau mit ihrem Fächer einen heftigen Klaps auf den Nacken, um ihn aufzuwecken. Der Schock tötete den Mann auf der Stelle.

Den Lesern könnten einige Fragen kommen. Hängt die Antwort davon ab, eine falsche Darstellung des Boxeraufstands zu durchschauen? Nein. Die Antwort hat nichts mit dem Boxeraufstand zu tun. Könnte ein solcher Schock wirklich einen Menschen umbringen? Nehmen wir an, das wäre möglich. Es gibt allerdings einen viel einfacheren Grund, warum die Geschichte nicht wahr sein kann.

Die Rivalinnen: Zwei Schwestern, Töchter eines reichen Mannes, waren beim Rennfahren, im gesellschaftlichen Leben und auch in allen anderen Dingen glühende Rivalinnen. Eines Tages hatte ihr Vater genug von dem Konkurrenzdenken und beschloss, ihnen eine Lehre zu erteilen. Er bat sie, ihn mit ihren schicken Sportwagen auf einer verwaisten Rennstrecke zu treffen, wo er verkündete: »Der Gewinner des Rennens bekommt einen brandneuen Sportwagen. Aber dieses Rennen ist etwas anders. Es gewinnt diejenige, deren Wagen als letzter durchs Ziel fährt.« Die beiden Schwestern sprangen in die Autos und rasten davon, so schnell sie konnten. Warum?

Der Schuss: Eines Tages schoss sich ein Kerl, der mit einem Gewehr herumhantierte, versehentlich in den Kopf. Doch wie ist das möglich? Gewehre haben lange Läufe. Man kann sich damit vielleicht in den Fuß schießen, aber in den Kopf? Vielleicht war es ein Querschläger. Nein, der Mann stand mitten auf einem offenen Feld. Wie brachte er das fertig?

Seien Sie vernünftig!

Rätsel wie die gerade beschriebenen können sehr ärgerlich sein. Sie verletzen unsere Erwartungen. Wir sind »vernünftige« Probleme gewöhnt, deren Lösung folgerichtig ist, wo man sich Schritt für Schritt von einer Schlussfolgerung zur nächsten vorarbeiten kann. Probleme, die einen Geistesblitz erfordern – nennen wir sie Kopfzerbrecher –, sind im Gegensatz dazu im ganz wörtlichen Sinne »*un*vernünftig«: Sie eignen sich nicht für folgerichtige Lösungsansätze.

Um ein Gefühl für den Unterschied zu bekommen, lohnt es sich, einen Moment lang »vernünftig« zu sein und ein Rätsel aus dem Buch *Logische Kopfspiele* von Pierre Berloquin zu lösen.[2]

◆ **Ein Wort mit drei Buchstaben:** Suchen Sie ein verbreitetes englisches Wort mit drei Buchstaben, mit dem

- *leg* keinen Buchstaben gemein hat,
- *erg* einen gemeinsamen Buchstaben hat, jedoch nicht am richtigen Ort,
- *sir* einen gemeinsamen Buchstaben am richtigen Ort hat,
- *sic* einen gemeinsamen Buchstaben hat, jedoch nicht am richtigen Ort,
- *ail* einen gemeinsamen Buchstaben hat, jedoch ebenfalls nicht am richtigen Ort.

(Auch hierfür finden Sie die Lösung am Ende des Kapitels.)

Solche Rätsel sind eine wirkliche Herausforderung. Die Antwort erhält man durch eine Kette von Schlussfolgerungen. Der erste Hinweis ermöglicht es, L, E und G auszuschließen. Der zweite zeigt uns, dass es unter E, R und G einen der gesuchten Buchstaben gibt, aber dem ersten Hinweis zufolge kann es sich nicht um E oder G handeln. Daher ist R im gesuchten Wort, jedoch nicht in der mittleren Position. Fährt man mit den Überlegungen in ähnlichem Stil fort, kommt man schnell auf die Lösung.

Ein solches Denkmuster erfordert keinen Geistesblitz. Die Suche bewegt sich Schritt für Schritt mit stetigem Fortschritt voran. Es gibt kein beschleunigendes Ereignis und kein »Heureka!«-Erlebnis. Der Moment der Lösung kommt wohl kaum einer gravierenden Umwälzung gleich, da es nur darum geht, den letzten Stein des Gedankengebäudes zu setzen. Natürlich kann es dabei winzige blitzartige Einsichten geben, wenn wir die einzelnen Schlussfolgerungen entdecken, die das Fortkommen ermöglichen, aber wichtige, bahnbrechende Geistesblitze benötigen wir dazu nicht.

All dies geschieht, weil wir uns nach den klaren Regeln der Schlussfolgerung richten können, die den Weg zur Lösung weisen. Die Kognitionspsychologin Margaret Boden hob die Bedeutung solcher Regeln in ihrem 1991 erschienenen Buch *Die Flügel des Geistes* hervor: »Eine Idee, die bloß neu ist, kann mit derselben Gruppe generativer Regeln beschrieben und/oder produziert werden wie andere, bekannte Ideen. Eine Idee, bei der das unmöglich ist, ist wirklich ursprünglich oder kreativ.«[3] Wenn wir also unsere bisherigen Regeln ändern müssen, haben wir ein »unvernünftiges« Problem vor uns – eine Kopfnuss, einen Kopfzerbrecher.

Es gibt viele Arten von Schritt für Schritt nachvollziehbaren Problemen, um die menschliche Vorliebe für systematisches Denken zu befriedigen. Die Psychologen Alan Newell und Herbert Simon heben in ihrem Buch *Human Problem Solving* eine weitere Sorte hervor: kryptoarithmetische Probleme, die manchmal auch einfach Kryptoarithmen genannt werden.[4] Hier ein Beispiel:

◆ **ABC:** Die Summe der folgenden Aufgabe wird nur in Buchstaben ausgedrückt. A steht für eine der Ziffern von 1 bis 9, B für eine weitere und C ebenfalls. Wofür müssen A, B und C in Anbetracht der Summe stehen?

$$
\begin{array}{ccc}
  & A & A \\
  & B & B \\
\hline
C & B & C \\
\end{array}
$$

Um auf die Lösung zu kommen, sollte man dort beginnen, wo ein deutlicher Hinweis eine der Ziffern zu erkennen gibt. Der Buchstabe ganz links liefert einen solchen Hinweis: Woher könnte das C kommen? Da es darüber keinen Buchstaben gibt, muss das C ein Übertrag aus der

Addition von A und B sein. Da A und B nicht größer als 8 und 9 sein dürfen, kann ihre Summe nicht größer als 17 oder 18 sein, wenn es einen Übertrag aus der rechten Spalte gibt. Daher muss C ein Übertrag von 1 aus der mittleren Spalte sein: C = 1.

Betrachten wir nun die mittlere Spalte. Addiert man A und B, erhält man wieder B, plus einen Übertrag. Um so eine Summe zu ergeben, muss A eine große Zahl sein, vielleicht 9. Richtig, wenn A gleich 9 ist und es einen Übertrag von der äußeren, rechten Spalte gibt, dann ergibt 9 plus der Übertrag 10, was mit B addiert unten wieder B ergeben würde. Daher ist A gleich 9. Betrachten wir nun die rechte Spalte: A plus B muss C ergeben, das bereits als 1 bekannt ist. B muss 2 sein, um auf dieses Ergebnis zu kommen. Daher ist A = 9, B = 2 und C = 1.

Man beachte, wie sehr die Lösung hier auf einem kontinuierlichen Vorgehen beruht. Natürlich kann es schwer sein, die richtigen Anhaltspunkte zu finden, und sicherlich können wir einige von ihnen ganz plötzlich entdecken, wie aus heiterem Himmel. Insgesamt wird der Fortschritt jedoch Schritt für Schritt erzielt.

Wenden wir uns einem weiteren kryptoarithmetischen Problem zu:

◆ **Drei Namen, mit denen man rechnen kann:** Wie zuvor stehen hier Buchstaben für Ziffern. Jeder Buchstabe steht für eine andere Ziffer und natürlich für dieselbe, wo immer er sich befindet. Wenn D = 5 ist, welche anderen Zahlen entsprechen dem Rest der Buchstaben?

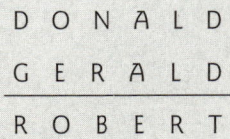

Diese und ähnliche Rätselaufgaben können vergnüglich und lohnend sein. Es handelt sich immer um »vernünftige« Probleme, also solche, die in logischen Schritten gelöst werden können. Die Welt des Geistesblitzes ist dagegen das Reich der »unvernünftigen« Probleme, der »Kopfzerbrecher«, bei denen die üblichen Methoden scheitern.

Die Jagd nach dem »Heureka!«

In *Die Jagd auf den Schnark* schrieb Lewis Carroll ein spaßiges Nonsens-gedicht über die Suche nach dem schreckenerregenden Ungeheuer. Jede Jagd nach dem Geistesblitz hat ihren eigenen Schnark, das »Heureka!«. Die verschiedenen Arten von Rätseln, die wir bisher betrachtet haben, geben uns eine intuitive Ahnung davon, was das »Heureka!« ist, und dass es bei den »unvernünftigen« Rätseln oder Kopfzerbrechern viel häufiger vorzukommen scheint als bei den »vernünftigen« Schritt-für-Schritt-Rätseln.

Die Psychologin Janet Metcalfe entwickelte in den achtziger Jahren des 20. Jahrhunderts ein einfaches Modell, um dies zu untersuchen. Während Versuchspersonen an verschiedenen Problemen arbeiteten, ertönte alle 15 Sekunden ein Ton. An diesem Punkt notierte jede Versuchsperson auf einer Zehn-Punkte-Skala eine grobe Einschätzung, wie nahe sie sich einer Lösung fühlte – ob es sozusagen »heiß« oder »kalt« war. Die Bewertung 1 bedeutete, dass sie noch weit von einer Lösung entfernt war, während 10 angab, dass die Auflösung kurz bevorstand.

Nach diesem Modell ließ Metcalfe eine Reihe von Versuchspersonen »unvernünftige« Probleme lösen. Sie fand heraus, dass bei solchen Problemen Bewertungen, mit denen die Versuchspersonen eine kontinuierliche Annäherung an die Lösung verzeichneten, eher bei falschen Ergebnissen auftraten. Im Gegensatz dazu erbrachten solche Lösungsversuche, bei denen die Versuchspersonen zunächst keine zunehmende Annäherung erkennen konnten, dann jedoch plötzlich mit der Bewertung 10 eine bevorstehende Lösung anzeigten, gewöhnlich die richtigen Antworten. Metcalfe und ihr Kollege David Wiebe fanden heraus, dass das fortschreitende Gefühl, sich einer Lösung anzunähern, bei »vernünftigen«, nicht von plötzlichen Erkenntnissen abhängigen Problemen ein richtiges Ergebnis ankündigte, nicht aber bei »unvernünftigen«. Kurz, das Muster des Geistesblitzes – beschränkter Fortschritt mit darauf folgendem »Heureka!« – zeigte sich nur bei den Kopfzerbrechern und unterschied diese von den Schritt-für-Schritt-Rätseln.

Janet Davidson führte eine ähnliche Untersuchung durch, bei der sie die Reaktion von Versuchspersonen auf »unvernünftige« und »vernünftige« Probleme testete. Ihre Ergebnisse bestätigten die Resultate von Metcalfe. Davidson arbeitete außerdem mit einer Variante des Experiments, bei der die Testpersonen Tipps erhielten, um die Schwierigkeiten der Probleme zu überwinden. Die Hinweise beseitigten die Notwendigkeit, die Probleme durch einen Geistesblitz zu lösen. Manchmal kamen die Versuchspersonen zum richtigen Ergebnis, manchmal nicht, aber das Muster, dass es kurz vor dem Ende plötzlich »heiß« wurde, verschwand.

Ein ganz anderes Untersuchungsergebnis zeigt ebenfalls, dass Kopfzerbrecher einen eigenen Charakter haben.[5] Bei Problemen, die Schritt für Schritt zu bewältigen sind, hängt die Wahrscheinlichkeit einer erfolgreichen Lösung von der Ausdauer des Problemlösers ab. Arbeitet man länger, hat man eine größere Chance, eine Lösung zu erreichen. »Unvernünftige« Probleme werden jedoch, wenn überhaupt, dann rasch, durch einen Geistesblitz, gelöst. 1988 fanden Robert Lockhart, Mary Lamon und Mary Gick in einem Experiment heraus, dass die Versuchspersonen 84 Prozent der richtigen Ergebnisse solcher Probleme schon in der ersten Minute fanden. Nur zwei Prozent der Lösungen erfolgten nach zwei Minuten. Es schien, dass größere Anstrengung das Problem nur vergrößerte und die Versuchsperson noch tiefer in die Fallstricke des Rätsels verwickelte.

Ein kostenloses kognitives Mittagessen

Rätsel sind nicht die einzigen Kulturprodukte, die häufig zu einem »Heureka!« führen. Stephen Wright, ein bekannter amerikanischer Komödiant, hat sich auf Wortwitze spezialisiert: »Ein Mann hielt mich auf der Straße an und fragte: ›Können Sie mir sagen, wie spät es ist?‹ ›Ja‹, antwortete ich, ›aber nicht jetzt.‹«

Wrights Witz funktioniert wie ein Geistesblitz in Miniaturform. Das beschleunigende Ereignis ist die Pointe. Sie löst das »Heureka!« aus, wie ein Aha-Effekt, und verwandelt die Situation. Eine Frage nach der Uhrzeit muss, wenn überhaupt, sofort beantwortet werden. Doch die Entgegnung »Ja, aber nicht jetzt« bewertet die Frage so, als könne sie später beantwortet werden, als handele es sich um die Bitte einer Tochter oder eines Sohnes, ihr oder ihm bei den Hausaufgaben zu helfen, oder eines Arbeitskollegen um ein zehnminütiges Gespräch.

Der Cartoonist Gary Larson ruft mit seinen Zeichnungen fast unfehlbar einen ähnlichen Effekt hervor. Ein besonders witziger Cartoon zeigt einen Vertreter, der einem trottelig wirkenden Kerl an der Tür ein Intelligenztraining verkaufen will. Auf der fett gedruckten Garantie des Kursprogramms steht: »Verdoppeln Sie Ihren IQ oder Sie bekommen kein Geld zurück.«

Wie bei der Pointe von Stephen Wright strukturiert die angebliche Garantie im Geist des Lesers plötzlich die kleine Welt des Cartoons neu. Diese zehn Wörter komprimieren eine Vielzahl von Informationen in ein paar Sekunden. Man beachte, was man alles braucht, um den Cartoon zu verstehen: Man muss wissen, dass manche Garantien die Geldrückgabe versprechen, dass der IQ ein Intelligenzmaß ist, dass eine IQ-Verdoppelung eine unwahrscheinliche Aussicht ist und dass Leute, die an die Verdoppelung des IQ glauben, genau von dem Schlag sind, der eine irreführende Garantie nicht durchschaut. All dies kann man umständlich in einem ganzen Absatz erklären, aber die gleiche Information setzt der Geistesblitz frei, wenn man den Cartoon betrachtet.

Natürlich funktioniert nicht jeder Witz in dieser Weise. Ein Kuchen im Gesicht bewirkt einfach dessen Verwüstung, nicht aber ein Aha-Erlebnis oder gar eine Veränderung unserer Wahrnehmung. Dennoch sind die Gemeinsamkeiten zwischen den Denkmustern von Witzen und von Geistesblitzen sehr tief.

Es gibt allerdings einen einfachen Unterschied: Humor ist ein »zubereiteter« Geistesblitz, der dem Zuhörer sozusagen auf dem Tablett serviert wird. Humoristen gestalten ihren Witz so geschickt, dass er zwangsläufig ein »Heureka!« provoziert. Humor ist gewissermaßen ein kostenloses kognitives Mittagessen.

Wie die Sufi-Geschichten hat der Humor ein enormes erzieherisches Potenzial. Er verrät häufig etwas über individuelle Schwächen und kulturelle Sonderbarkeiten und hilft den Menschen, sich selbst und andere besser zu verstehen. Marvin Minsky, eine Schlüsselfigur bei der Entwicklung künstlicher Intelligenz, vertritt die Meinung, dass ein Witz die kognitive Auffassungsgabe stärkt und die Wahrnehmung von Grenzen schärft.[6] Menschen können Dinge demnach nur verstehen, wenn sie Witze darüber hören und machen können. Humor ist eine kalkulierte Grenzüberschreitung, die wie Guerillavorstöße durch Verletzungen der Grenzen zeigt, wo diese normalerweise verlaufen.

Halb und halb

Durch und durch »unvernünftige« Probleme wie die fünf Rätsel am Anfang dieses Kapitels sind ein Sonderfall. Natürliche Probleme, die zu ihrer Lösung einen Geistesblitz erfordern, sind gewöhnlich Mischfälle, die teils »unvernünftige«, teils »vernünftige« Züge tragen. Auch einige Rätsel haben diesen Charakter. Ein klassisches Beispiel für einen Mischfall, der häufig von Psychologen und in der Forschung über künstliche Intelligenz angeführt wird, ist das Rätsel von den Missionaren und den Kannibalen:

◆ **Missionare und Kannibalen:** Drei Missionare und drei Kannibalen reisen zusammen und stoßen auf einen Fluss, den sie zur Weiterreise überqueren müssen. Sie finden ein im Gebüsch verstecktes Boot, mit dem sie übersetzen können, aber es kann jeweils nur zwei Personen aufnehmen. Es gibt eine Gefahr: Sollte die Zahl der Kannibalen auch nur ein Mal auf einer der beiden Seiten des Flusses größer sein als die der Missionare, werden die Kannibalen die Missionare zum Abendbrot verspeisen. Wie können die sechs zum anderen Ufer gelangen, ohne dass es auf einer der beiden Seiten jemals mehr Kannibalen als Missionare gibt?

Jetzt heißt es, geeignete Fahrpläne zu schmieden. Vielleicht sollten erst zwei Kannibalen mit dem Boot übersetzen, dann kommt einer zurück und setzt einen Missionar über. Doch halt: Dann bleiben auf der anderen Seite zwei Kannibalen mit einem Missionar allein. Wir brauchen einen anderen Plan.

Viele Kombinationsmöglichkeiten für die Überfahrt können sofort ausgeschlossen werden, weil sie für die Missionare eine Katastrophe bedeuten würden. Problemlöser geraten hier aufgrund einer stillschweigenden Annahme häufig in eine Sackgasse. Sie nehmen an, dass jede

Überfahrt so verlaufen muss, dass zwei Reisende übersetzen und einer das Boot zurückbringt. Wie sonst könnten alle Reisenden zum anderen Ufer gelangen? Diese Annahme ist jedoch falsch. Es kommt der Punkt, an dem zwei Reisende, die bereits auf verschiedenen Überfahrten zur anderen Seite gelangt waren, wieder zusammen zurückkehren müssen. Dies zu entdecken ist der Geistesblitz, nach dem der Rest des Rätsels leicht zu lösen ist.

Dieses Rätsel und andere sind Mischfälle. Da sich die zündende Idee in der Mitte des Lösungsvorgangs befindet, erfüllen sie die meisten Kriterien für »unvernünftige« Probleme. Andererseits gehört zur Lösung des Rätsels mehr als nur ein plötzliches »Heureka!«. Dies gilt für beinahe alle wirklichen Erkenntnisse in der Kunst, den Wissenschaften, dem Ingenieurwesen und sogar dann, wenn James Bond einen Kriminalfall löst.

Goldfinger

Die Geschichte vom Zöllner am Beginn dieses Kapitels trägt universelle Merkmale der Irreführung. Wie verbreitet sie sind, zeigt ein klassischer Thriller, in dem der gleiche Trick vorkommt. In dem James Bond-Film »Goldfinger« muss sich Geheimagent 007 alle Mühe geben, um die verschlungenen Operationen von Auric Goldfinger zu enttarnen, einem internationalen Finanzier, der mit jeder Form von Gold handelt. Nach außen hin ein Gentleman mit guten Manieren, schmuggelt Goldfinger auf irgendeine Weise Gold in riesigen Mengen aus England und verkauft es zu besseren Kursen in anderen Ländern. Die besten Kräfte des britischen Zolls haben keine Ahnung, wie Goldfinger dieses Leck im Goldtopf Englands offen hält.

Auric Goldfinger ist ein ausgesprochener Lebemann. Er reist im größten Luxus mit einem wunderschönen alten Auto in Begleitung seines koreanischen Leibwächters Oddjob. Ihm gehört ein eigener Golfklub in England. Das erfährt Bond, während er Goldfinger in einer knappen Partie schlägt, in der beide Seiten mit Tricks arbeiten. Goldfinger warnt Bond mit einer tödlichen Demonstration von Oddjobs

Qualitäten, der auf dem Golfparcours mit seinem messerscharfen Hut einer Statue den Kopf abtrennt. Dann reist Goldfinger mitsamt seinem Luxusauto im Flugzeug auf das europäische Festland. Natürlich könnte Gold im Wagen versteckt sein, aber nein, die Zollbeamten haben diese Möglichkeit bereits ergebnislos geprüft.

Mit einem Sender an Goldfingers Wagen folgt ihm der Agent 007 zu einer geheimen Schmelzhütte, späht durchs Fenster und entdeckt, wie Goldfinger das Gold schmuggelt. Teile des Autos selbst sind aus Gold. Goldfinger gießt sie in England, montiert sie ins Auto ein und baut sie im Ausland wieder aus, wo er sie in seinen Hütten für den Weitertransport einschmilzt. Nicht etwas *im* Auto, sondern das Auto selbst ist die Schmuggelware.

Die Geschichte vom Zöllner und dem Reisenden folgt demselben Muster in etwas rustikalerem Stil. Die knappe Antwort des Reisenden auf die Frage des Zollbeamten, was er geschmuggelt habe, ist natürlich: »Schubkarren.«

Rätsellösungen

Die fünf Kopfzerbrecher

◇ **Die Münze:** *Warum rief der Museumsdirektor die Polizei? Wäre die Münze echt gewesen, hätten die Hersteller der Münze, die 540 v. Chr. arbeiteten, nichts von der späteren Geburt Jesu wissen können.*

◇ **Sahara:** *Was fand sich im Rucksack des Mannes? Ein ungeöffneter Fallschirm.*

◇ **Der Fächer:** *Was ist falsch an der Geschichte über den Mann, der vom Henkerbeil träumte? Wenn der Mann beim Aufprall des Fächers sofort gestorben wäre, hätte niemand erfahren können, wovon er träumte.*

◇ **Die Rivalinnen:** *Warum rasten die beiden Schwestern so schnell wie möglich davon? Jede Schwester fuhr den Wagen der anderen. Die Vorgabe des*

Vaters war ja, dass diejenige gewinnt, deren Wagen die Ziellinie als letzter überquert.

◇ **Der Schuss:** *Wie konnte sich der Mann selbst in den Kopf schießen? Der Mann feuerte das Gewehr vertikal in die Luft ab. Die Kugel erwischte ihn auf ihrem Weg nach unten.*

Die anderen Rätsel

◇ **Ein Wort mit drei Buchstaben:** *Die Antwort »car« ergibt sich logisch aus den Beschränkungen.*

◇ **ABC:** *Die folgenden Zahlenwertzuweisungen ergeben sich logisch:*

A	B	C
9	2	1

◇ **Drei Namen, mit denen man rechnen kann:** *Diese Zahlen ergeben sich logisch:*

A	B	D	E	G	L	N	O	R	T
4	3	5	9	1	8	6	2	7	0

◇ **Die Missionare und die Kannibalen:** *Hier ist ein Fahrplan, der die Vorgabe erfüllt. Der Buchstabe M steht für Missionar, K für Kannibale und () für das Boot.*

Schritt	diesseitiges Ufer	anderes Ufer
1. Ausgangssituation	MMMKKK()	
2. Zwei Kannibalen setzen über	MMMK	()KK
3. Ein Kannibale kommt zurück	MMMKK()	K
4. Zwei Kannibalen setzen über	MMM	()KKK
5. Ein Kannibale kommt zurück	MMMK()	KK
6. Zwei Missionare setzen über	MK	()MMKK
7. Ein Kannibale und ein Missionar kommen zurück	MMKK ()	MK
8. Zwei Missionare setzen über	KK	()MMMK
9. Ein Kannibale kommt zurück	KKK()	MMM
10. Zwei Kannibalen setzen über	K	()MMMKK
11. Ein Kannibale kommt zurück	KK()	MMMK
12. Zwei Kannibalen setzen über		()MMMKKK

Beachten Sie, dass in Schritt 7 ein Missionar und ein Kannibale, die bereits auf verschiedenen vorangehenden Fahrten zum anderen Ufer übergesetzt hatten, zusammen zum diesseitigen Ufer zurückkehren. Wenn nur einer von ihnen zurückgekehrt wäre, wären die Kannibalen gegenüber den Missionaren entweder am diesseitigen oder am jenseitigen Ufer in der Überzahl gewesen.

3

Die Logik des Glückhabens

Gutenberg befreit sich mit Glück aus der Klemme

Das 15. Jahrhundert war das Jahrhundert des Buchdrucks. Bücher, darunter die Bibel, waren bis dahin nur sehr spärlich als Handschriften verbreitet gewesen. Ein Geselle der Goldschmiedekunst aus Mainz, Johannes Gutenberg, nahm sich dieses Problem zu Herzen und begann eine systematische Suche nach Mitteln und Wegen, um die Bibel in Massen herzustellen. Ihm gelang eine der revolutionärsten Erfindungen aller Zeiten.[1]

Gutenberg musste nicht bei null anfangen, da man bereits die Handtechnik des Tafeldrucks kannte. Fachleute fertigten Holzstöcke (Blöcke) an und benutzten sie, um viele Kopien einer Seite zu drucken. Dieses Verfahren blieb jedoch weit hinter dem zurück, was man heute kostengünstig nennen würde. Einen Holzstock zu schneiden war mühsam und zeitaufwändig. Gedruckt wurde, indem man das Papier gegen die mit Druckfarbe bestrichene Holztafel rieb, bis man einen guten Abdruck erhielt, was ebenfalls viel Zeit erforderte. Die Schnitz- und Reibtechnik war zwar ein Fortschritt gegenüber den handgeschriebenen Kopien der Mönche in den Skriptorien, sie blieb jedoch auf kleine Werkstätten beschränkt und eignete sich nicht für hohe Auflagen.

Gutenbergs Ziel war es, Druckformen schneller herzustellen und damit effizienter zu drucken. Er bediente sich der Stempel und Siegel seiner Zeit, mit denen man Zeichen auf Papier druckte. Diese Idee entwickelte er weiter zur Technik beweglicher Lettern. Das waren Metallstücke mit jeweils einem Buchstaben, aus denen der Text für eine Seite zusammengesetzt werden konnte. Außerdem erkannte Gutenberg, wie ineffizient es war, ein Blatt Papier gegen eine Druckform zu reiben. Wenn es gelänge, auf andere Weise großen Druck auszuüben, wäre er in der Lage, den umständlichen Arbeitsgang des Reibens zu vermeiden und eine Seite innerhalb von Sekunden zu drucken. Aber wie ließ sich ein solcher Druck erzeugen?

Rein zufällig entdeckte Gutenberg während eines Weinfestes eine Technik, die ihm einen Hinweis lieferte. Inmitten ausgelassener Stimmung und reichlichen Weinausschanks stand eine Weinpresse, mit der die Trauben ausgepresst wurden. Er erkannte sofort, dass dieses Gerät genau das Prinzip lieferte, nach dem man auch eine einzelne Seite in einem einzigen Schritt drucken könnte.

Gutenberg befreite sich mit Glück aus der Klemme. Er hätte auch nicht zu dem Weinfest gehen können, aber er tat es. Er hätte die Weinpresse auch übersehen können, aber er sah sie. Geistesblitze kommen oft durch unerwartete Umstände zustande, die ein beschleunigendes Ereignis und letztlich das »Heureka!« auslösen. Dies widerfuhr auch Archimedes und Darwin.

Aber warum brauchte Gutenberg Glück, um des Rätsels Lösung zu finden? Er war doch unzweifelhaft intelligent und engagiert, ein Mann von Einsicht und Beharrlichkeit. Normalerweise hätte das gereicht, jedoch nicht bei Gutenberg, Darwin oder Archimedes, weil die Probleme, denen sie gegenüberstanden, schrittweisen Überlegungen nicht zugänglich waren.

Natürlich war dabei mehr als Glück im Spiel. Die Art, wie sich Gutenberg mit dem Problem des Buchdrucks auseinander gesetzt hatte, erhöhte die Wahrscheinlichkeit sehr, dass er auf ein beschleunigendes Ereignis wie auf dem Weinfest stoßen würde. Sein Beispiel führt uns zu zwei zentralen Fragen:

1. Was ist es genau, das sich in der Struktur von »unvernünftigen« Problemen dem schrittweisen Denken verweigert und zur Notwendigkeit führt, sich durch Glück aus der Klemme zu befreien?
2. Wenn es zur Struktur eines Problems gehört, es mit Glück lösen zu müssen, was kann man tun, um diesem Glück auf die Sprünge zu helfen und die Chancen systematisch zu erhöhen?

Das Glück des Klondike

Eine in diesem Zusammenhang hilfreiche Analogie kommt aus einer unerwarteten Richtung. Im August 1896 wurde im Klondike Gold gefunden, einem Gebiet des Yukon Territory in Alaska, das nach dem gleichnamigen Fluss benannt ist. Der Fund löste den Goldrausch der Jahre 1896 bis 1899 aus, bei dem einige wenige reich und viele enttäuscht wurden. Der Weg, den die Goldsucher am Klondike beschreiten mussten, um fündig zu werden, ist in seiner Struktur dem Kopfzerbrechen vergleichbar, das uns ein »unvernünftiges« Problem bereitet, bevor wir einen Geistesblitz haben und die Lösung finden.[2]

Der Goldschürfer weiß, wie Gold aussieht, aber er kann es nicht aufspüren, weil es keine Fährte hinterlässt, außer gelegentlichen Spuren in Flussbetten. Er muss viel Zeit damit verbringen, nach solchen Spuren zu suchen, und er kann dabei in die verschiedensten Fallen geraten. Im Klondike nach Gold zu suchen, ist wenigstens in viererlei Hinsicht eine Herausforderung. Diese vier Herausforderungen gelten ebenso für das innovative Denken.

1. *Wildnis von Möglichkeiten.* Es gibt nur wenig Gold, das sich über einen großen Raum verteilt. Während es viele Orte gibt, an denen der Schürfer suchen kann, werden ihn nur wenige mit einer Hauptader oder einer Hand voll Nuggets belohnen. Der Goldsucher muss sich abmühen und beharrlich fortfahren, einfach um die Größe der Aufgabe zu bewältigen und mit der Tatsache fertig zu werden, dass er nur wenige mögliche Fundorte untersuchen kann. Der Klondike ist eine »Wildnis der Möglichkeiten«, die zwischen dem Schürfer und dem Gold steht: eine »Wildnisfalle«. In ähnlicher Weise gibt es bei Denkproblemen sehr viele verlockende Richtungen, die man einschlagen könnte, aber nur wenige wirkliche Lösungen.

2. *Spurenloses Plateau.* Die zweite Herausforderung des Klondike ist der Mangel an Hinweisen, die zum Gold führen. Meist sieht der Schürfer Kies, in dem bestenfalls Spuren von Gold vorkommen. Die vorhandenen Spuren führen nicht zwangsläufig zu mehr Gold. Manchmal laden Goldspuren im Fluss zu einer genaueren Suche flussaufwärts

ein, wo die Ader sein könnte, oder flussabwärts, wo sich das ausgewaschene Gold abgelagert haben könnte. Aber keine der Möglichkeiten muss zum Erfolg führen. Diese Herausforderung des Klondike verdient ebenfalls eine eigene Bezeichnung: »spurenloses Plateau« oder »Plateaufalle«. Eine Gegend, in der es wenig Gold und nur wenige Hinweise darauf gibt, dass überhaupt welches da ist, ist ein Hindernis für den Goldsucher. Ganz ähnlich ist es bei der Suche nach dem Geistesblitz. Auch hier gibt es keine Spuren oder Indizien, in welcher Richtung die Lösung liegt. Der Suchende begibt sich in die kognitive Wildnis ohne jegliche Orientierungshilfe.

3. *Enge Gedankenschlucht.* Die dritte Herausforderung liegt darin, dass das Gold ganz woanders sein könnte – jenseits der Bergkette im nächsten Tal, an der Quelle eines anderen Flusses, weit entfernt von den Orten, an denen der Schürfer gegenwärtig sucht, vielleicht sogar in einem völlig anderen Canyon. Schlimmer noch, der Schürfer, der sich mit dem Kies in der Schürfgrube seiner Schlucht beschäftigt, weiß unter Umständen überhaupt nichts von den anderen Möglichkeiten. Diese Herausforderung könnte man die »enge Gedankenschlucht« oder die »Canyonfalle« nennen. Der Mensch läuft Gefahr, bei Denkproblemen einen falschen Weg einzuschlagen, indem er irrigen Annahmen nachhängt, die er für selbstverständlich hält, oder indem er an althergebrachten Vorstellungen und Denkmustern festhält. Die Gedankenschlucht, in der er sich bewegt, ist eng. Manchmal suchen wir zwar energisch nach einer Lösung, jedoch innerhalb eines begrenzten Raumes, in dem sie nicht zu finden ist.

4. *Oase der falschen Verheißung.* Die vierte Herausforderung besteht darin, dass der Schürfer häufig den gegenwärtigen Schürfort für zu verlockend hält, um in einer anderen Gegend weiterzusuchen. Es gibt vielversprechende Hinweise, vielleicht sogar ein bisschen Gold, genug, um den Mann über Wasser zu halten und weiter hoffen zu lassen. Die Idee, diesen Ort zu verlassen, erscheint ihm absurd. So fährt der Goldschürfer mit der Suche fort, in der Hoffnung, schon unter der nächsten Schaufel auf die Ader zu stoßen. Das passende Wort für diese Herausforderung stammt aus Regionen, die sich grundlegend vom kühlen Klondike unterscheiden: »Oase der falschen Ver-

heißung« oder »Oasenfalle«. In der Wüste ist eine Oase nicht das Ziel, sondern nur die Zwischenstation auf einem langen Weg. Es kann schwer für den Reisenden sein, eine Oase zu verlassen und zuversichtlich durch den weglosen Sand weiterzuziehen, um ans eigentliche Ziel zu kommen. In gleicher Weise gerät der Mensch durch scheinbar naheliegende Antworten in die Versuchung, die Suche nach der korrekten Lösung abzubrechen. Solche Antworten sind beinahe ausreichend, aber eben nur beinahe. Es ist schwer, sie wieder aufzugeben.

Ein Papier-Klondike

Die Klondike-Analogie dringt unter die Oberfläche zu einigen grundlegenden Elementen bahnbrechenden Denkens vor. Jede Problemlösung können wir als Suche durch einen Raum möglicher Ansätze und Teillösungen verstehen. Diese Möglichkeitsräume weisen vor allem bei »unvernünftigen« Problemen besondere strukturelle Merkmale auf, die einem schrittweisen Durchdenken im Wege stehen – eine riesige Wildnis von Möglichkeiten, ein spurenloses Plateau, enge Gedankenschluchten und Oasen falscher Verheißungen.

Betrachten Sie das folgende klassische Rätsel, ein ganzer Klondike auf Papier:

Die neun Punkte: Ziehen Sie vier gerade Linien, die durch alle neun Punkte des Diagramms verlaufen, ohne den Stift abzusetzen.

Das Neun-Punkte-Problem weist alle genannten Klondike-Merkmale auf. Es gibt eine Wildnis von Möglichkeiten mit vielen Wegen, auf denen man die vier Linien ziehen kann, indem man in verschiedenen Ecken beginnt und sie in unterschiedliche Richtungen laufen lässt. Es gibt ein Plateau ohne Spuren: Ein Versuch erscheint ebenso gut oder schlecht wie der nächste. Selbst der routinierteste Problemlöser scheitert, weil immer wenigstens ein Punkt außerhalb der vier Linien liegt. Nicht anders ist es beim vierten Merkmal, der Oase der falschen Verheißung. Die Beinahelösungen erscheinen alle verlockend. Es ist leicht, alle Punkte außer einem mit einem einzigen Strich zu kreuzen, und vielleicht erreicht man den letzten auch noch, wenn man diese Lösungen entsprechend anpasst. Aber es funktioniert nicht.

Der eigentümlich täuschende Charakter des Neun-Punkte-Problems ergibt sich aus dem dritten Merkmal: der engen Gedankenschlucht. Die meisten Problemlöser beschränken ihre Linien auf das Kästchen, das die Punkte markieren. Die Lösung liegt jedoch weit entfernt von diesen Möglichkeiten: Man muss die Linien über den Rand des Kästchens hinausführen.

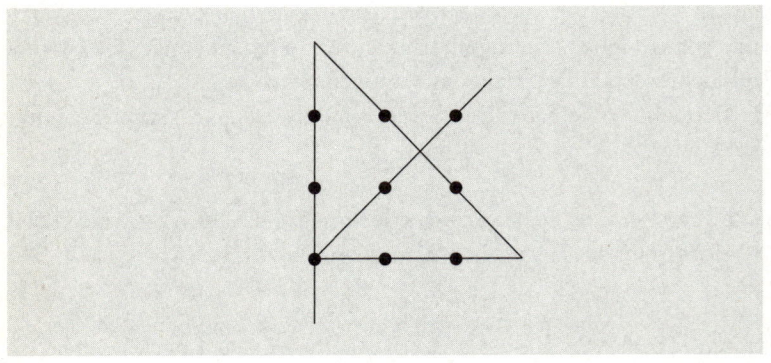

Im Allgemeinen weisen Probleme, für die wir einen Gedankenblitz benötigen, eine Kombination dieser Klondike-Merkmale auf: viele Orte, aber nur wenige Lösungen (eine Wildnis von Möglichkeiten), wenige Indizien, die den Weg zeigen (ein spurenloses Plateau), eine Lösung jenseits des naheliegenden Suchgebietes (enge Gedankenschlucht), schließlich die Versuchung, sich mit Beinahelösungen zu begnügen (Oase der falschen Verheißung). Die vier Klondike-Merkmale sind es, die solchen Problemen ihren »unvernünftigen« Charakter verleihen und sie für kontinuierliche Denkschritte unzugänglich machen.

Natürlich ist es nicht so, dass es zwei völlig verschiedene Arten von Problemen gibt, »unvernünftige« und »vernünftige«. Die vier Klondike-Fallen können unterschiedlich wichtig sein. Der Übergang zwischen »unvernünftigen« und »vernünftigen« Problemen ist fließend. Wir haben es mit den verschiedensten Mischformen zu tun.

Die vier kognitiven Operationen der Klondike-Logik

Die Klondike-Merkmale offenbaren, warum es bei Geistesblitzen so wichtig ist, sich mit Glück aus der Klemme zu befreien. Sie verdeutlichen aber auch, dass man Wege suchen muss, dem Glück auf die Sprünge zu helfen, um die eigenen Chancen zu verbessern. Während »unvernünftige« Probleme einem geradlinig vorgehenden Denken nicht zugänglich sind, können sie ihr Geheimnis preisgeben, wenn der Problemlöser den besonderen Charakter der Situation akzeptiert und mit einer »Klondike-Logik« vorgeht.

Geistesblitze sind eine Kunst und eine Technik, die einen neugierig forschenden Geist und sehr viel Erfahrung erfordern. Dennoch kann man diese Art zu denken bis zu einem gewissen Grad systematisch begreifen, wenn man ihre Grundmuster und Strategien aufdeckt. Wir unterscheiden vier kognitive Operationen dieser Klondike-Logik: »Umherschweifen«, »Aufspüren«, »Umdenken« und »Abrücken«.

Alle vier lassen sich auf das Neun-Punkte-Problem anwenden. Betrachten wir zuerst das ausgiebige »Umherschweifen«. Das Rätsel stellt eine Wildnis möglicher Wege dar, um die vier Linien zu ziehen. Umherschweifen bedeutet, die Möglichkeiten ausgiebig zu erkunden und diese oder jene auszuprobieren. Bei einer solchen weitläufigen Erkundung könnte man sogar darauf kommen, eine Linienführung über das Kästchen hinaus zu versuchen. Zum Umherschweifen gehört häufig eine Systematisierung der Möglichkeiten. Man kann sich die Symmetrie der neun Punkte zunutze machen, um den Raum der Möglichkeiten auszuloten. Es gibt eigentlich nur drei Punkte, an denen man beginnen kann: am Mittelpunkt, an einem Seiten- oder an einem Eckpunkt. Aufgrund der Symmetrie macht es logisch keinen Unterschied, welchen Seiten- oder Eckpunkt man wählt. Somit gibt es drei Punkte, an denen wir ansetzen können. Tatsächlich sind es aber nur zwei. Der Mittelpunkt ist kein weiterer Startpunkt, da er selbstverständlich als Teil der ersten Linie mit einem Seiten- oder Eckpunkt verbunden wird, sodass man von vornherein mit einem Seiten- oder Eckpunkt beginnen kann.

Versuchen wir nun, die versteckten Indizien auf diesem scheinbar spurenlosen Plateau »aufzuspüren«. Wenn wir verschiedene Linien ausprobieren, finden wir keine Hinweise. Keiner der Ansätze funktioniert, und es ist nicht klar, in welcher Richtung wir suchen sollen. »Aufspüren« heißt, dass man nach Hinweisen fahndet, die in eine bestimmte Richtung führen. Zum Beispiel könnten wir noch einmal die Problemstellung genau betrachten und dabei vielleicht entdecken, dass es keine Beschränkung gibt, mit den Linien innerhalb der Begrenzungen des Kästchens zu bleiben. Bei Rätseln wie diesen liegt der Schlüssel häufig darin, dass etwas fehlt – dass etwas nicht gesagt wird, was hätte gesagt werden können.

Manchmal ist es notwendig, »umzudenken« und ein Problem in einem neuen Rahmen, von einer anderen Perspektive aus zu betrachten. Nur so kann man einer engen Gedankenschlucht entrinnen. Nachdem wir eine Weile vergeblich am Neun-Punkte-Problem laboriert haben, fällt uns wahrscheinlich auf, dass wir uns im Kreis bewegen und immer wieder das Gleiche versuchen. An dieser Stelle könnte man sich fragen, welche Beschränkungen tatsächlich selbstverständlich sind, um dann die Grenzen, in denen man sich bis dahin bewegt hat, zu überschreiten, das Problem neu zu fassen und so größere Freiheit zu gewinnen. So könnten wir etwa bemerken, dass wir die Linien bisher nur innerhalb der Begrenzungen des Kästchens gezogen haben und, als Konsequenz daraus, einen weiteren Rahmen wählen.

Wenden wir uns schließlich dem »Abrücken« zu, um nicht in einer Oase der falschen Verheißung stecken zu bleiben. Beim Neun-Punkte-Problem gibt es eine Reihe von Möglichkeiten, vier Linien zu ziehen, die alle außer einen einzigen Punkt durchqueren – man wähnt sich fast am Ziel, ist es aber eben noch nicht ganz. Man kann sich hier festfahren und versuchen, mit kleinen Änderungen doch noch zu einem Ergebnis zu kommen. Abrücken heißt, sich von solchen verführerischen Ansätzen zu verabschieden, die nicht wirklich weiterführen.

Diese vier Operationen verdeutlichen, dass ein unkonventionelles Denken dieser Art dem Glück lediglich auf die Sprünge hilft. Weder das Umherschweifen, das Aufspüren, das Umdenken oder das Abrücken garantieren, dass wir beim Neun-Punkte-Problem auf die Idee kommen, über die Begrenzungen des Kästchens hinauszugehen. Aber all diese Operationen erhöhen die Chance, dass dies geschieht.

Im Folgenden sind die vier kognitiven Operationen der Klondike-Logik noch einmal in formalerer Weise dargestellt. Teil II dieses Buches wird jeder von ihnen ein eigenes Kapitel widmen.

Die Wildnis der Möglichkeiten

- *Symptom:* Es gibt eine überwältigend große Zahl von Möglichkeiten, von denen nur wenige Erfolg versprechen.

- *Reaktion:* Aussichtsreich ist ein ausgiebiges Umherschweifen (zum Beispiel, indem man den Klondike weiträumig durchwandert oder beim Neun-Punkte-Problem eine Vielzahl von Möglichkeiten ausprobiert). Die Idee des Umherschweifens besteht darin, den Raum der Möglichkeiten ausgiebig zu durchstreifen, hier und dort zu suchen und sich nirgendwo lange aufzuhalten. *Brainstorming*, das Sammeln vieler spontaner Ideen, ist eine typische Form des Umherschweifens.

Das Umherschweifen kann zufällig sein, aber auch systematisch. Der Problemlöser kann gründlich vorgehen und doppelte Anstrengungen vermeiden. Häufig ist es möglich, die Größe des Suchbereichs zu verringern, indem man überflüssige Möglichkeiten vernachlässigt oder nur einige von vielen Möglichkeiten stellvertretend für das Ganze durchdenkt. Letzteres ist beim Neun-Punkte-Problem der Fall, wenn sich der Suchende die Symmetrie zunutze macht.

- *Symptom:* Es gibt anscheinend keine Hinweise auf eine vielversprechende Richtung.

- *Reaktion:* Wir können versuchen, versteckte Hinweise aufzuspüren (zum Beispiel Spuren von Gold in Erdformationen, die im Klondike auf die Präsenz von Gold deuten könnten, oder Regeln, die in der Aufgabenstellung des Neun-Punkte-Problems nicht ausdrücklich erwähnt werden). Obwohl es keine Indizien zu geben scheint, sind vielleicht doch welche vorhanden. Man muss nur an einem anderen Ort nachsehen oder nach Ungereimtheiten und anderen verdächtigen Merkmalen Ausschau halten. Daher lohnt es, sich beim Neun-Punkte-Problem noch einmal die Problemformulierung vorzunehmen, statt immer nur auf das Diagramm zu starren. Dass hier eine ausdrückliche Beschränkung auf den Rahmen des Kästchens fehlt, ist der entscheidende Hinweis.

Die enge Gedankenschlucht

- *Symptom:* Der Suchende bewegt sich im Kreis und unternimmt immer wieder dieselben Lösungsansätze. Der Suchbereich ist also unnötig begrenzt.

- *Reaktion:* Wir müssen die Situation neu bedenken (zum Beispiel, indem wir berücksichtigen, dass wir bisher im Klondike nur ein Tal erforscht haben, und nun auch in anderen suchen, oder indem wir uns fragen, von welchen irrigen Annahmen wir beim Neun-Punkte-Problem ausgegangen sind, um diese zu korrigieren). Wenn wir uns im Kreis bewegen, sollten wir uns fragen, in welcher Weise stillschweigende Annahmen, Situationsbeschreibungen und andere Faktoren unsere gedanklichen Aktivitäten auf einen begrenzten Bereich beschränken. Es ist häufig lohnend umzudenken, das Problem in neuer Weise zu verstehen, ihm einen neuen Denkrahmen zu geben.

- *Symptom:* Eine verdächtig leichte Lösung, Teil- oder Scheinlösung, die natürlich oder unumgänglich erscheint, verführt den Problemlöser, auf ihr zu beharren.

- *Reaktion:* Hier gibt es keine andere Möglichkeit, als von der falschen Verheißung abzurücken (zum Beispiel, indem man einen unergiebigen Claim im Klondike aufgibt oder sich beim Neun-Punkte-Problem von Beinahelösungen abwendet). Wir müssen die Oase als das erkennen, was sie ist, nämlich eine Durchgangsstation, und sie dann verlassen. Dies können wir tun, indem wir zu einem früheren Punkt zurückgehen und von dort aus versuchen, einen anderen Weg einzuschlagen. Manchmal kann die Oase ein guter Ausgangspunkt sein, solange man sie wirklich hinter sich lässt. Möglich ist auch, einen Teil der Beinahelösung zu verwerfen, einen Teil zu bewahren und darauf aufzubauen, oder Aspekte des gegenwärtigen Ansatzes umzukehren, um das Gegenteil zu versuchen.

Die vier Operationen ähneln sich in gewisser Weise. Sie alle haben damit zu tun, neue Lösungsansätze zu erkunden. Darüber hinaus kann jede den anderen zugute kommen. So stößt man zum Beispiel, wenn man aufs Geratewohl ausgiebig umherstreift, vielleicht auf einen zuvor unbemerkten Hinweis, oder es bietet sich dadurch die Möglichkeit, das Problem neu zu bedenken oder von einer falschen Verheißung abzurücken. Trotzdem sind die Operationen nicht identisch. Sie lenken die geistigen Aktivitäten in unterschiedliche Richtungen. Eine zielgerichtete Anstrengung, bei der man versucht, Hinweise ausfindig zu machen, einem Problem einen neuen Rahmen zu geben oder von eingefahrenen Ansätzen abzusehen, führt mit höherer Wahrscheinlichkeit zum Erfolg, als nur suchend umherzuschweifen. In gleicher Weise kann es beim umherschweifenden Suchen hilfreich sein, eine Situation neu zu erfassen, Hinweise aufzuspüren oder alte Ansätze zu verwerfen. Die vier Operationen arbeiten wie ein Team, um die Herausforderungen des Klondike zu bewältigen, ob es nun darum geht, die Bibel zu drucken, vier Linien durch neun Punkte zu ziehen oder einen neuen Karriereweg einzuschlagen, wie bei unserem nächsten Beispiel.

Bahnbrechendes Denken im Alltag

Die Welt der Rätsel ist Denksport für das innovative Denken, aber wirklich bezahlt macht es sich in der Realität, im Alltag, wo es vertrackte, »unvernünftige« Probleme zuhauf gibt. Stellen Sie sich Anna vor, eine dreißigjährige Frau, die mit ihrem Job chronisch unzufrieden ist. Anna würde gerne eine andere Arbeit machen, aber welche? Als sie den Möglichkeitsraum ihres Problems zu erkunden beginnt, fällt ihr auf, dass sie ihre Ausbildung und Erfahrung für eine Vielzahl von Berufen qualifiziert. Obwohl dies auf den ersten Blick nichts mit dem Neun-Punkte-Problem oder wissenschaftlichen Herausforderungen zu tun hat, sind die Probleme auf der Ebene des alltäglichen Lebens durchaus vergleichbar. Anna ist in eine Klondike-Wildnis von Möglichkeiten geraten. Sie kann ihrem Glück mit systematischem Denken auf die Sprünge helfen.

- *Anna durchstreift die Wildnis* und könnte sich nun an eine planmäßige Jobsuche machen. Sie könnte Listen schreiben, in verschiedenen Quellen nach Ideen fahnden, ähnliche Karrierewege zusammenfassen. Sie könnte den Raum ihrer Möglichkeiten ohne Einbußen drastisch einschränken, indem sie ganze Kategorien von Berufen ausschließt, für die es ihr an wirklichem Interesse mangelt, selbst wenn sie auf den ersten Blick attraktiv erscheinen. Natürlich möchte Anna dabei die Kriterien nicht so eng fassen, dass sie nur auf ihre gegenwärtige Tätigkeit zurückweisen.

- *Anna spürt einen Weg auf, der sie vom spurenlosen Plateau herunterführt.* Nehmen wir an, dass die neuen Karrierewege, die sie ins Auge fasst, ihr alle annehmbar, aber nicht ideal erscheinen. Sie weisen alle keine eindeutig bessere Perspektive auf. Anna befindet sich also auf einem scheinbar spurenlosen Plateau. Sie analysiert sorgfältig ihre Erfahrungen in ihrem derzeitigen Beruf. »Wann fühle ich mich gut? Wann nicht?« Dabei könnte sie entdecken, dass es weniger ihr Beruf als ihre berufliche Situation ist, auf die es ankommt. Also könnte sich Anna um bessere Beziehungen in ihrem gegenwärtigen Job kümmern oder vielleicht eine neue Stelle suchen, wo sie genau das findet.

- *Anna überdenkt ihr Problem, um einen Weg aus der engen Gedankenschlucht zu finden,* denn ihr könnte der Gedanke kommen, dass sie
  sich im Kreis bewegt. »Job A sieht gut aus, aber die Arbeitsstelle ist
  einfach zu weit entfernt. Job B wäre anders und neu, aber mir fehlt
  die Qualifizierung. Job C ist attraktiv, aber schlecht bezahlt. Meine
  jetzige Arbeit ist eigentlich gar nicht so schlecht, aber wie wäre es,
  wenn ich mir noch einmal Job A ansehe?« Um aus der Schlucht zu
  entweichen, fragt sie sich: »Welche Annahmen halte ich für selbstverständlich? Vielleicht gehe ich von der Annahme aus, dass es
  meine jetzige Arbeit ist, die mich stört.« Indem sie über diesen Horizont hinausblickt, entdeckt sie, dass sie eigentlich gar nicht der Job
  stört, sondern tatsächlich die chronischen Gesundheitsprobleme
  oder die Sorge um ihre älter werdenden Eltern. Ihre Konzentration
  auf die Arbeit ist, so erkennt sie nun, nur ein unbewusstes Ausweichen, um die wirklichen Probleme zu umgehen.

- *Anna rückt von ihrem ersten Lösungsansatz ab und verlässt die Oase der
  falschen Verheißung.* Sie erkennt, dass sie sich auf einen attraktiven,
  neuen Karriereweg fixiert und nur darüber nachgedacht hat, wie sie
  dieses Ziel verwirklichen könnte. Diesen verlockenden, aber mit
  vielen Schwierigkeiten behafteten Lösungsansatz klammert sie aus,
  um ganz andere Möglichkeiten zu erkunden. Vielleicht wird sie später darauf zurückkommen. Jetzt aber wird sie sich zunächst mit den
  näherliegenden Problemen beschäftigen.

Sechs Papier-Klondikes

Die folgenden sechs »unvernünftigen« Rätsel erfordern alle die systematische Suche nach einem Geistesblitz. Die Gedankengänge der
Suchenden werden zuerst durch stillschweigende Annahmen (enge
Gedankenschlucht) sowie durch verlockende Beinahelösungen (Oase
der falschen Verheißung) in die Irre geführt. Es kann auch das eine oder
andere spurenlose Plateau vorhanden sein.

Die Leser sind aufgefordert, sich an diesen Rätseln zu versuchen und
dabei die vier Operationen der Klondike-Logik in Erinnerung zu behal-

ten, um ihrem Glück selbst auf die Sprünge zu helfen. Lassen Sie sich nicht entmutigen, wenn Ihnen die Aufgaben zu schwierig erscheinen, obwohl Sie sich an die vier Strategien halten. Es ist nicht leicht, von der Theorie zur Praxis überzugehen. Bei den vier kognitiven Operationen handelt es sich nicht um Wünschelruten, die unfehlbar zum Ziel führen. Sie müssen mit Sorgfalt und Beharrlichkeit angewandt werden. Einige Hilfestellungen finden Sie im darauf folgenden Abschnitt, die Antworten wiederum am Schluss des Kapitels.

◆ **Die beiden Stricke:** Dies ist eine der Versionen einer klassischen Aufgabe, die in der Psychologie häufig Verwendung findet. Zwei Stricke hängen in einiger Entfernung voneinander von der Decke. Wenn Sie einen in der Hand halten, können Sie den zweiten mit der anderen Hand nicht ganz erreichen. Beide sollen aber zusammengeknotet werden. Als Hilfen stehen ihnen die folgenden Gegenstände zu Verfügung: ein Wörterbuch, ein Bürohefter, ein Glas, eine lebende Kröte und eine Wäscheklammer. Wie können Sie die Stricke zusammenbinden?[3]

◆ **Um die Wahrheit zu sagen:** Zwei Fremde treffen sich auf einer Party und geraten in ein Gespräch über ihr Leben. An einem Punkt sagt der erste: »Ich muss gestehen, dass ich nicht immer die Wahrheit sage.« Der zweite antwortet: »Also das nehme ich Ihnen ohne Zweifel ab.« Doch der erste Fremde hatte dem zweiten bis dahin noch nichts erzählt, von dem Letzerer wusste, dass es falsch sein musste. Warum ist sich der zweite Fremde so sicher, dass das Geständnis wahr ist?

◆ **Der Witz:** Eines Tages im Büro sagte Anna zu Bettina: »Ich hab einen tollen Witz von Karin gehört«, und beginnt, Bettina den Witz zu erzählen. Aber Bettina antwortet: »Ach, den kenne ich schon.« »Dann hat ihn Karin dir schon erzählt?« »Nein«, erwidert Bettina, »ich hab ihn nie zuvor gehört oder irgendwo gelesen.« Erklären Sie, wie das möglich ist.

◆ **Die verzweigte Familie:** Vier Verwandte verbringen einen wunderschönen Tag zusammen und sprechen über alte Zeiten. Obwohl es nur vier sind, sind sie für sich genommen schon eine verzweigte Familie. Es sind ein Vater und eine Mutter, ein Sohn und eine Tochter, eine Schwester und ein

Bruder, eine Tante und ein Onkel, eine Nichte und ein Neffe sowie ein Cousin und eine Cousine. Alle diese Verwandtschaftsverhältnisse bestehen innerhalb dieser Gruppe von vier Personen. Dabei spielt die mögliche Heirat von schon verwandten Familienmitgliedern keine Rolle. Wie ist das möglich?[4]

Die Fliege: Zwei Menschen stehen zehn Meter voneinander entfernt. Sie beginnen, in einer stetigen Geschwindigkeit von einem Meter in zehn Sekunden aufeinander zuzugehen. Eine Fliege sitzt auf der Nase der ersten Person. Als sie zu gehen beginnen, fliegt sie auf die Nase der zweiten, dann zurück auf die Nase der ersten, dann zurück auf die der zweiten Person und so weiter. Die Geschwindigkeit der Fliege beträgt einen Meter pro Sekunde. Natürlich wird die Entfernung bei jedem Flug kürzer, weil sich die beiden Personen annähern. Wie groß ist die Entfernung, die die Fliege zurücklegen muss, bevor sie zwischen den beiden Nasen zerquetscht wird?

Die Gleichung: Hier eine mathematische Gleichung:

$$2 + 7 - 118 = 129$$

So, wie sie hier steht, handelt es sich nicht um eine gültige mathematische Aussage. Ihre Aufgabe: Ergänzen Sie eine gerade Linie irgendwo in der Gleichung, um sie in eine solche zu verwandeln.
Dieses Rätsel hat mindestens drei verschiedene Lösungen. Versuchen Sie, alle drei zu finden.

Sechs Hinweise

Wie ist es gelaufen? Nur so lala? Nun ja, die systematische Suche nach dem Geistesblitz vermindert die Schwierigkeit einer Falle, aber sie beseitigt sie nicht. Was Abhilfe schaffen kann, sind Beispiele und Übung. Die folgenden Kommentare geben noch nicht die Antworten, aber sie bieten einige *Hinweise* auf den richtigen Denkweg.

Die beiden Stricke: Psychologen untersuchen mit dem Problem der beiden Stricke die funktionelle Fixierung, das heißt die Neigung, Dinge nur unter dem Gesichtspunkt ihrer normalen Funktionen zu betrachten und sie nicht in ungewöhnlichen Zusammenhängen zu sehen. Wenn man ein Zehnpfennigstück als Schraubenzieher verwendet oder einen Lippenstift benutzt, um eine Nachricht auf einen Spiegel zu schreiben, löst man sich von funktionellen Fixierungen.

Die Fixierung verengt die Gedankenschlucht, da man nur die typischen Funktionen einer Sache betrachtet. Das legt nahe, zu enge Beschränkungen aufzudecken und ein Problem grundsätzlich zu überdenken. Im Fall des Rätsels mit den beiden Stricken ist es lohnend, die üblichen Funktionen der bereitgestellten Gegenstände zu ignorieren. Wie könnte man einen davon ganz anders verwenden? Welcher ist es? Nicht die Kröte, sie ist eine Ablenkung, eine kleine Oase der falschen Verheißung. Sie soll uns in Versuchung führen, weil sie ungewöhnlich ist und gerade deshalb der Schlüssel zu sein scheint.

Um die Wahrheit zu sagen: Als der erste Fremde zugibt, nicht immer die Wahrheit zu sagen, ist es naheliegend, sich über seine bisherigen Aussagen Gedanken zu machen. Leider erfahren wir nichts darüber. Auch dem zweiten Fremden ist keine unwahre Aussage des ersten bekannt. Wir können also keine Schlüsse aus den Aussagen des ersten Fremden ziehen. Problemlöser befinden sich hier auf einem scheinbar spurenlosen Plateau und wissen nicht, wohin sie sich wenden sollen. Aber lassen Sie uns etwas genauer den Hinweisen nachspüren: Betrachten Sie die einzige Feststellung des Fremden als Hinweis. Kann diese Feststellung *wahr* sein?

Der Witz: Nahezu immer hören Menschen Witze und geben sie an andere weiter. Witze sind wie Geld, ein Tauschmedium, das von einem zum nächsten wandert. Nur so über Witze zu denken, ist jedoch eine begrenzte Sichtweise, eine enge Gedankenschlucht. Lassen Sie uns umdenken: Witze müssen ja zunächst einmal irgendwoher kommen.

Eine verzweigte Familie: Dieses Problem birgt eine verführerische Oase der falschen Verheißung. Liest man die ersten Verwandtschaftsbeziehungen, ist es nur natürlich zu vermuten: »Aha, ein Ehepaar mit einem

Sohn und einer Tochter, die daher natürlich Bruder und Schwester sind.« Leider bleibt so kein Raum für die Tante, den Onkel und die beiden Cousins. Rücken Sie von diesem ersten Ansatz ab und erwägen Sie andere Möglichkeiten.

Die Fliege: Auch dieses Problem enthält eine Oase. Die Versuchung besteht darin, an die Kette von kürzer werdenden Flügen zu denken, die die Fliege zurücklegt. Wenn man all diese Flüge nur summieren könnte! In diesem Problem verfangen sich besonders leicht Leute mit mathematischen Kenntnissen, weil es verschiedene Strategien gibt, die Summe von Zahlenfolgen zu errechnen, die sich systematisch ändern. Stattdessen ist es am besten, diesen Ansatz zu vernachlässigen und es zu vermeiden, nach einer Summe der Flüge zu suchen. Vielleicht gibt es einen anderen Weg, um zu bestimmen, wie weit die Fliege reist.

Es gibt auch hier eine enge Gedankenschlucht. Die Aufgabenstellung fragt nach der Entfernung, die von der Fliege zurückgelegt wird, also ist es nur natürlich, in Entfernungsbegriffen zu denken. Vielleicht aber lässt sich die Frage anders fassen, indem man die Gesamtflugzeit statt der Entfernung berücksichtigt.

Die Gleichung: Dieses Rätsel enthält eine Oase der falschen Verheißung und zwei enge Gedankenschluchten. Die Oase ist die leichte und verlockende Veränderung von einem Minus zu einem Plus. Schließlich sind die minus 118 der Grund, warum die Gleichung so unwahrscheinlich wirkt. Mit einem Plus summiert sich die linke Seite zu 127, nur zwei weniger als 129 auf der rechten. Wenn doch nur eine weitere Veränderung erlaubt wäre, um irgendwie die 2 hinzuzufügen, aber die einzige erlaubte Änderung ist schon vollzogen. Versuchen Sie, von diesem Denkansatz abzurücken und ganz andere Wege einzuschlagen.

Die erste Gedankenschlucht, aus der man am leichtesten entkommen kann, ist die Idee, dass sich die Gleichung durch das Hinzufügen einer geraden Linie auflösen lässt. Aber stand das in der Problemstellung? Nein. Vergrößern Sie daher den Rahmen. Die einzige Beschränkung besteht darin, eine wahre mathematische Aussage herbeizuführen.

Es gibt dabei eine Auflösung der Gleichung, die von einer anderen Möglichkeit verdeckt wird. Die Lösung ist deshalb so schwer zu finden, weil es sozusagen eine natürliche Suchtendenz gibt, solche Linien zu erkunden, die hinzugefügt werden könnten: Man versucht gewöhnlich, entweder Zahlen in andere Zahlen, Operationen (+, –, …) in andere Operationen oder Beziehungen (=) in andere Beziehungen zu verwandeln. Hier müssen wir umdenken.

Sechs Lösungen

Jetzt können Sie Ihre Lösungen überprüfen. Wenn es Ihnen trotz der Hinweise schwer gefallen ist, machen Sie sich keine Sorgen. Wenn Sie sehen, wie diese Beispiele funktionieren, wird Ihnen das bei späteren Aufgaben helfen.

◇ **Die zwei Stricke:** *Die klassische Lösung dieses Rätsels ist, einen mittelschweren Gegenstand – sagen wir einen Hefter (die Kröte ist nur für Sadisten gedacht) – an den einen Strick zu binden und ihn zum Schwingen zu bringen. Während man den anderen Strick festhält, fasst man den ersten bei einem seiner Aufschwünge und bindet beide zusammen. Wie zuvor erwähnt, blockiert die funktionelle Fixierung eine Lösung. Man neigt dazu, die Gegenstände im Licht ihrer normalen Funktion zu betrachten. Indem man umdenkt und den Rahmen erweitert, kommt man auch auf andere Möglichkeiten.*

◇ **Um die Wahrheit zu sagen:** *Der scheinbare Mangel an Hinweisen schafft ein spurenloses Plateau, weil man nicht weiß, was der erste Fremde vor seiner letzten Aussage gesagt hat. Die eine Aussage jedoch, die er getroffen hat, bietet einen subtilen Hinweis, den man erkennen kann: »Ich sage nicht immer die Wahrheit.« Diese Aussage muss wahr sein. Nehmen wir an, sie wäre falsch. Das würde bedeuten, dass der Fremde immer die Wahrheit sagt. Er sagt jedoch gerade, dass er das nicht tut, was der Idee widerspricht, er täte es. So führt die Annahme, seine Aussage sei falsch, in einen Widerspruch und erweist ihre Wahrheit.*

◇ **Der Witz:** *Die Falle ist hier die Vorstellung, dass Witze von einem zum anderen weitergegeben werden. Doch lassen Sie uns den Rahmen erweitern.*

Jemand muss einen Witz zunächst einmal erfinden. Hier ist es Bettina, die den Witz erfunden hatte und ihn dann Karin erzählte, die ihn ihrerseits an Anna weitergab. Als Anna also Bettina den Witz erzählte, kannte diese ihn bereits, ohne ihn je von jemandem gehört oder gelesen zu haben.

◇ **Eine verzweigte Familie:** *Die Oase ist hier die Versuchung, im Vater und in der Mutter, den erstgenannten Familienmitgliedern, ein verheiratetes Paar mit ihrem Sohn und ihrer Tochter zu sehen, die dann Bruder und Schwester wären. Diese Kombination erfüllt jedoch nicht die übrigen Rätselbedingungen. Rückt man von diesem verheißungsvollen Ansatz ab, ergibt sich eine andere mögliche Konstellation: eine Schwester und ein Bruder, die beide mit jemandem verheiratet sind, der beziehungsweise die nicht anwesend ist, mit der Tochter der Schwester und dem Sohn des Bruders (oder dem Sohn der Schwester und der Tochter des Bruders). In diesem Fall ist die Schwester die Schwester des Bruders und die Mutter der Tochter. Die Tochter ist die Cousine des Sohnes und die Nichte des Bruders, der natürlich ihr Onkel ist und so weiter.*

◇ **Die Fliege:** *Wieder ist es eine Oase der falschen Verheißung, die uns in die Versuchung führt, irgendwie die aufeinander folgenden abnehmenden Distanzen der Flüge zu addieren, die die Fliege von Nase zu Nase zurücklegt. Aber es führt nicht weiter, nur in Entfernungsbegriffen zu denken. Lösen Sie sich von dieser Idee, die abnehmenden Entfernungen zu addieren und fassen Sie das Problem neu, indem Sie nicht die Entfernung, sondern die Gesamtflugzeit betrachten. Die beiden Personen, die in zehn Metern Entfernung aufeinander zuzugehen beginnen, nähern sich einander in einer Geschwindigkeit von einem Meter alle zehn Sekunden an. Das bedeutet, dass sie aufeinander treffen, wenn jeder von ihnen in 50 Sekunden 2,5 Meter zurückgelegt hat. Das wiederum bedeutet, dass die Fliege 50 Sekunden lang eine Entfernung von einem Meter pro Sekunde überwunden hat. Die Gesamtdistanz, bevor sie zwischen den Nasen zerdrückt wird, beträgt also 50 Meter.*

◇ **Die Gleichung:** *Die ersten beiden Lösungen ergeben sich, wenn man erkennt, dass es sich bei dem Ausdruck nicht um eine Gleichung handeln muss. Man kann einfach einen Strich durch das Gleichheitszeichen ziehen, um es in »ist ungleich« zu verwandeln, oder man kann eine diagonale Linie vom rechten Ende des Gleichheitszeichens nach oben ziehen, um daraus »ist weniger als«*

zu machen. *Beide Veränderungen schaffen eine wahre mathematische Aussage, wie es die Aufgabenstellung verlangt.*

Die dritte Lösung erfordert, das Problem aus einem neuen Blickwinkel zu betrachten, um der engen Gedankenschlucht zu entgehen, die Operationen durch andere Operationen, Beziehungen durch andere Beziehungen und Zahlen durch andere Zahlen zu ersetzen: Das + kann man zu einer 4 verändern, indem man eine vertikale Linie auf der oberen linken Hälfte des Zeichens zieht. Dann stimmt die Gleichung.

Diese Beispiele zeigen, dass sich Herausforderungen wie die enge Gedankenschlucht und die Oase der falschen Verheißung ähneln. Wodurch unterscheiden sie sich aber?

Ganz allgemein besteht der Unterschied darin, ob man ausbricht oder sich losreißt. Wir möchten aus der Schlucht herausfinden und die Oase verlassen. Aus der Gedankenschlucht herauszufinden hängt davon ab, ob wir die Grenzen erkennen, die unsere Gedanken einengen, damit wir sie durchbrechen können – zum Beispiel, indem wir Gegenstände in einer anderen als ihrer normalen Funktion benutzen, wie beim Problem der beiden Stricke, oder indem wir uns nicht fragen, wie Witze verbreitet werden, sondern woher sie kommen. Eine Oase hinter sich zu lassen erfordert, sich von einer verführerischen Teil-, Beinahe- oder Scheinlösung zu trennen, zum Beispiel, indem man beim Rätsel von der verzweigten Familie die Teillösung eines Ehepaars mit Sohn und Tochter aufgibt, oder indem man beim Gleichungsrätsel davon absieht, doch noch die Summe zu finden, die die Gleichung auflöst.

Dies vorausgeschickt gibt es zweifellos Grenzfälle, die man auf die eine oder andere Weise beschreiben könnte. Das ist kein Wunder. Grenzfälle gibt es bei vertrauten Kategorien allenthalben. Ist zum Beispiel ein Stuhl mit niedriger Lehne und hoher Sitzfläche schon ein Stuhl oder noch ein Hocker? Solche Zweifelsfälle geben uns jedoch nicht das Gefühl, dass es keinen Unterschied zwischen einem Stuhl und einem Hocker gibt, und das Gleiche gilt für den Unterschied zwischen der Gedankenschlucht und der Oase. Aus praktischer Sicht könnten bei solchen Grenzfällen sowohl ein Überdenken des Problems als auch ein Abrücken vom ersten Ansatz gleich gut funktionieren und zum selben Ergebnis führen.

4

Gibt es eine wissenschaftliche Erklärung für den Geistesblitz?

Alchimie oder Chemie?

Die mittelalterlichen Alchimisten glaubten, dass sich mit der richtigen Mischung von Zutaten und Zauberformeln ein Stoff in einen anderen verwandeln ließe. Ihr Heiliger Gral war die Verwandlung von Blei in Gold mithilfe des Steins der Weisen. Ihre Experimente legten die Grundlagen der modernen Chemie, aber in der Epoche der Alchimisten war das, was später zu einer Wissenschaft wurde, eine seltsame Mischung von Pfuscherei, Magie und Hoffnung. Wenn wir heute das innovative Denken durch eine seltsame Mischung von Begriffen wie »unvernünftige« Probleme, Möglichkeitsräume und Klondike-Logik analysieren, betreiben wir dann Alchimie oder Chemie?

Die wissenschaftliche Seite unseres Problems gehört in den Bereich der Forschungen, die in den letzten 50 Jahren über künstliche Intelligenz (KI) angestellt wurden. Sie beschäftigen sich mit der Computersimulation von intelligentem Verhalten wie Problemlösung, Spiel und Planung. Dabei gibt es verschiedene Forschungsansätze. Eine der wichtigsten Methoden in der KI-Forschung stellt die Idee in den Vordergrund, einen Möglichkeitsraum abzusuchen. Die Ergebnisse lassen sich nicht nur auf den Computer, sondern auch auf den Menschen anwenden. Computer, die in dieser Weise programmiert werden, denken nicht so gut wie Menschen, aber was Programmierer tun müssen, um sie auch nur ein bisschen wie Menschen agieren zu lassen, gibt sehr viel Aufschluss darüber, wie das menschliche Denken funktioniert.

Diese Forschungstradition hat eine Reihe von Konzepten und Begriffen entwickelt, die unserer Vorstellung von Geistesblitzen wissenschaftliche Strenge verleihen. Das Konzept der Möglichkeitsräume liefert einen formalen Weg, »vernünftige« von »unvernünftigen« Problemen abzugrenzen, und bietet einen Rahmen um festzustellen, welche Art des Denkens in diesem oder jenem Fall als klug anzusehen ist. Hier nähern wir uns einer wissenschaftlichen Grundlage für das, was wir als innovatives Denken bezeichnen.

Für die alltägliche Kunst, Probleme durch Geistesblitze zu lösen, ist dies jedoch nur wenig hilfreich. Jene Leser, denen es vor allem um die praktische Anwendung geht, sind daher eingeladen, die folgenden Erläuterungen nur sporadisch zu lesen oder zu überspringen. Eine bessere theoretische Fundierung gibt uns allerdings die Gewissheit, dass wir näher an der Chemie als an der Alchimie sind, wenn wir bahnbrechendes Denken mit den Begriffen der Klondike-Logik betrachten. Das Gold findet sich hier nicht durch die magische Wirkung des Steins der Weisen, sondern durch definierbare Strategien einer klugen Suche.

Denken ist wie ein Schachspiel

Charlotte und Max spielen Schach. Charlotte hat einen Zug gemacht, Max muss nun auf einen Gegenzug sinnen. Er erkennt, dass er sein Pferdchen hierher ziehen könnte. Dann könnte er, wenn Charlotte nichts Bedrohliches unternähme, mit seinem Turm vorrücken. Andererseits, denkt sich Max, könnte Charlotte das Pferdchen mit einem ihrer Läufer angreifen. Daher tut Max gut daran, über den Zug des Pferdchens hinauszublicken. Vielleicht wäre eine Rochade ein besserer Plan. Schließlich wählt Max einen Zug, der ihn, wie er hofft, in eine vorteilhafte Position bringen wird.

Max hat ein Problem gelöst, indem er einen Möglichkeitsraum absuchte. Bei jeder Art von Problem – ob man es allein löst oder im Spiel gegen andere, ob beim Schach oder bei einer ernsten Angelegenheit – ist die Suche in einem Möglichkeitsraum ein hervorragender Weg, der Lösung näher zu kommen. Menschen schätzen ihre Chancen ein, erkunden, zu welchen anderen Möglichkeiten sie führen und sogar, welche weiteren Möglichkeiten *diese* wiederum eröffnen. Schließlich treffen sie eine Wahl, mit der sie ans Ziel zu gelangen hoffen. Beim innovativen Denken dringen Menschen zu neuen Bereichen solcher Möglichkeitsräume vor. Alles in der Welt des Problemlösens ist wie eine Schachpartie: Welche Züge stehen mir zur Verfügung, welche Züge führen wohin und was sollte ich folglich tun?

Die Idee, einen Möglichkeitsraum – häufig auch »Problemraum« genannt – zu durchsuchen, steht im Mittelpunkt des klassischen Buches *Human Problem Solving* der Kognitionswissenschaftler Alan Newell und Herbert Simon von 1972.[1] Die Autoren analysieren darin mehrere verschiedene Arten des Problemlösens und benutzen dazu die Theorie der Problem- oder Möglichkeitsräume. Als Beispiele verwenden sie das Schachspiel oder auch die kryptoarithmetischen Rätsel, die wir im zweiten Kapitel vorgestellt haben. Newell und Simon protokollierten das laute Nachdenken ihrer Testpersonen, die mit der Lösung solcher Probleme beschäftigt waren, und verglichen sie mit den entsprechenden Computersimulationen. Sie sammelten dabei Belege, dass Menschen tatsächlich in dieser »umherschweifenden« Weise denken, durch verschiedene Möglichkeiten navigieren und nach solchen Wegen suchen, die sie einer Lösung näher bringen.

Die Suche in einem Möglichkeitsraum ist ein Konzept, das man im Hinblick auf viele Spiele, Rätselaufgaben und mathematische Probleme recht genau definieren kann. Die folgenden Schlüsselmerkmale eines solchen Modells sind für die Argumentation in diesem Kapitel nützlich:

- Der *Zustandsraum* (oder Möglichkeitsraum) ist die Summe aller potenziellen Zustände. Im Schach besteht er aus den Konstellationen der Figuren, die den Regeln entsprechen. Der Zustandsraum bei kryptoarithmetischen Problemen enthält alle denkbaren Kombinationen von Ziffern und Buchstaben.

- *Operatoren* sind alle Handlungsschritte, die Veränderungen herbeiführen, so wie die regelgerechten Züge des Schachspiels oder die Zuweisung einer Zahl zu einem Buchstaben bei kryptoarithmetischen Rätseln.

- Der *Anfangszustand* ist die jeweilige Ausgangsposition. Im Schach ist es die Standardaufstellung, wenn sich alle Figuren auf den Grundlinien befinden. Der Anfangszustand von kryptoarithmetischen Problemen ist gegeben, solange noch keine Zuweisungen von Zahlen zu Buchstaben vorgenommen wurden.

- Der *Lösungszustand* ist abhängig von einem oder mehreren Kriterien. Beim Schach ist das Kriterium »schachmatt«. Ein Zug, der in der Mitte des Spiels gewählt wird, ist nur eine zeitweilige Lösung, auch wenn er das aktuelle Problem löst, und bleibt danach zu beurteilen, ob er den Spieler seinem Ziel näher bringt oder nicht. Im Fall von kryptoarithmetischen Problemen ist ein Lösungszustand erreicht, wenn allen Buchstaben einzelne Zahlen zugewiesen wurden, die eine richtige Summe ergeben.

- Der *Lösungsindikator* schließlich ist das Maß, wie nahe oder wie weit man vom Ergebnis entfernt ist. Im Schach ist der Lösungsindikator der Gesamtvorteil, den ein Spieler mit einer Brettposition besitzt. Bei kryptoarithmetischen Problemen kann man die Aussicht auf Erfolg daran ablesen, wie vielen Buchstaben schon Zahlen zugewiesen werden konnten. Der Lösungsindikator ist also eine Richtschnur dafür, wie nahe man einer Lösung bei der Suche im Möglichkeitsraum schon gekommen ist.

Natürlich denken Menschen, die Schach spielen oder kryptoarithmetische Probleme lösen, nicht über Zustände, Operatoren und Lösungsindikatoren nach. Sie spielen das Spiel und beschäftigen sich nicht mit theoretischen Modellen. Newell und Simon demonstrieren mit ihren Experimenten jedoch, dass man mit diesen Begriffen gut beschreiben kann, was Problemlöser – unbewusst – tun. Wie immer es subjektiv empfunden wird: Das Lösen von Problemen läuft auf eine Suche in Möglichkeitsräumen hinaus.

Querfeldein durch die Problemwildnis

Wenn man Schach spielt, muss man strenge Regeln befolgen, nicht aber, wenn man zum Beispiel ein Bild malt. Bei kryptoarithmetischen Problemen müssen die Summen stimmen, aber wer könnte darüber urteilen, was richtig ist, wenn ein Poet Gedichte schreibt? Das Konzept des Möglichkeitsraums ist ursprünglich formaler Natur, es ist mathematisch und streng. Damit es sich für das Lösen von Problemen im Allgemeinen eignet, müssen wir es erweitern, um die Vielfalt aller Probleme und Lösungen zu erfassen, die sich einer präzisen Definition im wissenschaftlichen Sinne entziehen.

Probleme können wenigstens in dreierlei Hinsicht verworren sein: Der Möglichkeitsraum, der durchsucht werden muss, ist verschwommen. Die Grenzen zwischen den Möglichkeiten sind fließend, statt, wie beim Schach, sauber voneinander getrennt. Außerdem kann sich ein Möglichkeitsraum im Verlauf der Problemlösung verändern, zum Beispiel, wenn neue Informationen hinzukommen. Und schließlich können sich die Erfolgs- oder Lösungskriterien weiterentwickeln, während man über das Problem nachdenkt.

Verschwommene Möglichkeitsräume

Es ist recht unkompliziert, Probleme mit verschwommenen Möglichkeitsräumen in den Begriffen von Zuständen, Operatoren und Lösungs- und Erfolgskriterien zu analysieren.

Stellen wir uns eine Katze vor, die unter die Dielen eines Schuppens gekrochen ist. Was kann der beunruhigte Besitzer unternehmen? Er könnte die Katze rufen, sie mit einer Schale Milch oder einem Wollknäuel herauslocken oder warten, bis sie von selbst den Weg findet. Während der Besitzer diese Optionen durchgeht, erkundet er einen Möglichkeitsraum und beurteilt die einzelnen Möglichkeiten nach ihrer Erfolgsaussicht. Wenn er dann verschiedene Handlungsalternativen ausprobiert, erkundet er den Raum konkreter physischer Möglichkeiten – so, wie man eine Schachfigur bewegt, nachdem man zuvor über den besten Zug nachgedacht hat.

Ein anderes Beispiel: Nehmen wir an, die Besitzerin eines Obstgartens möchte einen Apfelpflücker bauen. Das Gerät könnte am Ende einen Haken haben, um die Äpfel vom Baum zu ziehen. Dann würden sie jedoch zu Boden fallen und Druckstellen bekommen. Womöglich ließe sich das Gerät verbessern, wenn man ein Säckchen unterhalb des

Hakens anbrächte, um die Äpfel beim Fallen aufzufangen. Eine interessante Lösung, aber die Stange wäre nur schwer zu halten. Während die Obstgartenbesitzerin über diese und andere Einfälle sinniert, wird auch daraus eine Erkundung von vielversprechenden Möglichkeiten.

Neben den Möglichkeiten und ihren Lösungsindikatoren kommen bei unseren Beispielen auch die Begriffe des Zustands und des Operators ins Spiel. Beim Katzenbesitzer, der versucht, seine Katze unter den Dielen hervorzulocken, sind die Zustände Schnappschüsse möglicher Szenarios. Die einzelnen Handlungsschritte bringen den Besitzer von einem Zustand zum nächsten: die Schale Milch hinstellen, die Katze kommt heraus (ihre Aktivitäten entsprechen denen des gegnerischen Schachspielers), der Mann schnappt sich die Katze. Bei der Gärtnerin bestehen die Zustände aus unterschiedlichen Entwurfsideen für den Apfelpflücker. Die Operationen sind die Überlegungen, die sie von einem Entwurf zum nächsten führen.

Selbst das Verfassen von Gedichten oder das Malen von Bildern lässt sich in diesen Begriffen beschreiben. Zum Dichten gehören einzelne Verse, einige spontan hingeworfene Fragmente, fertige oder angefangene Strophen. Diese Zustände verändert der Dichter durch Operationen, bei denen Wörter hinzugefügt, umgestellt oder gestrichen werden. Er navigiert so lange durch den Raum seiner Möglichkeiten, bis er mit seinen Formulierungen zufrieden ist. Das Lösungskriterium ist keine formale Regel, sondern das persönliche ästhetische Urteil, der Lösungszustand ist das vollendete Gedicht. Ebenso ist der Zustandsraum eines Gemäldes der Raum eines teilweise fertigen oder vollendeten Bildes, alles von ein paar Pinselstrichen bis zu einem vollständigen Werk. Die Operationen bestehen im Hinzufügen, Wegwischen oder Übermalen der Farbe. Während der Maler nach einem berückenden Bild sucht, ist das Lösungs- und Erfolgskriterium nicht eine formale Regel, sondern wie beim Dichter die eigene künstlerische Bewertung.

Auf einer Ebene sind Zustandsräume für Gedichte und Gemälde Teil der konkreten Realität, tatsächliche Skizzen auf Papier oder Leinwand. Der Autor oder Maler sucht jedoch auch mentale Möglichkeitsräume von Ideen und Bildern ab, bevor er den Stift spitzt oder den Pinsel schwingt, so wie der Schachspieler im Geist die Möglichkeiten von Zügen und Gegenzügen durchforstet, bevor er den nächsten Zug durchführt. Die geistigen Möglichkeiten machen zusammen mit den tatsächlichen Zügen auf Papier oder Leinwand den gesamten Möglichkeitsraum aus.

Veränderbare Möglichkeitsräume

Nehmen wir an, die Katze entdeckt Mäuse unter den Dielen. In diesem Fall übt ein Schälchen Milch nur wenig Reiz aus. Die Mäuse haben die Bedingungen radikal verändert. Solche unvermuteten Wendungen und Rückschläge sind beim Problemlösen gang und gäbe. Beim Schach- oder beim Kartenspiel machen Gegner Spielzüge, die die Situation radikal verändern. In der Welt der Forschung erleben Wissenschaftler, dass Kollegen Resultate veröffentlichen, durch die sich die Gestalt des Problems ändert, an dem sie selbst gerade arbeiten. Möglichkeitsräume sind beständig Modifikationen unterworfen. Man tut gut daran, im Gedächtnis zu behalten, dass sich »der Boden unter unseren Füßen bewegt«.

All dies könnte das Konzept der Möglichkeitsräume infrage stellen. Welchen Sinn macht es, davon zu sprechen, Räume zu durchsuchen, die sich ständig verändern? Aber es sind nicht die Räume selbst, die sich wandeln, sondern die Zustände, die durch äußere Einflüsse modifiziert werden. Wenn Charlotte einen Zug im Schach macht, verändert das Max' Position innerhalb des Möglichkeitsraums. Und wenn Mäuse unter den Dielen auftauchen, stellt dies den Katzenbesitzer vor eine veränderte Situation. Beide müssen unter neuen Vorzeichen nach einer Lösung suchen, jedoch im selben Rahmen, im selben Möglichkeitsraum.

Allgemein kann das, was als Wandel des Möglichkeitsraums erscheint, als ein Sprung von einem Ort zu einem anderen innerhalb desselben Raums verstanden werden, verursacht von Faktoren, die außerhalb der eigenen Kontrolle liegen. Solche Sprünge fordern dazu auf, den Möglichkeitsraum noch tiefer zu erkunden und alle denkbaren Veränderungen vorwegzunehmen, die sich ereignen könnten. Max wird also im Voraus überlegen müssen, welche Züge Charlotte machen könnte, und der Katzenbesitzer sollte versuchen, die Überraschungen vorherzusehen, die die Vorliebe der Katzen für Mäuse in sich birgt.

Eine andere Art des Wandels, mit dem das Modell des Möglichkeitsraums zu kämpfen hat, betrifft die Lösungskriterien. Was geschieht, wenn der Katzenbesitzer zur Überzeugung kommt, dass die Katze tatsächlich besser Mäuse unter den Dielen jagen als im Wohnzimmer herumspringen sollte? Wo man sich *formalen Problemen* zuwendet, sind die Lösungskriterien von Anfang an gut definiert und konstant – wie beim Schachmatt oder der richtigen Summe bei kryptoarithmetischen Problemen. Bei *offenen Problemen* entwickeln sich die Kriterien dagegen häufig weiter, während man noch nach der Lösung sucht. Manchmal gibt es am Anfang nur eine vage Idee, worin das Problem besteht: »Wo steckt diese Katze schon wieder?« oder »Was für ein toller Anfang für ein Gedicht!«. Unterschiedliche Visionen und Versionen des Problems zu erkunden, ist ein wichtiger Teil unseres Denkens. Erst dadurch wird uns klarer, was das Problem ist und wie die Lösung aussehen könnte. Vielleicht verändern sich die Kriterien an einem gewissen Punkt sogar dramatisch. Der Katzenbesitzer möchte vielleicht plötzlich, dass die Katze die Mäuse unter den Dielen beseitigt, und der Autor denkt womöglich nicht mehr an ein Gedicht, sondern an einen Roman.

Obwohl solche Kriterien, die sich während der Suche verändern, die Idee des Möglichkeitsraums unsinnig erscheinen lassen, können wir sie leicht in unser Beschreibungsmodell integrieren. Statt an eine Suche durch einen Möglichkeitsraum mit festen Kriterien zu denken, müssen wir uns einen erweiterten Raum vorstellen, der aus den ursprünglichen Möglichkeiten *und* weiteren möglichen Kriterien besteht. Der Problemlöser erkundet die ursprünglichen Möglichkeiten und die möglichen Erfolgskriterien gleichzeitig. Die Suche vollzieht sich also an zwei Fronten: am gegenwärtigen Rettungsplan für die Katze, dem teilweise fertigen Gedicht sowie an den sich während des Nachdenkens über die Lösung entwickelnden Erfolgsmaßstäben.

Diese Überlegungen zeigen, dass es selbst dann eine Suche in einem Möglichkeitsraum gibt, wenn dieser verschwommen ist, wenn Sprünge von einem Zustand zum anderen auftreten oder wenn sich die Lösungskriterien weiterentwickeln. Natürlich sind Zustände, Operationen und Kriterien normalerweise nicht so sauber oder offen definiert wie beim

Schach. Aber schließlich haben Schach und viele andere Spiele ja auch sparsame, logische Regeln, die absichtlich so gesetzt wurden, um Unklarheiten und Unstimmigkeiten zu vermeiden. Ob es sich um die Welt des Schachs, der Katzen, der Apfelpflücker, Gedichte, Gemälde, wissenschaftlichen Theorien oder gar um Rezepte für Bouillabaisse handelt, die Begriffe des Möglichkeitsraums, der Operationen und der Messlatten für Fortschritt und Erfolg stellen ein nützliches Instrumentarium dar, um Denkprozesse zu untersuchen und die Anforderungen unterschiedlicher Probleme gegeneinander abzuwägen.

Wenn klug gleich vernünftig ist

Kehren wir nun, mit diesen Überlegungen im Hinterkopf, zum Unterschied zwischen »vernünftigen« und »unvernünftigen« Problemen zurück. Bei beiden geht es um eine Suche. Im einen Fall bieten logische Überlegungen einen klugen Weg, im anderen dagegen nicht.

Die einfachste Suchstrategie besteht darin, alle Möglichkeiten auszuloten. Das ist nicht immer eine banale Strategie. Es erfordert aufmerksame und systematische Handlungsschritte, um sicherzugehen, keine Möglichkeit auszulassen. Dennoch ist es bei den meisten Problemen kein kluges Vorgehen, weil es zu viele Alternativen gibt. Das kryptoarithmetische Rätsel DONALD + GERALD = ROBERT, das wir bereits untersucht haben, birgt mathematisch gesehen 362 880 verschiedene Kombinationsmöglichkeiten. Man möchte gewiss nicht all diese Varianten in Betracht ziehen. Im Allgemeinen gibt es bei Problemen, die auch nur eine minimale Herausforderung darstellen, zu viele Ansätze, um die Lösung durch eine gründliche Suche zu finden. Was hier nötig ist, ist ein anderes Verfahren. Kognitionswissenschaftler sprechen von heuristischer Suche, wobei sich der Begriff »heuristisch« auf Strategien bezieht, mit denen man die Chancen für einen Erfolg erhöhen kann, freilich ohne dass dieser garantiert wäre.

Eine grundlegende Strategie für eine kluge Suche besteht darin, Lösungsindikatoren zu folgen und auf ihrer Spur zum richtigen Ergebnis zu gelangen. Im Falle eines kryptoarithmetischen Problems bedeutet dies, Schritt für Schritt vorzugehen, indem man mit einer einzelnen Zuweisung einer Zahl zu einem Buchstaben beginnt, dann eine weitere Zuweisung sucht, so lange, bis jeder Buchstabe eine entsprechende Ziffer hat. Der Schlüssel dieser Strategie ist, sich die Logik der Situation zunutze zu machen. Eine kluge Suche wird bestrebt sein, diejenige Zuweisung zu finden, die durch die vorhandene Information zwingend ist, um dann mit den anderen fortzufahren, indem man jedem unmittelbaren Hinweis folgt und alternative Wege nur dann erkundet, wenn es wirklich notwendig ist. Wo es viele Möglichkeiten gibt, berücksichtigt eine kluge Suche weit weniger als den gesamten Möglichkeitsraum.

Diese Strategie gilt nicht nur für genau definierbare, sondern auch für schwer fassliche, verschwommene Probleme. Denken wir an die Frau, die verschiedene Möglichkeiten für einen Apfelpflücker abschätzt. Ihre Suche vollzieht sich Schritt für Schritt. Grundsätzlich entspricht dieses Fortschreiten der Lösung eines kryptoarithmetischen Problems. Die erste Idee trägt zu einer Teillösung bei, führt zu weiteren Überlegungen und Ausweitungen, die schließlich eine vollständige Lösung liefern.

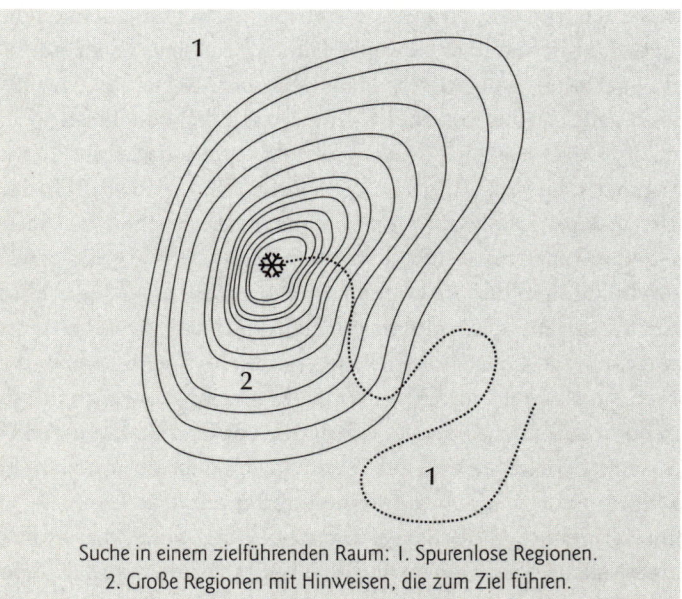

Suche in einem zielführenden Raum: 1. Spurenlose Regionen.
2. Große Regionen mit Hinweisen, die zum Ziel führen.

Die Abbildung illustriert in allgemeiner Weise die zielführende Qualität eines »vernünftigen« Möglichkeitsraums, der dem Suchenden aussichtsreiche Hinweise liefert. Wie die Grafik zeigt, hat ein solcher Raum eine relativ einfache Struktur. Die Konturlinien zeigen ein zur Lösung hin zunehmendes Gefälle, das die zielführenden Hinweise schaffen. In diesen Regionen kann der Problemlöser diesem Weg der zunehmenden Verheißung zur Lösung folgen und sich ihr systematisch nähern. Solche Möglichkeitsräume könnte man aufgrund ihrer hilfreichen Struktur auch zielführende Räume nennen.

Ist die Zielannäherung leicht? Nicht notwendigerweise. Obwohl es ein vernünftiger Ansatz ist, den Lösungsindikatoren zu folgen, kann es eine große Herausforderung sein. Systematische Aufmerksamkeit und peinlich genaue Logik sind gefordert, da man die gegebene Information optimal nutzen muss.

Wenn klug gleich unvernünftig ist

So groß die Herausforderung zielführender Räume auch sein mag, es handelt sich dabei nicht um jene Möglichkeitsräume, die nach bahnbrechenden Geistesblitzen verlangen. Es ist nicht die Welt, in der Leonardo da Vinci, die Wright-Brüder und andere Flugpioniere das Problem der Fliegerei lösten. Es ist auch nicht die Welt von Gutenbergs Erfindung des Buchdrucks, Darwins Entdeckung der Evolution, der Sufi-Geschichten und ihrer versteckten Bedeutungen oder des Neun-Punkte-Problems. Diese Herausforderungen und Rätsel haben »unvernünftige« Möglichkeitsräume – Klondike-Räume. Wie wir uns einen Klondike-Raum vorstellen müssen, zeigt die folgende Abbildung.

Der Raum ist sehr groß, mit nur einer Lösung, die ganz oben in der rechten Ecke versteckt ist. Die Weite des Raumes und die Seltenheit von Lösungen stellt eine Wildnis von Möglichkeiten dar. Es gibt große Regionen ohne Konturen, wo die vorhandenen Hinweise, das »Maß der Verheißung«, in keine bestimmte Richtung weisen: ein spurenloses Plateau. Der untere Teil ist abgetrennt und hält die Suche von den oberen Regionen fern, bis sie schließlich an einer dünnen Stelle durchbricht: eine enge Gedankenschlucht. Und es gibt eine verlockende Region scheinbar zielführender Konturlinien, die jedoch keine Lösung enthält: die Oase der falschen Verheißung, wo ein Problemlöser verweilen könnte, in der Hoffnung, dort doch noch eine Lösung zu finden.

Eine kluge Suche in einem solchen Möglichkeitsraum hängt davon ab, ob die Urteilsfähigkeit des Suchenden mit den Fallen der Wildnis, des Plateaus, der Schlucht und der Oase fertig wird.

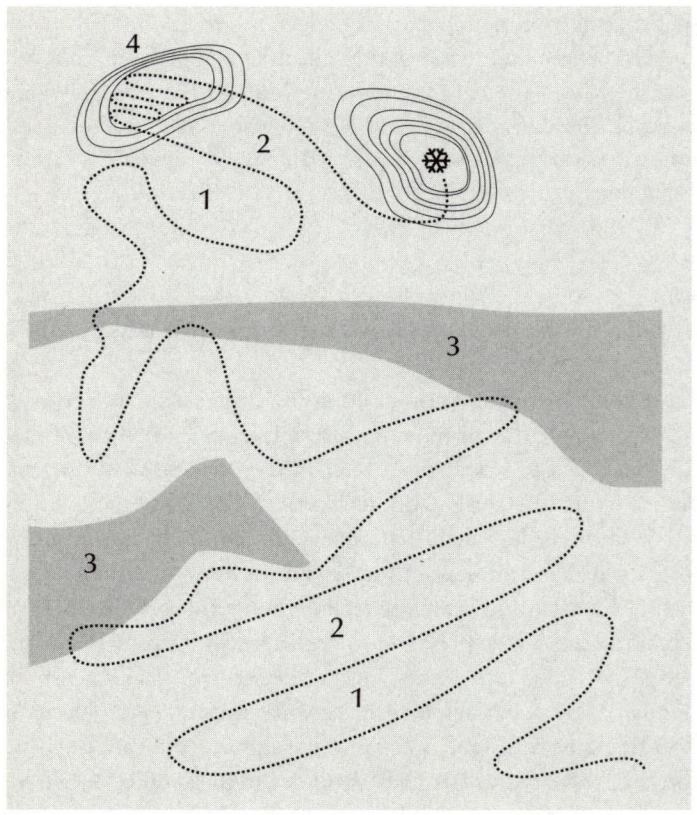

Suche in einem Klondike-Raum: I. Ein großer Raum mit wenigen Lösungen (Wildnis der Möglichkeiten). 2. Regionen ohne Hinweise, die auf die Richtung deuten (spurenloses Plateau). 3. Eine Barriere, die die Lösung unzugänglich macht (enge Gedankenschlucht). 4. Eine vielversprechende Region ohne Lösung (Oase der falschen Verheißung).

Es geht darum, sequenzielles Denken aufzugeben und in kluger Weise »unvernünftig« zu sein, nach Maßgabe der vier kognitiven Operationen: flexibel umherschweifen, versteckte Hinweise aufspüren, die Situation überdenken, von scheinbar verheißungsvollen Ansätzen abrücken.

Da Klondike-Räume ihre besonderen Schwierigkeiten haben, könnte man eigentlich erwarten, dass die Herausforderungen von zielführenden Räumen hier keine Rolle spielen. Aber das ist nicht so. Auch Klondike-Räume enthalten kleine zielführende Räume. In der Klondike-Abbildung ist die konturierte kleine Region in der oberen rechten Ecke ein zielführender Raum in Miniaturformat. Wenn die Suche (eines Menschen oder eines Computers) schließlich nahe genug an die Lösung in einem Klondike-Raum herankommt und Anzeichen des Erfolgs ablesbar sind, muss die eigentliche Lösung immer noch gefunden werden. Manchmal geschieht dies, wenn ein Suchender spontan alle Informationen zusammenfügt. Manchmal dauert der Prozess länger.

Natürlich sind Klondike-Räume und zielführende Räume Extreme. Die meisten realen Herausforderungen sind ebenso wie viele Rätsel Mischformen. Kluge Suche bedeutet, sensibel für die spezifischen Anforderungen eines Problems zu sein und je nach den Erfordernissen des Terrains zwischen unkonventionellen Denkansätzen und »vernünftigem«, sequenziellem Denken zu wechseln. Es lohnt sich, über Klondike-Räume und zielführende Räume nachzudenken, nicht, weil sie die Welt der Probleme in zwei Extreme einteilen, sondern weil sie zwei Endpunkte eines Kontinuums darstellen, durch die dieses klarer zum Vorschein kommt.

Die Struktur bahnbrechenden Denkens

Obwohl Wildnis, Plateau, Gedankenschlucht und Oase Metaphern sind, eignen sie sich als formale Merkmale von Möglichkeitsräumen. Sie können in den Begriffen des Zustands, der verfügbaren Operatoren und der Lösungsindikatoren beschrieben werden.

- Eine *Wildnis von Möglichkeiten* im Sinne eines Möglichkeitsraums hat eine Vielzahl möglicher Zustände, von denen nur wenige Lösungszustände sind. Ein effektiver Suchprozess muss mit der Größe des Zustandsraumes und der Seltenheit von Lösungen fertig werden.

- Ein *spurenloses Plateau* ist in einem Möglichkeitsraum eine Region benachbarter Möglichkeiten, wo die Lösungsindikatoren, das »Maß der Verheißung«, nicht stark variieren oder aber sprunghaft schwanken, sodass keine Richtung erkennbar ist. Auf einem solchen Plateau kann ein Suchprozess nicht mit beständiger Verbesserung von Möglichkeit zu Möglichkeit fortschreiten.

- Eine *enge Gedankenschlucht* ist in einem Möglichkeitsraum eine Region ohne Lösungen mit vielen benachbarten Möglichkeitszuständen, die so umgrenzt sind, dass die Suche sich darin leicht wie in einer Falle verfängt. Eine solche Begrenzung kann aus den zur Verfügung stehenden Operationen resultieren. Vielleicht führen nur sehr wenige Strategien bei sehr wenigen Zuständen den Suchenden aus der Region heraus. Die Begrenzung kann aber auch durch die Lösungsindikatoren gegeben sein, die nur auf sehr wenige Möglichkeiten anwendbar sind. Obwohl die Suche im Prinzip in solche begrenzenden Randgebiete vordringen kann, geschieht dies in der Regel nur selten, weil sie dem Suchenden nicht attraktiv erscheinen.

- Eine *Oase der falschen Verheißung* ist in einem Möglichkeitsraum ein Zustand, in dem die Lösungsindikatoren relativ ausgeprägt sind, aber keine Lösung anzeigen. Die Suche neigt dazu, in der Nähe dieser täuschenden Verheißung im Kreis zu verlaufen, in der Hoffnung, die ganze Lösung in der Nähe zu finden, statt sich auf scheinbar weniger aussichtsreiche Wege zu begeben.

Auch das Fünf-Phasen-Muster des bahnbrechenden Denkens, das in Kapitel 1 eingeführt wurde, finden wir im Konzept der Möglichkeitsräume wieder.

1. *Die lange Suche.* Warum geht bahnbrechenden Geistesblitzen eine lange Suche voraus? Der Raum ist groß und hält nur wenige Lösungen bereit (Wildnis). Die Lösungsindikatoren zeigen keine klare,

systematisch erschließbare Richtung an (spurenloses Plateau). Die Indikatoren und die verfügbaren Operationen beschränken die Suche leicht auf wenige, begrenzte Regionen (enge Gedankenschlucht), und die Indikatoren deuten auf vielversprechende Lösungen, die keine wirklichen Lösungen sind, sondern die Suche fruchtlos im Kreis verlaufen lassen (falsche Oase).

2. *Geringer erkennbarer Fortschritt.* Warum ist der Fortschritt bei einem Großteil der Suche gering? Weil die Lösungsindikatoren erst kurz vor der Lösung in eine klare Richtung weisen.

3. *Beschleunigendes Ereignis.* Was löst das beschleunigende Ereignis aus? Es kann einfach eintreten, wenn die Suche zu einem kleinen zielführenden Raum innerhalb eines größeren Möglichkeitsraumes gelangt. Die Suche dringt dann relativ schnell zur Lösung vor. Das beschleunigende Ereignis kann auch ein – interner oder externer – Hinweis sein, der den Suchenden aus einer Oase befreit oder aus einer Gedankenschlucht in eine andere Region bringt, die, relativ schnell durchsucht, zu einer zielführenden Region und der Lösung führt.

4. *»Heureka!«-Erlebnis.* Was ist das kognitive »Heureka!«? Es ist der rasche Annäherungsprozess, der sich ereignet, wenn die Suche innerhalb des größeren Klondike-Raumes schließlich zum zielführenden Raum gelangt, der die Lösung enthält. Dieser ermöglicht es, die Lösung rasch zu finden.

5. *Umgestaltung der Wahrnehmungswelt.* Lösungen sind oft überraschend, weil sie häufig bedeuten, einer Oase der falschen Verheißung zu entkommen oder den Weg aus einer engen Gedankenschlucht zu finden. Plötzlich sehen wir das Problem aus einer völlig neuen Perspektive und entdecken eine ganz unerwartete Lösung.

Eine ungewöhnliche und wichtige Eigenschaft dieser Vorgänge ist, dass sie nicht nur für den menschlichen Geist gelten. Sie haben nur wenig mit einer kreativen Ader oder einem besonders flexiblen Verstand zu tun. Ein Klondike-Möglichkeitsraum ist ein Problem, das auf einen Geistesblitz, einen Durchbruch wartet.

Der Suchprozess, der zu einem bahnbrechenden Geistesblitz führt, kann sich in einem menschlichen Geist abspielen, wenn zum Beispiel ein Künstler, eine Wissenschaftlerin, ein Erfinder oder eine Geschäftsfrau alternative Perspektiven erkunden. Er kann sich auch in einem Computer vollziehen, da automatisierte, heuristische Prozesse in der Lage sind, eine große Anzahl von Möglichkeiten zu durchforsten. Eine weitere Möglichkeit ist die lange, blinde Suche der biologischen Evolution, bei der durch die zufällige Umgruppierung von Genen dieser oder jener Prototyp zur Verbesserung der Überlebens- und Fortpflanzungschancen ausprobiert wird. Wo immer er auftritt, grundlegend ist, dass sich bahnbrechendes Denken von der Struktur des Klondike-Raumes ableitet.

Jack Londons Klondike

Eine der vielen Wildnisgeschichten von Jack London ist die Erzählung mit dem Titel »Goldschlucht«. Auf wenigen Seiten schildert London darin die Kämpfe eines Goldschürfers auf der Suche nach Gold. Der Schürfer besitzt nur das Notwendigste: eine Hacke, eine Schaufel, eine Pfanne und vor allem den Hunger nach Gold. Er wählt einen bestimmten Canyon, um mit seiner Suche zu beginnen, weil es dort Holz, Wasser, Gras, einen Hang, ein verstecktes Schürffeld und ein Ruheplätzchen für den Goldsucher gibt.

Londons Abenteurer beginnt mit einer Schaufel Schlamm vom Flussufer am Fuß des Hügels. Er schüttet ihn in seine Pfanne, taucht sie teilweise ins Wasser und wäscht mit kreisenden Bewegungen den meisten Schlamm fort, bis er nur noch feine Erde und die kleinsten Kiesel übrig behält. Jetzt kommt die langsame, bewusste Arbeit, bei der der Schürfer die Erde immer vorsichtiger auswäscht, bis die Pfanne fast nur noch Wasser zu enthalten scheint. Mit einer geschickten Halbkreisbewegung wirft er das Wasser über den Rand zurück in den Fluss, und am Boden der Pfanne wird eine dünne, schwarze Sandschicht sichtbar. Bei näherem Hinsehen erkennt der Schürfer ein kleines Goldkörnchen. Er schwemmt den schwarzen Sand mit mehr Wasser auf und entdeckt ein weiteres Körnchen.

Der Mann fährt mit seiner gewissenhaften Arbeit fort und schwenkt jeweils einen kleinen Teil des schwarzen Sands zum Pfannenrand. Sieben Goldkörnchen findet er. Nicht genug, dass es der Mühe lohnte, aber es reicht, um seine Hoffnung zu schüren. Der Goldschürfer macht stromabwärts weiter und wiederholt die gleiche langwierige Prozedur: eine Pfanne voll Schlamm, das sorgfältige Auswaschen, die gewissenhafte Auslese der kleinen Körnchen. Während er sich flussabwärts vorarbeitet, wird die Ausbeute geringer. Eine Pfanne erbringt ein Körnchen, eine andere keins. Also kehrt er dorthin zurück, wo er mit dem Goldwaschen stromaufwärts begonnen hatte. Seine Ausbeute an Goldkörnchen wächst auf 30 und schwindet dann Pfanne für Pfanne zu nichts. Er hat die reichhaltigste Stelle am Fluss gefunden, aber immer noch lohnt die Ausbeute nicht. Der wahre Schatz muss höher liegen, irgendwo am Hang.

Ein paar Meter oberhalb der ersten Proben beginnt der Goldsucher damit, eine Reihe von Löchern quer in den Hügel zu graben. Er füllt die Pfanne, trägt sie zum Fluss, wäscht die Erde aus, zählt die Körnchen – jeder langwierige Zyklus verschafft ihm mehr Informationen. In Löcherreihen arbeitet er sich den Hügel hoch. Die mittleren Löcher jeder Reihe erbringen die reichste Ausbeute, während er an den äußeren Grabungsstellen leer ausgeht. Die Reihen werden kürzer, als er sich den Hügel hocharbeitet, und bilden ein umgekehrtes V. Dies sind die Grenzen des goldhaltigen Bodens.

Der Scheitel des umgekehrten V ist das Ziel, wo das Goldnest liegt. Während der Goldschürfer hügelaufwärts vordringt, ist die Ausbeute groß genug, um sie zu behalten. Aber die Arbeit wird härter. Je näher sich die Seiten des V kommen, desto tiefer liegt das Gold. Das Gold am Flussufer befand sich dicht unter der Grasnarbe, weiter oben findet man es nur noch einen halben Meter und schließlich ein bis anderthalb Meter tief unter der Erde.

Dann treffen die Seiten des V an einem Punkt zusammen. Der Schürfer gräbt fast zwei Meter tief, seine Hacke schlägt knirschend in den Quarzschotter. Er schlägt sie tiefer in den Boden und sprengt den Stein bei jedem Schlag, nimmt einen Quarzsplitter in die Hand und reibt die Erde ab. Die Hälfte des Steins besteht aus reinem Gold. Der Schürfer holt 400 Pfund davon aus dem Boden.

Kann Londons Geschichte vom wahren Klondike Bedeutung für die abstrakte begriffliche Welt von Möglichkeitsräumen und klugen Suchprozessen haben? Durchaus. Der Schürfer führt eine kluge Goldsuche durch und dringt systematisch vom Flussbett zur Quelle vor. Jedes Loch, das er gräbt, erkundet eine Möglichkeit, erbringt etwas Gold und hilft ihm, seine Suche auf einen Punkt auszurichten. In den Begriffen des Klondike durchsucht Londons Goldschürfer einen zielführenden Raum innerhalb der größeren Klondike-Wildnis.

Teil II

Die Kunst des Geistesblitzes

◆

Jeder der vier kognitiven Operationen – Umherschweifen,
Aufspüren, Umdenken und Abrücken – ist im Folgenden ein
eigenes Kapitel mit historischen Beispielen und Rätseln gewidmet.

5

Die lange Suche
vor dem großen Knall – Umherschweifen!

Erkundungsgänge

Will man irgendetwas von Wert in einer Klondike-Wildnis finden, besteht die erste Herausforderung in der Größe der Wildnis. Zu unserem konventionellen Bild von einem Geistesblitz gehört, dass es sich dabei um den großen Knall der Vorstellungskraft handelt. Allzu häufig findet sich jedoch selbst für die Imagination kein natürlicher Weg, dem man folgen kann. Man muss schon durch die Wildnis streifen, um zu sehen, was es zu entdecken gibt. Und wenn die Wildnis groß ist, muss man sie mit kluger Effizienz erkunden.

Ein klassisches Beispiel dafür war Thomas Alva Edisons Schleppjagd-Technik. Obwohl Edisons Suche nach dem geeigneten Draht für Glühlampen umständlich erscheint, belegen andere Beispiele aus der Geschichte der Erfindungen, wie aussichtsreich seine Methode ist. Edward Rosinski entwickelte zum Beispiel in den späten fünfziger Jahren einen Zeolithkatalysator, eine Innovation, durch die sich die Gewinnung von Benzin aus Erdöl um gewaltige 30 Prozent erhöhen ließ. Um einen optimalen Katalysator zu finden, testete das Team um Rosinski systematisch Hunderte von Verbindungen.

Auch die medizinische Forschung profitiert von der systematischen, weitschweifigen Recherche. Automatisierte Testverfahren zur Analyse von Erdproben erleichtern die Suche nach neuen Antibiotika. Dazu gehören fließbandartig automatisierte Kultivierungsmethoden. Mithilfe dieser Technik entdeckte ein Team unter Leitung von William Campbell das Antibiotikum Ivermectin, das vor der Flussblindheit schützt – einer bösartigen Parasiteninfektion aus Afrika –, und sich zur Behandlung von Fadenwürmern bei Tieren und von anderen Parasitenkrankheiten eignet.

Matthew Plunkett und Jonathan Ellman beschäftigen sich heute mit einer ähnlichen Methode: mit der kombinatorischen Chemie. Die Entwicklung neuer Medikamente ist normalerweise ein langwieriger Prozess, der mit einer Spur beginnt – einer chemischen Substanz, die vielversprechende Wirkungen zeigt, aber vielleicht toxisch oder noch nicht stark genug ist. Dann versucht man, sie durch teure und zeitaufwändige Modifikationen Schritt für Schritt zu verbessern. Die kombinatorische Chemie testet demgegenüber mithilfe systematischer Mischprozesse Tausende, ja Millionen von Varianten gleichzeitig. Sie wird mittlerweile von verschiedenen Chemie- und Pharmaziefirmen angewandt und hat außer Medikamenten auch Materialien für Hochtemperatur-Halbleiter und Flüssigkristalle für Flachbildschirme hervorgebracht.

Solche Methoden des weitschweifigen Suchens sind weit von blindem Aktionismus entfernt. Die Schleppjagd von Edison, die Analyse alternativer Formen von Zeolith, die Suche nach neuen Antibiotika, die Verwendung kombinatorischer Chemie und ähnliche Forschungsleistungen offenbaren komplizierte, systematische Suchprozesse, die große Möglichkeitsräume planmäßig erkunden, ein weites Netz auswerfen und dabei überflüssige Anstrengungen vermeiden, ohne sich wichtige Möglichkeiten entgehen zu lassen.[1]

Wie man dem Glück auf die Sprünge hilft

Ein Nachteil des Umherschweifens ist, dass es auf Glück und nicht auf Nachdenken oder Vorstellungskraft zu beruhen scheint. Wie zuvor betont, besteht die Kunst des Erfindens zu einem Gutteil darin, dem Glück auf die Sprünge zu helfen. Probleme, die wissenschaftliche und technische Durchbrüche erfordern, sind *per definitionem* »unvernünftig«. Zu ihrer Lösung gehört immer ein gewisses Maß an Glück. Die Frage ist, wie man seinem Glück in der Weise »Beine machen« kann, dass die Suche nach dem Durchbruch erfolgreich endet.

Eine der faszinierendsten Erfahrungen meines Berufslebens war eine kleine Konferenz, die mein Kollege Robert Weber und ich für einige

Kognitionspsychologen, Technikhistoriker und mehrere der führenden Erfinder der Welt organisierten. Zu den Teilnehmern gehörten William Campbell, der Chef des Teams, das das oben erwähnte Antibiotikum Iverectin fand, James Hillier, einer der Konstrukteure des Elektronenmikroskops, Paul Morgan, der Kevlar, ein hochbelastbares Plastik, mitentwickelte, Edward Rosinski, der Erfinder des Zeolithkatalysators, James Teeri, der ein unterirdisches Labor der Universität von Michigan zum Studium von Lebensvorgängen im Erdboden (Soil Biotron) entwarf, Robert Wentorf, einer der Entwickler synthetischer Diamanten, sowie John Wild, der Haupterfinder der Ultraschallbildgebung.

Die Erfinder kamen zwei Tage mit Historikern und Kognitionspsychologen zusammen und hielten Vorträge darüber, wie sie zu ihren wichtigsten Entdeckungen gekommen waren. Robert Weber und ich gaben ein Buch heraus, das aus dieser Konferenz entstand und die Vorträge aller Teilnehmer enthielt: *Inventive Minds.*[2]

Eine der überraschenden Lehren aus dieser Zusammenkunft war, dass Erfinder – zumindest diese Erfinder – alles andere als die typischen, verschrobenen Tüftler waren. Sie waren im Allgemeinen lebhaft, geistreich, umgänglich und im weitesten Sinne humanistisch. Tatsächlich hatten die meisten von ihnen Leitungsfunktionen in großen Labors bekleidet, wo Erfahrung im Umgang mit Menschen ein entscheidender Vorteil ist.

Eine weitere Lehre war der Langzeitcharakter von Erfindungen. Ein überraschendes Merkmal aller untersuchten Entdeckungen – nicht nur der neueren, sondern auch der früherer Zeiten – war die lange Dauer. Es gab keinen Fall, wo die Erfinder im Verlauf weniger Wochen sofort einen bahnbrechenden Geistesblitz hatten. Fast jede Erfindung entwickelte sich in mehreren Jahren, und die Suche hatte zunächst zu vielen falschen Ansätzen und in Sackgassen geführt. Ein weiterer wichtiger Aspekt betraf die Geschwindigkeit der Fortschritte. Obwohl es zahlreiche einsichtsvolle Momente gab, war keine Erfindung das Ergebnis eines einzigen Sprungs. Die Geschichten waren lang und verwickelt; viele größere und kleinere Erkenntnisse ergaben sich erst auf einem langen Weg.

Alle Erfinder waren gezwungen, ihrem Glück auf die Sprünge zu helfen. Sie sahen sich in verschiedener Weise einer Wildnis von

Möglichkeiten ausgesetzt, auf die sie mit den folgenden Suchtechniken reagierten:

1. *Reiner Zufall*: Ein Erfinder stößt während einer ausgedehnten Suche zufällig auf eine Erfindung, ohne es ausdrücklich anzustreben.

2. *Kultivierter Zufall*: Ein Suchender schenkt bewusst einer großen Menge von spontan eingespeistem Material Aufmerksamkeit und erntet die dabei gelegentlich entstehenden nützlichen Verbindungen. Dies ist eine Form der weitschweifigen Suche.

3. *Systematisch gesuchter Zufall*: Der Suchende durchforstet planmäßig eine beträchtliche Zahl von Optionen, die in diesen definierten Rahmen fallen, und sucht jene, die ein Zielmerkmal aufweisen. Hier handelt es sich um ein systematischeres Umherschweifen.

4. *Eine kalkulierte Wette*: Der Suchende entwirft oder entwickelt einen oder ein paar Prototypen und verlässt sich dabei auf Wissenschaft und Technik, in der vernünftigen Erwartung, dass der eine oder andere Typ funktioniert.

5. *Eine gute Wette*: Der Suchende entwirft oder entwickelt aus Prinzipien und Erfahrungen einen oder ein paar Prototypen, die vermutlich funktionieren.

6. *Eine sichere Wette*: Der Suchende deduziert mit formalen Methoden ein Ergebnis, das beinahe sicher funktionieren wird.

All diese Suchstile finden sich in den Berichten der Erfinder wieder. Im Vordergrund standen jedoch die Kategorien 3, 4 und 5, während die Kultivierung des Zufalls gelegentlich, die sichere Wette durch Anwendung formaler Methoden nur von Zeit zu Zeit eingesetzt wurde. Letztere nur, wenn es um die Lösung bestimmter technischer Probleme ging. Es gab allerdings einen überraschenden Anteil an systematisch angestrebtem Zufall – dem mühsamen und langen Umherschweifen in vernünftiger und effizienter Weise.

Die Logik des Brainstorming

Die meisten von uns haben schon einmal von »Brainstorming« gehört. Es handelt sich um eine weitschweifige Ideensuche, die kreative Erkundung von Einfällen mithilfe des systematischen Zufalls. Jeder hat eine Vorstellung davon, wie man dabei vorgeht. Man lässt den Gedanken und der Imagination freien Lauf, denkt sich etwas aus und notiert es. Dies ist eine Form der klugen Suche in Klondike-Räumen. Während das normale Denken gewöhnlich den Haupt- und Nebenstraßen folgt, ist Brainstorming eine Querfeldeintour des Geistes.

Viele Menschen sind sich nicht bewusst, dass Brainstorming eine spezifische Geschichte und eine strukturierte Gestalt hat und mehr bedeutet, als frei den Gedanken zu folgen. Obwohl die Betonung auf dem »Alles-ist-erlaubt« liegt, kann es auch diszipliniert eingesetzt werden, was seine Wirksamkeit erhöht.

Alex Osborn beschrieb 1953 die Technik des Brainstorming in seinem Buch *Applied Imagination*.[3] Vor allem in der Wirtschaft sah Osborn die Notwendigkeit, Diskussionen aus den eingefahrenen Gleisen zu führen und sie kreativer zu gestalten. Er betrachtete Brainstorming als eine Problemlösungstechnik in Arbeitsgruppen, um genau diesen Effekt zu erreichen. Natürlich kann es auch sehr nützlich sein, wenn man alleine vor einem Problem steht. Manch einer ist überrascht zu hören, dass Brainstorming Regeln hat:

1. *Keine Kritik* ist die erste Regel. Während des Brainstorming selbst ist Kritik nicht erwünscht. Was immer gesagt wird, kommt auf die Liste.

2. *In Bewegung bleiben*: Halten Sie sich nicht bei Details auf. Werfen Sie Ideen in den Raum und bleiben Sie in Bewegung. Bringen Sie so viel wie möglich auf den Tisch.

3. *Huckepack*: Man sollte nicht nur neue Ideen produzieren, sondern bereits erwähnte Einfälle als Ausgangspunkt aufgreifen, sie erweitern und ihnen eine Wendung hinzufügen.

4. *Diversifizieren*: Versuchen Sie es mit verschiedenen Arten von Ideen – Ideen aus kontrastierenden Kategorien, Ideen, die aus verschiedenen Blickrichtungen kommen.

Brainstorming ist bei Klondike-Problemen ausgesprochen sinnvoll, vor allem, weil es der Wildnisfalle entgegenwirkt. *Keine Kritik, in Bewegung bleiben* und *diversifizieren*: All dies fördert eine flexible Suche, die den Möglichkeitsraum weitflächig durchkämmt. Wie die meisten Techniken bahnbrechenden Denkens hilft es auf die eine oder andere Weise jedoch bei allen vier Klondike-Fallen. Ein Brainstorming lässt den Suchenden nicht lange auf irgendeinem spurenlosen Plateau verweilen. Die Regel, *keine Kritik zu üben*, verhindert, dass Ideen nur deshalb verworfen werden, weil sie nicht in die engen Grenzen vertrauter Gedankenschluchten passen. Die Regeln, *in Bewegung zu bleiben* und zu *diversifizieren*, ermutigen dazu, Oasen der falschen Verheißung hinter sich zu lassen, während die *Huckepackregel* die knappe Ausarbeitung und Erweiterung von ansprechenden Ideen erlaubt, ohne bei ihnen hängen zu bleiben.

Ein weiterer Weg, sich Brainstorming zunutze zu machen, erinnert an die Unterscheidung in der Computerwissenschaft und in der Psychologie zwischen einer auf Tiefe und einer auf Breite zielenden Erstsuche. Problemlöser folgen gewöhnlich dem Muster der auf Tiefe zielenden Erstsuche: Sie denken an einen bestimmten Ansatz. Erscheint er aussichtsreich, verfolgen sie ihn weiter. Funktioniert er dagegen nicht, dann – und erst dann – suchen sie nach einem anderen Ansatz.

Die auf Tiefe zielende Erstsuche ist in Klondike-Räumen ineffektiv. Denn der Suchende läuft Gefahr, große Regionen des wildnishaften Möglichkeitsraums, die anregende Lösungen bereithalten könnten, zu vernachlässigen. Im Gegensatz dazu empfiehlt die Brainstorming-Technik eine Erstsuche, die zunächst auf die Breite zielt, und sich nicht in einen einzigen Ansatz vertieft. Eine Auswahl kann später immer noch getroffen werden.

Brainstorming hilft nicht nur bei der Bewältigung einer Wildnis von Möglichkeiten, sondern es gibt auch eine psychologische Hilfestellung. In einer Gruppe ist Kritik hinderlich. Die Beteiligten erfahren oft, dass andere ihre Ideen abqualifizieren. Das führt zu einer unproduktiven, gehemmten Atmosphäre, in der abweichende Ideen verborgen statt zur Diskussion gestellt werden. Selbst beim individuellen Brainstorming kann Selbstkritik hinderlich sein. Die Regel, auf Kritik zu verzichten, hilft, den Geist eine Zeit lang zu befreien.

Das alles besagt noch nicht, dass Brainstorming ein perfektes Werkzeug ist, um einen durchschlagenden Geistesblitz herbeizuführen. Es gibt auch Schattenseiten. Einige interessante Forschungsarbeiten zeigen, dass Brainstorming in seiner klassischen Form in Gruppen nicht die Ideenfülle produziert, die es haben könnte. Wo Menschen gemeinsam Brainstorming praktizieren, erreichen sie ein gewisses Maß an Vielfalt. Wenn dieselben Leute es für sich allein betreiben, kommen sie auf eine noch größere Fülle von Ideen. Ein einfaches Mischmodell hilft, den Mangel zu beheben, indem man ein Gruppen-Brainstorming mit einer Phase beginnt, in der zunächst jeder für sich seinen Gedanken freien Lauf lässt und ein paar spontane Ideen notiert. Ein Vorteil der Gruppenarbeit ist sozialer Natur: Sie hilft, ein gemeinsames Gefühl für das Problem zu entwickeln und den positiven Eindruck zu vermitteln, dass die Lösungen das Werk aller sind, da sie einer gemeinschaftlichen Anstrengung entspringen.

Ein weiterer Vorbehalt gegen Brainstorming ist, dass es erst am Anfang der Arbeit steht. Geübte »Brainstormer« haben danach eine Menge Ideen vor sich, die sortiert und ausgelesen werden müssen, um diejenigen zu finden, die am meisten Erfolg versprechen. In Gruppen führt ein solcher Ideenreichtum leicht zu Verwirrung und Frustration. Tricks, wie zum Beispiel, die Teilnehmer nach ihren bevorzugten Ideen zu fragen oder Ideen ohne Namensnennung in den Raum zu stellen, können helfen, voranzukommen.

Ein dritter Nachteil des Brainstorming ist, dass es leicht in den unausgesprochenen Grenzen bestimmter Annahmen verbleibt, statt den Möglichkeitsraum wirklich frei zu erkunden: Auch hier muss umgedacht, müssen die Grenzen neu definiert werden.

Schließlich – ein vierter Vorbehalt – kann es durchaus sein, dass eine Erkundung aufs Geratewohl keinerlei interessante Ergebnisse bringt. Einige Probleme profitieren weniger von der freien Suche nach Möglichkeiten als von der Aufdeckung versteckter Hinweise. Der nächste Abschnitt wendet sich dieser Strategie zu.

Thema und Variation

Brainstorming und andere Denkstile dieser Art finden gewöhnlich hinter den Kulissen statt, während nur die gefundene Idee, das Ergebnis, auf der Bühne erscheint. Es gibt eine Methode, die dagegen in einer Reihe von Künsten selbst auf die Bühne tritt und die Erkundung eines Möglichkeitsraums offen zu erkennen gibt: Thema und Variation. Natürlich schließt ein Thema mit Variationen nicht alle Variationen ein, auf die ihr Schöpfer gekommen ist. Dennoch bieten sie ein Gefühl für die Bandbreite der Möglichkeiten, weil Künstler charakteristischerweise nach großer Vielfalt streben und ein gegebenes Thema in all seinen Facetten durchspielen möchten.

Thema und Variation als Kompositionsstruktur kennen wir aus der Musik. Bekannte Beispiele aus dem klassischen Repertoire sind Bachs Goldberg-Variationen, der mittlere Satz von Beethovens Kreutzersonate und Rachmaninows »Rhapsodie über ein Thema von Paganini«. Jazzimprovisationen stellen die Kunst der Variation in den Vordergrund, spielen mit Thema und Harmonie, die nach und nach jeder einzelne Spieler mit seinem Instrument durchgeht, während die anderen begleiten.

In der Literatur verwenden viele Autoren das Muster von Thema und Variation, wie etwa Wallace Stevens in seinem Gedicht »Eine Amsel dreizehnmal gesehen«.[4] Stevens beschreibt eine Winterlandschaft, in der sich nichts regt außer »dem Auge einer Amsel«. Dann vergleicht er seine eigene Dreigespaltenheit mit drei Amseln auf einem Baum und beschreibt den Schatten einer fliegenden Amsel wie eine mysteriöse Inschrift, in der er einen »nicht zu entziffernden Grund erspürt«.

Betrachten wir die ersten Zeilen von Archibald MacLeishs Gedicht *Ars poetica* oder »Dichtkunst«.[5] MacLeish beginnt damit, dass Kunst stumm sein sollte wie eine »kugelige Frucht« und taub »wie alte Medaillons für den Daumen«. Dann führt er weitere Bilder für die Stille und Wortlosigkeit eines Gedichtes an. Aller Metaphorik entkleidet, sagen die ersten Zeilen von *Ars poetica* etwas wunderbar Paradoxes: Ein Gedicht sollte stumm, taub, still und wortlos sein. Die Metaphern selbst sind allerdings nicht wortlos, sondern sehr beredt: Sie evozieren die gleiche Idee vier Mal in verschiedenen Bildern.

Thema und Variation gibt es von Zeit zu Zeit ebenso in den visuellen Künsten. Ein Meister dieser Kunst war der niederländische Maler Hieronymus Bosch im 15. Jahrhundert. Mit Vorliebe füllte er seine Darstellungen des Himmels, der Hölle und irdischer Sünden mit allen Arten von bizarren Frankensteinschöpfungen.

Boschs berühmtestes Werk ist das Tryptichon »Der Garten der Lüste«.[6] Der linke Teil porträtiert den Himmel, der rechte die Hölle

Bleistiftskizze des »Baummannes«, der auch in Boschs Gemälde »Garten der Lüste« auftaucht.

und der größere Mittelteil den Garten selbst, ein üppiger Park voller nackter Körper, die sich sündig vergnügen. Zu dieser Panoramaszene gehören über 100 Figuren. In einer durchsichtigen Blase eingeschlossen, die aus einer eigenartigen Pflanze hervorwächst, sind ein Mann und eine Frau mit dem Vorspiel beschäftigt. Ein anderes Paar blickt aus einem Loch in einer verfaulten Frucht. Ein Paar tanzt Seite an Seite. Von der Hüfte aufwärts sind ihre Körper von einer Frucht umhüllt, während eine Eule, Symbol des Bösen, auf einem Ast im Wipfel sitzt. Ein Mann trägt eine riesige Muschel, aus der die Beine eines Pärchens im Liebesakt vorragen.

Die Hölle im rechten Teil stattete Bosch mit chimärenhaften Kreaturen aus, die den wollüstigen Sündern eine Vielzahl von Qualen zufügen. Ein Dämon mit einem Vogelkopf, einem Kessel als Hut und Krügen an den Füßen verschluckt zuerst den Kopf eines Sünders, während ein Schwarm Vögel aus dem After des Opfers herausfliegt.

Im Hintergrund liegt ein Paar riesiger Ohren wild in der Landschaft, zwischen ihnen blitzt eine große Klinge auf. Im Zentrum steht der »Baummann« mit einem Körper in Form eines abgeflachten Eis, dessen Hinterteil abgebrochen ist. Im Inneren des Körpers sieht man eine Schankwirtschaft mit Zechern, eine zuvor als Bleistiftskizze entworfene Darstellung. Die Beine des Baummannes verwandeln sich in Wurzeln, die in zwei Booten auf einem See schwimmen. Nichts ist stabil, nichts ist logisch, alles rutscht ab und fließt.

Bosch erfand seine Monster nicht spontan. Der Maler füllte viele Bögen mit den unterschiedlichsten Skizzen: Er erkundete den Wildnisraum bizarrer Kreaturen. Ein solcher Bogen ist hier abgedruckt.

Ein anderes virtuoses Beispiel für Thema und Variation ist das Werk des japanischen Holzschnittmeisters Hokusai im 19. Jahrhundert. Seine »Hundert Ansichten des Berges Fuji« stellen unzählige Szenerien und Ereignisse dar, und in jedem Bild erscheint die kegelförmige Ansicht des Vulkans – eine enorme Herausforderung für den Künstler.[7] Häufig steht der Berg einfach im Hintergrund. Einer der interessanteren Drucke zeigt den Fuji durch einen Schlüssellocheffekt auf dem Kopf stehend: Sein Bild fällt durch ein Loch in einem der Fensterläden und erscheint auf dem Papier eines *shoji* (siehe Illustration). Andere außergewöhnliche Ansichten des Berges sind sein Spiegelbild in den Mee-

Skizzen der Monster von Bosch.

reswellen, ein Blick auf ihn durch ein Spinnennetz hindurch sowie ein Schneehaufen in Form des Vulkans.

Autoren und bildende Künstler integrieren also häufig Variationen eines Themas in ihr Werk. Manchmal erkunden sie aber auch Variationen, um zu entscheiden, welche Version sie wählen wollen. Ein berühmtes Beispiel für eine solche Schöpfungsreise sind die vielen Skizzen, die Pablo Picasso für sein Meisterwerk »Guernica« anfertigte. Besucher des Prado in Madrid finden heute neben dem

Gemälde eine Vielzahl von Vorstudien, Variationen einzelner Bild-teile, die schließlich in Picassos Panoramavision der Kriegsgräuel Ein-gang fanden.

Die Klondike-Logik von Variationen

Die Anstrengungen eines bildenden Künstlers oder Dichters können wir für uns selbst in Rätsel verwandeln. Ein Blatt Papier und ein Bleistift reichen aus, um selbst Monster im Stil von Hieronymus Bosch zu erfin-den. Ein Gedicht wie das Folgende von Arthur Guiterman lädt zu ähn-lichen Übungen mit Worten und Reimen ein:[8]

> Die Stoßzähne, mit denen die Mammuts auf ihre Feinde fielen,
> Benutzt man heut zum Billardspielen.
>
> Das Schwert von Karl dem Großen, dem Gerechten,
> Ist heute Eisenoxid, um nicht von Rost zu sprechen.
>
> Der Grizzly, dieser wüste Jäger,
> Ist jetzt nur noch ein Bettvorleger.
>
> Caesars Büste steht im Schrank,
> Und ich fühl mich auch schon krank.

◆ **Vergängliche Eitelkeit:** Guitermans Lobeshymne auf die Vergänglichkeit von Macht und Größe ist ein Thema, das einem augenfälligen Muster folgt: zuerst ein Symbol der Stärke, dann ein Absturz in die Trivialität. Die Leser sind eingeladen, ihre eigenen Zweizeiler dem Gedicht hinzuzufügen.

Mit einem solchen Versuch begibt man sich in einen Wildnisraum rarer und weit gestreuter Möglichkeiten. Wie soll man sich also in einer Weise auf die Suche machen, die dem Glück auf die Sprünge hilft und die Wahrscheinlichkeit erhöht, einen passablen Vers zu finden? Wie bei Edisons Suche nach dem richtigen Glühdraht besteht der Trick darin, dort zu suchen, wo die Chancen günstig sind. Da jeder Zweizeiler auf eine Entzauberung der Macht hinausläuft, ist es sinnvoll, mit einer Suche nach Machtsymbolen zu beginnen: Napoleon, die Titanic, Wasserstoffbomben, Dschingis Khan, Tyrannosaurier und vieles mehr. Listet man solche Beispiele auf, hat man noch keine Garantie dafür, dass sich eines der Symbole für einen Zweizeiler eignet. Zumindest aber ist man auf einer Reise durch eine vielversprechende Region des Möglichkeitsraums. Der nächste Schritt besteht darin, nach amüsanten Entzauberungen zu suchen. Um wieder Anregungen aus dem Gedicht zu beziehen: Wenn Stoßzähne zu etwas so Unschuldigem wie Billardkugeln werden, was könnte man dann aus Napoleon oder aus einem Tyrannosaurier machen? Vielleicht eine Fernsehserie oder einen Schlüsselanhänger? Wenn wir ein Machtsymbol mit einer Entzauberung paaren, sind wir auf der richtigen Spur zu einem neuen Vers.

Die Kunst des Zufälligen

Einer der Vorbehalte gegen Brainstorming, den wir oben schon erwähnt haben, besteht darin, dass wir dabei nur allzu leicht bei stillschweigenden Annahmen stecken bleiben. Vermeiden können wir dies nur, wenn wir ganz bewusst auf den Zufall setzen. Unzählige Episoden aus der Geschichte der Erfindungen zeigen, dass dieser geradezu wie ein Mechanismus wirkt, der Erkenntnisse produziert. Gutenberg, Archimedes und Darwin waren wie viele andere überrascht, was spontane Begebenheiten auslösen konnten, wenn sie auf einen vorbereiteten Geist trafen. Der Beitrag des Zufälligen zur menschlichen Einsicht legt nahe, dass es sich um eine Kraft handelt, die wir nicht nur im günstigen Augenblick des Zufalls nutzen, sondern aktiv kultivieren sollten. Denn es gibt eine Kunst des Zufalls.

Die Kunst des Zufälligen ist ein Teil des innovativen Denkens. Richtig eingesetzt kann sie uns helfen, aus der Wildnis der Möglichkeiten herauszufinden. Als Nebeneffekt kann diese Kunst uns aus Oasen der falschen Verheißung loseisen und zu einem Sprung aus einer engen Gedankenschlucht bewegen, indem sie die Suche in Regionen führt, die wir zuvor nicht erkennen konnten. Um die Kunst des Zufälligen zu erproben, betrachten wir eine weitere Art von Rätseln, die Bildrätsel. Ein Bildrätsel ist eine einfache Linienzeichnung, die eine Bedeutung suggeriert, aber keine offenkundige Interpretation anbietet. Die Abbildung unten zeigt ein klassisches Beispiel für ein solches Rätsel. Die Bildunterschrift dazu lautet: »Vier Elefanten untersuchen eine Grapefruit.«

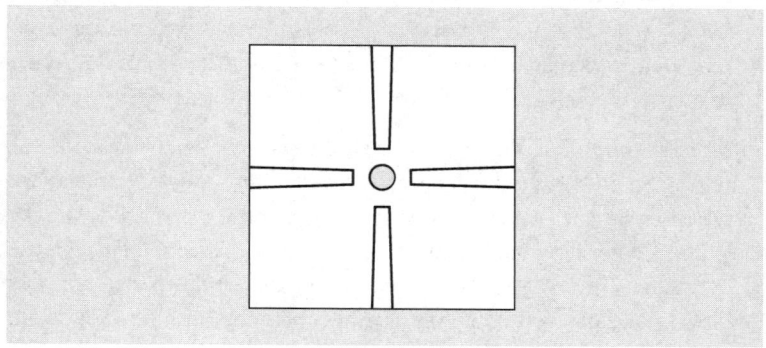

Die Zeichnung könnte allerdings auch für vieles andere stehen. Wie können wir uns von der vorgegebenen Unterschrift lösen und nach neuen Bezeichnungen suchen? Verschiedene einschlägige Tricks helfen uns dabei. Zwei von ihnen nennt Edward de Bono in seinem Buch *Laterales Denken*.[9]

- *Zufallstreffer*. Der Trick besteht darin, spontan eine Formulierung auszuwählen und auf das Rätsel zu beziehen. Man kann ein Buch zufällig auf einer Seite aufschlagen, ein Wort herauspicken und sehen, wie man es mit dem Vorliegenden verbinden könnte. Dies habe ich mit dem Bildrätsel versucht. Mein Blick fiel dabei zuerst auf die Wörter »Freude« und »Leistung«, wozu mir nichts einfiel. Dann wählte ich »städtisch«. Ich dachte an eine Stadtlandschaft und sah den Kreis in der Mitte des Bildrätsels als einen Mond. Die länglichen Formen konnten Schornsteine sein. Und damit hatte ich einen neuen Titel für die Zeichnung: »Industrielandschaft: Der Mond, von vier Schornsteinen gerahmt.«

- *Zufallsreihen*. Drei Wörter, die man zusammenwirft, können einen Anstoß geben, um aus festgefahrenen Gedanken herauszufinden. Probieren wir es. Nach einigen Misserfolgen fallen mir die Wörter »Monat«, »Druck«, »Maschine« ein. Ich weiß nicht, warum mir diese Wörter anregend erscheinen, aber sie sind es. Sehen wir einmal, wohin sie uns führen. Druck und Maschine erinnern mich an gedruckte Buchstaben. Man könnte sich das Bildrätsel als einen neuen Buchstaben vorstellen. Vielleicht ist es eine Art Ausrufezeichen? So gelange ich zu zwei weiteren Titelvorschlägen: »Vier Ausrufezeichen, die um denselben Punkt streiten« oder »Für besonders dramatische Gelegenheiten: das vierfache Ausrufezeichen«.

- *Zufallsschritte.* Die Kunst des Zufälligen besteht auch darin, einen seltsamen oder sogar unpassenden Schritt zu tun, und diesen als Zwischenschritt zur Lösung zu begreifen. Nehmen wir uns wiederum das Bildrätsel vor. Worum könnte es sich bei den länglichen Formen nur handeln? Um Nägel, zum Beispiel. Vielleicht konkurrieren vier Nägel um dasselbe Loch. Aber sie haben stumpfe Enden, was nicht sehr nach Nägeln aussieht. Was hat stumpfere Enden? Bolzen. Also sind es »Vier Bolzen, die um ein Loch wetteifern«.

Und nun zu etwas ganz anderem

Mit diesen Strategien des kunstvoll eingesetzten Zufalls können Sie sich nun an das folgende Bildrätsel wagen. Es trägt gewöhnlich den Titel:

◆ **Mann mit Fliege, der in der Fahrstuhltür hängen geblieben ist:** Wenn man den Titel nennt, wird die Aufgabe schwerer, aber das ist Teil der Herausforderung. Wofür könnte die Zeichnung außerdem stehen? Machen Sie sich die Kunst des Zufälligen zunutze, um einige Varianten zu ersinnen.

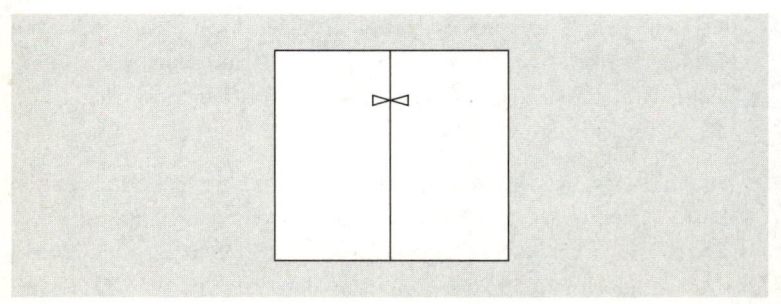

Es gibt viele Beispiele für die Kunst des Zufälligen. Sie alle zeigen, dass der Nutzung des Zufalls bei weitem nichts Zufälliges anhaftet. Dass uns der Zufall selbst überrascht, bedeutet noch nicht, dass ihm jede Logik fehlt – Wildnislogik.

6

Wegmarken für die Orientierungslosen

Der Hund tat nichts in der Nacht

Ein klassischer Moment in den Sherlock Holmes-Geschichten von Sir Arthur Conan Doyle ist, wenn der scharfsinnige Detektiv eine Spur in einem Ereignis entdeckt, das eigentlich gar keines ist. In »Silberstrahl« erzählt Holmes seinem Mitarbeiter Watson, wie er durch »das merkwürdige Verhalten des Hundes in der Nacht« auf die richtige Spur kam. Watson wendet ein: »Aber der Hund tat nichts in der Nacht.« Darauf erwidert Holmes: »Eben das ist das Merkwürdige.«

Sherlock Holmes sieht einen Hinweis, wo es scheinbar keinen gibt. Seine scharfe Beobachtungsgabe hilft ihm, einer der grundlegenden Herausforderungen des innovativen Denkens zu begegnen: dem Mangel an Spuren, oder in der Begrifflichkeit der Klondike-Logik: dem spurlosen Plateau.

Unter solchen Bedingungen Spuren ausfindig zu machen, ist die Spezialität des Meisterdetektivs. Er fahndet angestrengter und klüger nach Hinweisen, zieht Bedeutung aus dem scheinbar Bedeutungslosen, findet Sinn in der Untätigkeit des Hundes. Diese Fähigkeit ist eine Grundvoraussetzung des bahnbrechenden Denkens. Wir neigen dazu, Geistesblitze mit einer Veränderung des Blickpunktes gleichzusetzen. Doch dies ist nicht immer der Fall. Manchmal genügt die Vertiefung der gewohnten Sichtweise, eine geschärfte Aufmerksamkeit gegenüber der verfügbaren Information und die einfühlsame, flexible Untersuchung ihres tieferen Sinns. Hinweise zu entdecken, wo es keine zu geben scheint – also Orientierung gebende Wegmarken zu finden –, ist eine grundlegende und kraftvolle Strategie der Klondike-Logik. Hier ein Rätsel, das diesen Aspekt verdeutlicht:

◆ **Zehn Streichhölzer:** Sie haben zehn Streichhölzer (oder Sie malen sich zehn Striche auf ein Blatt Papier). Setzen Sie daraus zwei Quadrate verschiedener Größe zusammen und benutzen Sie dabei alle Streichhölzer. Es ist nicht erlaubt, sie durchzubrechen.

Interessant an diesem Problem ist, dass man es auf zwei verschiedene Weisen angehen kann: indem man die Möglichkeiten frei erkundet oder indem man auf versteckte Hinweise achtet. Die Methode der freien Erkundung bedeutet, verschiedene Konstellationen der Streichhölzer auszuprobieren. Zuerst scheint nichts zu funktionieren. Es gibt keine Hinweise. Verschiedene Kombinationen auszuprobieren, bei denen die Quadrate verbunden sind, scheint eine gute Idee zu sein, und die Suche setzt sich fort. Plötzlich stoßen wir auf eine Lösung: ein großes Quadrat mit zwei Streichhölzern pro Seite, wobei die beiden verbleibenden Hölzer ein kleines Quadrat in einer Ecke bilden. Es ist nun klar, worin eines der Hindernisse bestand. Zuerst neigt man nämlich zu der Annahme, dass die beiden Quadrate voneinander getrennt statt miteinander verbunden sind, eine enge Gedankenschlucht, die zum spurenlosen Plateau hinzukommt.

Der Schlüssel zur zweiten Lösungsmethode besteht darin, dass die Quadrate eine unterschiedliche Größe haben müssen. Man könnte wie folgt denken:

Wenn die beiden Quadrate eine unterschiedliche Größe haben, muss es ein Quadrat mit zwei Streichhölzern pro Seite geben und eines mit einem Streichholz pro Seite, weil man für das nächstgrößere Quadratformat, drei Streichhölzer pro Seite, mehr Streichhölzer benötigen würde, als zur Verfügung stehen. Daher muss es ein Quadrat mit zwei Streichhölzern pro Seite geben, was acht Streichhölzer erfordert. Dann bleiben zwei Streichhölzer übrig. Was kann man mit ihnen machen? Um ein weiteres Quadrat zu bauen, muss ich es an das vorhandene anbauen, und die einzige Möglichkeit dafür ist eine Ecke des großen Quadrats.

Einstein als Sherlock Holmes

Sherlock Holmes – wenngleich nur eine literarische Gestalt – blickte sich in der realen Welt nach Spuren und Hinweisen um. Albert Einstein – ein sehr realer Mensch – besaß viel Sinn für die Welt der Imagination. 1895 führte der damals Sechzehnjährige ein Gedankenexperiment durch, das unsere Vorstellung von der physischen Realität veränderte.[1]

Beim Experiment des frühreifen Einstein ging es darum, neben einem Lichtstrahl mit Lichtgeschwindigkeit zu reisen. Er fragte sich, wie eine solche Erfahrung sein würde und welchen physikalischen Sinn sie hätte. Diese Fantasiereise war eine kluge Herangehensweise bei dem Versuch sich vorzustellen, wie Lichtwellen funktionieren. Beachten Sie, wie vernünftig eine solche Strategie im Falle von Wasserwellen wäre. Wenn ein Forscher die Form einer Wasserwelle genauer betrachten wollte, täte er gut daran, sie in der gleichen Geschwindigkeit und in der gleichen Richtung zu begleiten.

Einsteins imaginäre Reise war ein flexibler Sprung der Vorstellungskraft. Was der Physiker jedoch am Ende herausfand, war keine Antwort, sondern nur ein Hinweis. So, wie Holmes die Stille des Hundes in der Nacht als ungewöhnlich erkannte, sah Einstein die Lichtwelle in suspendierter Bewegung neben ihm als Anomalie. Es war eine unmögliche Situation, es konnte nicht sein. Hier Einsteins Worte aus seinen autobiografischen Aufzeichnungen von 1946 (veröffentlicht 1949):[2]

Wenn ich einem Lichtstrahl nacheile mit der Geschwindigkeit c (Lichtgeschwindigkeit in einem Vakuum), so sollte ich einen solchen Lichtstrahl als ruhendes, räumlich oszillatorisches, elektromagnetisches Feld wahrnehmen. So etwas scheint es aber nicht zu geben, weder auf Grund der Erfahrung noch gemäß den Maxwellschen Gleichungen. Intuitiv klar schien mir von vornherein, dass von einem solchen Beobachter aus beurteilt, alles sich nach denselben Gesetzen abspielen müsse wie für einen relativ zur Erde ruhenden Beobachter.

Welchen Hinweis erkannte Einstein bei seinem Gedankenexperiment, der den Watsons seiner Zeit entging? Die damalige Wissenschaft meinte, dass genau wie Wasserwellen, die sich durch das Wasser fortsetzen, und Schallwellen, die sich in der Luft ausbreiten, auch das Licht ein

Medium erforderte, das man Äther nannte. Vermutlich würde man daher, wenn man sich relativ zum Äther schnell genug fortbewegte, neben einem Lichtstrahl reisen und ihn wie im Stillstand beobachten können. Aber die Existenz des Äthers war nur wie ein gedanklicher Notbehelf, da er sich anders als Wasser oder Luft nicht physikalisch nachweisen ließ. Das war, nach Einsteins Verständnis, unvernünftig. Aus Gründen der Symmetrie und in Analogie zu Newtons klassischen Bewegungsgesetzen hatte der Wissenschaftler das Gefühl, dass die grundlegenden Gesetze der Physik im Hinblick auf gleichförmig gegeneinander bewegte Bezugsysteme gleichwertig sind. Maxwells Gleichungen müssten für jedes dieser Systeme gelten. Doch sie ließen keine in ihrer Bewegung eingefrorenen Lichtstrahlen zu. Irgendetwas war hier grundlegend falsch.

In seiner Autobiografie erkannte Einstein in diesem Gedankenspiel von 1895 den Keim der Relativitätstheorie. Aber nur den Keim, nur einen Hinweis. Tatsächlich dauerte es bis 1905, also noch zehn Jahre, bis Albert Einstein aus diesem Ansatz seine spezielle Relativitätstheorie formte, eine Geschichte, die wir im nächsten Abschnitt zu Ende erzählen.

Wenn Computer besser denken als Menschen

Margaret Boden geht in ihrem Buch *Die Flügel des Geistes* dem Phänomen nach, warum Menschen zuweilen ratloser sind als Computer.[3] Ein klassischer Lehrsatz der Geometrie besagt, dass die Basiswinkel eines gleichschenkligen Dreiecks gleich sind, was durch dessen Isomorphie bewiesen wird: Das Dreieck ABC ist mit dem Dreieck CBA isomorph, wenn man es um seine vertikale Achse dreht.

Der Schlüssel liegt direkt vor unseren Augen. Er liegt schon in der Symmetrie der Figur selbst, die dazu einlädt, das Dreieck von rechts nach links zu drehen. Leider kommt der menschliche Geist nicht so einfach auf eine solche Idee. Wenn Menschen geometrische Probleme wie dieses lösen, lassen sie sich von ihrer visuellen Intuition leiten. Sie halten nach Zusammenhängen innerhalb der gegebenen Figur Ausschau, statt

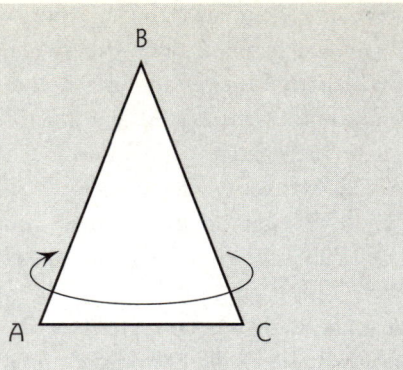

an eine Verwandlung der gesamten Figur zu denken. Sie ersinnen Konstruktionen und ziehen üblicherweise eine Senkrechte vom Scheitel bis zur Basis, um das Dreieck zu halbieren, und beziehen dann die beiden Seiten aufeinander. Die Menschen neigen nicht dazu, an eine Drehung der Figur zu denken. Aus menschlicher Perspektive ist diese spezielle Lösung »unvernünftig«: Es ist schwierig, durch Überlegung darauf zu kommen. Margaret Boden erklärt, dass selbst Euklid, dem Vater der Euklidischen Geometrie, diese Idee entging. Es war Pappus von Alexandria, der sechs Jahrhunderte später den Isomorphismus-Beweis entdeckte.

Ein Computerprogramm künstlicher Intelligenz kam, wie Boden berichtet, dagegen problemlos auf den Beweis des Isomorphismus. Warum war das »Auge« des Programms offener als das menschliche? Weil ihm die menschlichen Vorurteile fehlten. Für den Computer war die Lösung vernünftig. Der Isomorphismus war nichts Besonderes oder Seltsames, sondern lediglich eine weitere Möglichkeit, die es zu berücksichtigen galt. Außerdem benutzte das Programm Konstruktionen nur als letzten Ausweg, sodass es durch sie nicht abgelenkt wurde. Ein weiterer Vorteil dem menschlichen Denken gegenüber.

Daraus ergeben sich zwei Lehren. Die Fülle oder der Mangel an Hinweisen hängt erstens von der individuellen Perspektive ab. Man sieht, was man sehen will. Vielleicht sind einige unter uns wie Sherlock Holmes, aber die meisten von uns denken wie sein Gehilfe. Die zweite Lehre ist weitaus hoffungsvoller: Was wir sehen, hängt davon ab, ob und wie genau wir hinschauen – ob wir uns in eine Position bringen, wo wir sehen können. Einstein gelang dies mit seinem Gedankenexperiment. Pappus fand die Symmetrie, die Euklid entging. Und fast alle kommen auf die richtige Blickperspektive, um die Logik des Rätsels mit den zehn Streichhölzern zu erkennen. Es ist einfach Arithmetik: Sobald man sich auf den Weg gemacht hat, entwirrt sich das Problem und wird durchsichtig.

Wenn die Vorstellungskraft machtlos ist

Mathematische und wissenschaftliche Probleme bergen häufig Wegmarken für die Orientierungslosen in sich, die es ermöglichen, subtile Hinweise zu finden und auf diesen aufzubauen. Gilt das Gleiche auch für alltäglichere Probleme? Häufig ja. Ein schönes Beispiel ist die praktische Frage, wie man Segelboote ankert.

Vor etlichen Jahren gab ich ein Seminar, in dem die Studenten systematisch eine Reihe von Problemlösungstechniken erproben sollten. In einer Woche konzentrierten wir uns auf die Synektik, ein bekannter Ansatz für verschiedene Formen des kreativen Denkens, bei denen die Verwendung von Metaphern und Analogien im Vordergrund steht.[4] Synektik ist eine Form des Brainstorming. Beide Techniken können sehr produktiv sein und zu überraschenden Verbindungen und Lösungen führen.

In diesem Fall entdeckten wir jedoch, dass die Verwendung von Metaphern und Analogien kein Ersatz dafür sein kann, die untergründige Logik einer Situation zu erfassen. So wirkungsvoll er auch sein kann, manchmal passen auf den freien Lauf der Vorstellungskraft nur zu gut die klassischen Worte von Shakespeares *Macbeth*, wenn dieser in Verzweiflung ausruft, das Leben sei »ein Märchen … voller Klang und Wut / das nichts bedeutet«.

Die Vorstellungskraft verfehlt ihr Ziel, wenn sie es versäumt, die fundamentale Logik der Situation nach Indizien abzusuchen. Ein Student meines Seminars, der gerne segelte, schlug damals folgende Aufgabe vor, um die synektische Methode zu überprüfen:

◆ **Der Abdriftalarm:** Ankert man bei Nacht, führen gelegentlich Strömungen oder Winde dazu, dass der Anker keinen Halt findet. Das Risiko ist nicht unbeträchtlich, da das Boot abdriften und auf einen Felsen oder eine Sandbank auffahren kann. Gewöhnlich bleibt der Segler in dieser Situation wach und beobachtet die Entwicklung. Da man nach einem langen Segeltag sehr müde ist, wäre es fantastisch, einen Alarm zu haben, der sich mit einem Klingeln meldet, falls das Boot abdriftet. Dann könnten alle Segler beruhigt schlafen gehen. Wenn es ein Problem gäbe, würden sie geweckt.

Wie immer sind Sie eingeladen, selbst über die Aufgabe nachzudenken, bevor wir fortfahren.

Als wir im Seminar versuchten, das Problem des Abdriftalarms zu lösen, gab es ein fruchtbares Brainstorming, bei dem die Techniken der Synektik zum Einsatz kamen. Die Teilnehmer nannten zahlreiche Analogien. Langsam schälte sich jedoch ein Dilemma heraus. Keine der Ideen schien praktisch umsetzbar zu sein, obwohl sie zweifellos Vorstellungskraft bewiesen.

Ich beschloss, eine ganz andere Methode zu erproben, und suchte nach einer inneren Logik der Situation: Damit ein Alarm ausgelöst wird, muss es einen Mechanismus geben, der »weiß«, wann das Boot abdriftet. Dazu benötigt der Alarm einen Bezugspunkt außerhalb des Bootes. Was konnte das für ein Punkt sein? Nicht die Küste, denn mit der Küste über eine Distanz hinweg Kontakt zu halten, erforderte Radar oder einen automatischen Lokalisierungsmechanismus. Es musste etwas sein, was unmittelbar zur Hand war – der Boden unter dem Boot. Wie konnte der Alarm aber wissen, wo der Boden war? Durch irgendeine physische Verbindung, eine Leine wie die Ankerleine, die bis auf den Boden reichte.

Das führte zur Idee des »Alarmankers«. Der Plan bestand darin, einen zweiten leichteren Anker über Bord zu werfen, dabei die Leine etwas locker zu lassen und einen Gegenstand am Ende zu befestigen, der ein Geräusch machte, zum Beispiel Blechdosen. Wenn der Hauptanker den Halt verlor, würde das treibende Boot die Leine des Alarmankers unter Spannung setzen, die Blechdosen umwerfen und die Besatzung wecken.

Der freie Lauf der Vorstellungskraft operiert zuweilen ohne Hinweise und lässt dabei entscheidende Beschränkungen gänzlich außer

Acht. Das war zunächst unser Problem im Seminar. Das anfängliche Brainstorming der Teilnehmer vernachlässigte einen entscheidenden Aspekt: Um das Abdriften des Bootes zu erkennen, musste der Alarmmechanismus mit Informationen von einem festen Bezugspunkt gespeist werden. Erst als wir diese Notwendigkeit erkannten, konnten wir die Lösung finden.[5]

Dem Denken einen Schubs geben

Es ist leichter in der Theorie davon zu sprechen, subtile Hinweise aufzudecken und ihrer Bedeutung nachzuspüren, als dies in der Praxis zu tun. Das sehen wir an unserem nächsten Beispiel.

◆ **Die Uhr:** Eines Tages schlägt eine Standuhr zur vollen Stunde und alle Viertelstunden (ein Schlag je Viertelstunde), insgesamt 27 Mal innerhalb von einer Stunde und einer Minute. Die Uhr ist nicht defekt und all dies geschieht auf natürliche Weise und in der normalen Ordnung der Dinge. Wie kann das sein?

Kürzlich präsentierte ich einer Freundin, nennen wir sie Emilia, einige »unvernünftige« Probleme. Ich begann mit einfachen Rätseln, die sie leicht löste. Emilia ist intelligent und hat ein intuitives Gespür für Klondike-Logik.

Als ich ihr jedoch das Uhrproblem vorsetzte, geriet sie gleich in eine Oase der falschen Verheißung und in eine enge Gedankenschlucht. Emilia rechnete mit den Zahlen und kam zu dem Ergebnis, dass elf und zwölf Schläge plus die Viertelstundenschläge zwischen 11 und 12 Uhr insgesamt 26 Schläge ergeben. Zu 27 fehlte nur ein weiterer Schlag. Diese Beinahelösung war die Oasenfalle. Emilia folgerte, dass sie irgendwoher einen weiteren Viertelstundenschlag bekommen musste. So vernünftig das auch erschien, dadurch geriet sie in eine Gedankenschlucht, die nirgendwohin führte.

Nach wenigen Minuten war sie reif für einen Hinweis: »Du gehst von einer stillschweigenden Annahme aus oder hältst etwas für selbstverständlich, das du nicht so auffassen solltest.«

Als methodisch denkender Mensch fasste Emilia meinen Rat präzise in eigene Worte. Dann bat sie darum, die Aufgabenstellung zu wiederholen, um zu sehen, ob ihr etwas entgangen war, und begann, nach der stillschweigenden Annahme zu suchen. »Waren mehr als eine Uhr beteiligt?«, fragte sie. Eine gute Frage, die ich jedoch verneinte. Sie versuchte es mit Stunden, die nicht in der Nähe von elf und zwölf liegen, um zu sehen, ob sich damit etwas anfangen ließe. Sie sagte, sie würde versuchen, rückwärts zu rechnen. Ursprünglich hatte sie an elf Stundenschläge um elf Uhr gedacht, gefolgt von zwölf Schlägen eine Stunde später. Nun wollte sie von zwölf Uhr als erstem Stundenschlag ausgehen und den Rest der Lösung von hier aus erschließen.

Das hätte funktionieren können, tat es aber nicht. Sie folgerte, dass sie immer noch die elf Schläge der Elf-Uhr-Glocke benötigte. Emilia versuchte mehrere andere Züge, um die Beschränkungen zu umgehen oder neu zu definieren. Sie war zwar auf der richtigen Spur, aber leider gelang es ihr nicht, auf die entscheidende Idee zu kommen. Sie konnte einen weiteren Hinweis gebrauchen.

Jetzt warnte ich sie vor der Oase der falschen Verheißung. »Ich muss also nach einem ähnlichen Problem suchen, das mir helfen könnte«, schloss Emilia daraus. Sie erwähnte das Neun-Punkte-Problem, das sie bereits kannte, und ließ sich davon inspirieren. Sie nahm sich vor, sich von elf und zwölf zu lösen und nach einem anderen Weg aus der Oase zu suchen. »Nehmen wir an, die Zeit spielt keine Rolle.«, warf ich ein. Aber sie konnte sich nicht vorstellen, wie das möglich wäre. »Was ist mit Echos?«, fragte sie. Echos waren eine kluge Idee, aber nicht die offizielle Lösung. Sie bat um einen weiteren Hinweis.

Da Emilia sich auf einem spurenlosen Plateau befand, ermutigte ich sie, genauer nach Hinweisen zu suchen: »Geh in deinen Überlegungen von der logischen Notwendigkeit der Situation aus. Beachte die Gegebenheiten und versuche, ihre zwangsläufigen Konsequenzen zu erfassen.«

Ich dachte daran, dass die Uhr ein zusätzliches Mal zur vollen Stunde oder zur Viertelstunde schlagen *musste*, um auf die 27 Schläge zu kommen. Zum Beispiel könnte sie zweimal zwölf Uhr schlagen. Unter welchen Bedingungen war dies möglich? Emilia kam jedoch nicht auf diesen Gedankengang. Sie fragte sich, ob die Person, die die Schläge hört, sich geirrt haben könnte, was ich verneinte. Sie stellte sich auch die Frage, ob eine Uhr 27 Schläge haben könnte, ließ den Gedanken jedoch sofort wieder fallen. Dann zeichnete Emilia ein Diagramm, ebenfalls erfolglos.

Ich bot ihr einen allgemeineren, strategischen Hinweis an und bemerkte, dass sie einige scheinbar absurde Schlussfolgerungen gezogen hatte. Vielleicht sollte sie sich darauf konzentrieren. »Eine dieser Ideen ist diese«, sagte sie. »Die Uhr schlägt zweimal zwölf statt elf und zwölf. Aber das kann nicht stimmen, da die Uhr nicht defekt ist.« Sie formulierte und verwarf die Schlüsselhypothese.

Nach weiterem Nachgrübeln steckte sie wieder fest. Dieses Mal bot ich ihr einen sehr speziellen Hinweis an: »Du hast erwähnt, dass die Uhr nicht zweimal zwölf schlagen kann.« »Also kann sie das aus irgendeinem Grund«, antwortete sie und hatte innerhalb von Sekunden die Lösung. Die Uhr wird innerhalb von einer Stunde zwei Mal zwölf schlagen, wenn ihr Besitzer sie nach Mitternacht um eine Stunde zurückstellt – bei der Umstellung von Sommer- auf Winterzeit.

Aus dem Uhrenrätsel ergibt sich eine wichtige Lehre. Wir können nur die notwendigen Überlegungen anstellen, wenn wir den richtigen Ausgangspunkt finden. Emilia kam schnell darauf, wie die Uhr zwei Mal zwölf schlagen kann, sobald sie diese Möglichkeit beachtete, statt sie zu verwerfen. Der Trick des innovativen Denkens, das sich auf Indizien stützt, besteht darin, die logischen Konsequenzen auch dann zu verfolgen, wenn es zunächst keinen Sinn ergibt. Eine weitere Weisheit aus dem Sherlock Holmes-Lehrbuch, dieses Mal aus »Das Zeichen der Vier«: Wenn man das Unmögliche ausgeschlossen hat, muss das, was übrig bleibt, die Wahrheit sein, so unwahrscheinlich sie auch klingen mag.

Zwei scheinbar spurenlose Probleme

Ein spurenloses Plateau ist zuweilen nur eine Illusion. Bei der genaueren Betrachtung eines Problems entdeckt man Hinweise, die den Weg zur Lösung zeigen. Der Weg, den man dabei einschlägt, kann nicht nur von einem spurenlosen Plateau wegführen, sondern auch verhindern, dass man sich in engen Gedankenschluchten verfängt oder in Oasen falscher Verheißungen verweilt. Hier sind zwei Rätsel, bei denen diese Denkweise hilfreich sein kann:

◆ **Vier Ketten:** Susanne hat vier kurze Ketten mit je drei Gliedern. Sie möchte daraus eine lange Kette mit zwölf Gliedern machen lassen. Ihr Juwelier nimmt 30 Pfennig, um ein Glied zu öffnen, und 20, um es zu schließen. Susanne kommt auf eine Möglichkeit, die Arbeit für 1,50 Mark erledigen zu lassen. Was sagt sie dem Juwelier?

◆ **Die vier Bäume:** Ein Landschaftsarchitekt hat eine Leidenschaft für Symmetrie. Er beschließt, vier Goldregenbäume in einem Park so zu pflanzen, dass jeder exakt im gleichen Abstand zu allen anderen steht. Wie stellt der Landschaftsarchitekt die Bäume auf?

Beide Rätsel haben den gleichen Charakter wie das der zehn Streichhölzer: Man kann sich ihnen nähern, indem man der Vorstellungskraft freien Lauf lässt, aber sie enthalten auch Hinweise für Orientierungslose.

Lösungen

◇ **Die vier Ketten:** *Wir müssen uns verschiedene Wege vorstellen, Ketten zu verbinden und zu lösen. Bei der offensichtlichen, aber ungenügenden Lösung wird ein Glied am Ende jeder Kette geöffnet: vier Glieder zu einem Preis von zwei Mark. Für 1,50 Mark muss es einen besseren Weg geben.*

Die freie Suche führt letztlich zu der Idee, alle Glieder von nur einer Kette zu öffnen. Mit diesen Gliedern kann man die verbleibenden Ketten zu einer einzigen zusammenhängenden Kette für 1,50 Mark verbinden. Ein spurenloses Plateau durch einen Mangel an offensichtlichen Hinweisen und eine enge Gedankenschlucht – die nahe liegende Annahme, dass jeder Handgriff an jeder einzelnen Kette vorgenommen werden muss – stehen der Lösung im Weg. Es gibt aber Hinweise: 1,50 DM bedeutet, dass Susanne dem Juwelier aufgetragen hat, nur drei Glieder zu öffnen. Welche drei Glieder? Es macht keinen Sinn, jeweils ein Glied von drei der ursprünglichen Ketten zu nehmen, da ja vier Kettenabschnitte verbunden werden müssen, wozu dann genügend Glieder fehlen würden. Deshalb müssen die geöffneten Glieder alle von einem Kettenstück stammen.

◇ **Die vier Bäume:** *Dieses Rätsel lädt zur Erkundung verschiedener Konstellationen ein, wobei drei Bäume gewöhnlich in ein Dreieck gesetzt werden, in dessen Mitte der vierte steht. Das sieht wie die Lösung aus, aber der Baum in der Mitte steht in einer anderen Entfernung von den anderen, als diese drei zueinander. Wie also könnte man die Bäume gruppieren? Vielleicht in einem Quadrat, aber auch das schafft nicht exakt die gleichen Distanzen. Wie wäre es damit, sie in eine Reihe zu pflanzen? Keine gute Idee. Schließlich wird die Gedankenschlucht deutlich: Sie besteht in der Annahme, dass sich die Bäume auf einer Ebene befinden. Drei der Goldregenbäume können im Dreieck stehen, während sich ein vierter auf einem steilen Hügel in der Mitte befindet.*

Diese Lösung könnten wir mit weit geringerem Suchaufwand finden, wenn wir die Hinweise erkennen und von ihnen aus weiterdenken. Um drei Bäume in die gleiche Distanz zueinander zu bringen (sehen wir im Moment einmal vom vierten ab), brauchen wir ein gleichschenkliges Dreieck: die einzige Figur, bei der alle Bäume die gleiche Entfernung zueinander haben. Der vierte Baum, der im gleichen Abstand gepflanzt werden soll, muss ebenfalls mit jedem Paar Bäume ein gleichschenkliges Dreieck bilden. Deshalb kann er mit ihnen nicht auf derselben Ebene stehen, sondern muss auf einen Hügel oder in eine Senke gepflanzt werden. Bei der Senke wäre die Entwässerung ein Problem, und der Landschaftsarchitekt würde sicher nicht wollen, dass der Goldregenbaum in einer Grube versteckt steht. Er pflanzt ihn also auf einen Hügel.

Kreative Orientierungslosigkeit

Wenn wir angestrengt nach Wegmarken suchen, verstellen uns manchmal die schon gefundenen Hinweise den Blick. Es gibt Momente, in denen es sich lohnt, sich bewusst in einen Zustand der Orientierungslosigkeit zu versetzen, um zu sehen, welche neuen Indizien sich zeigen. In dem Film *Feld der Träume* ist der von Kevin Costner dargestellte Held besessen von der Idee, ein Baseballstadion in die Mitte einer Einöde zu bauen, überzeugt davon, dass die Spieler und Zuschauer schon irgendwie kommen werden. Wir können nicht davon ausgehen, dass unsere Visionen ein verlässlicher Richtungsweiser für Entdeckungen und Einsichten sind, aber die Idee, mitten auf einem zufällig gewählten Acker zu starten, hat ihren Wert.

Ronald Finke, Kreativitätsforscher an der A & M University in Texas, hat dafür anregende Anleitungen ersonnen, die er »präinventive Formen« nennt.[6] Präinventive Formen sind Werkzeuge, um in einem nahezu hinweislosen Nichts zu beginnen und daraus etwas zu machen. Finke und seine Kollegen Tom Ward und Steven Smith stellen ihre Ideen in den Kontext einer Gesamttheorie der Kreativität, die sie in ihrem Buch *Creative Cognition* von 1992 darlegen. Darin führen sie das so genannte »Genplore«-Modell ein, das sich auf die für Kreativität typischen, generativen und forschenden kognitiven Prozesse bezieht (Der Begriff »Genplore« setzt sich aus den englischen Wörtern *generative* und *exploratory* zusammen). Das Genplore-Modell unterscheidet zwei Phasen der Kreativität, die generative Phase und die erkundende Phase. Während der generativen Phase schafft der Erfinder präinventive Strukturen wie zum Beispiel visuelle Muster und mentale Verschmelzungen, und zwar durch Erinnerung, Assoziation, Synthese, Analogie und andere geistige Vorgänge. Leiten lässt er sich dabei von einem Gefühl der Neuheit, Ambiguität, Inkongruenz, Divergenz und potenziellen Bedeutung. Während der Erkundungsphase betrachtet der schöpferisch Tätige die präinventiven Formen und versucht zu sehen, welche kreativen Möglichkeiten sie enthalten. Dies führt zur Modifikation der vorhandenen oder zur Schaffung von gänzlich neuen Strukturen. Der Zyklus wiederholt sich häufig mehrere Male.

Am besten ist dieses Konzept zu verstehen, wenn man es mit einem Beispiel nach Art von Finkes Experimenten ausprobiert.

◆ **Ein praktisches Gerät:** *Schritt 1:* Betrachten Sie die verschiedenen abgebildeten Figuren. Wählen Sie drei davon und bilden Sie daraus im Geist eine Figur, die so aussieht, als ließe sie sich für etwas verwenden. Streben Sie dabei nicht nach einer speziellen Erfindung, sondern nur nach etwas, das den vagen Eindruck des Zweckmäßigen erweckt. Lassen Sie sich für diesen Schritt nur eine Minute Zeit.

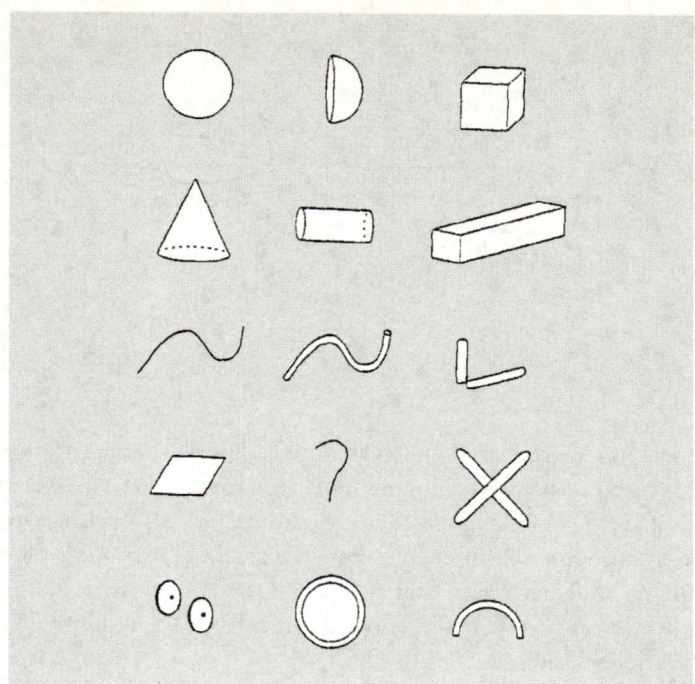

Schritt 2: Wählen Sie zufällig – ohne zu überlegen – eine Kategorie aus der folgenden Liste:

- Möbel
- Verkehrsmittel
- wissenschaftliches Instrument
- persönliche Gebrauchs-
  gegenstände

- Spielzeug und Spiele
- Geräte
- Werkzeuge und Utensilien
- Waffen

Schritt 3: Versuchen Sie nun, die Figur Ihrer Vorstellung als ein praktisches Gerät einer dieser Kategorien zu interpretieren: als ein Möbelstück, einen persönlichen Gebrauchsgegenstand, als Werkzeug oder etwas anderes. Lassen Sie sich wieder nur eine Minute Zeit.

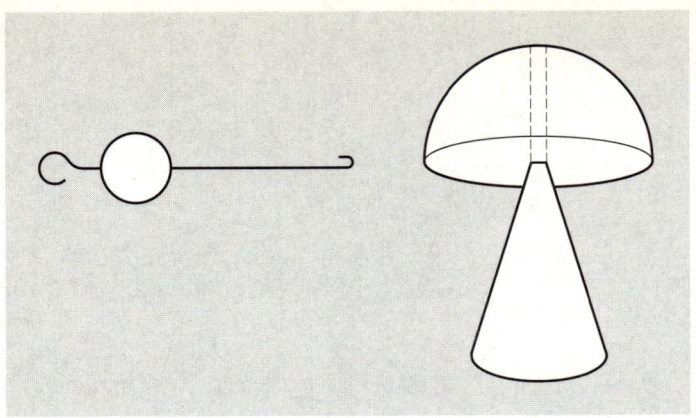

Bei seinen Experimenten entdeckte Finke, dass die Versuchspersonen auf diese Weise häufig auf interessante Ideen stießen. Die Abbildungen oben sind zwei Beispiele dafür. Die Figur links wurde als Werkzeug interpretiert, als »Kontaktlinsenentferner«. Die rechte Figur wurde als persönlicher Gebrauchsgegenstand gedeutet und als »Universalgerät« gesehen, mit dem sich Gegenstände aller Art aus unzugänglichen Ecken holen lassen.

Finke bewertete die Reaktionen seiner Versuchspersonen nach ihrer Originalität und ihrer Praxistauglichkeit. Er klassifizierte die Erfindungen als kreativ, wenn sie sowohl originell als auch praktisch waren, oder einfach nur als praktisch, wenn sie funktionell erschienen, es ihnen aber an Originalität fehlte. Der Kreativitätsforscher kam zu den folgenden Schlüssen:

• Menschen kommen trotz des zufälligen Charakters der Aufgabe und der geringen Zeit, die ihnen zur Verfügung steht, häufig auf kreative und praktische Erfindungen. Die 360 Versuche ergaben 120 praktische und 65 kreative Erfindungen.

• Kreative Erfindungen waren weniger wahrscheinlich, wenn den Versuchspersonen eine Kategorie genannt wurde (Möbel, persönliche Gebrauchsgegenstände etc.), bevor sie die Figuren betrachten konnten, um daraus präinventive Formen zu bilden. Offenbar reduziert dies die Spannung zwischen Form und Kategorie.

- Kreative Erfindungen waren weniger wahrscheinlich, wenn eine Versuchsperson nach dem Zusammenfügen der präinventiven Form die Kategorie selbst wählen durfte. Auch dies reduzierte die Spannung zwischen Form und Kategorie.

- Schließlich erwiesen sich kreative Erfindungen als weniger wahrscheinlich, wenn die Versuchspersonen mit präinventiven Formen anderer arbeiteten, statt mit den von ihnen selbst gebildeten. Menschen haben ein wirkliches Gespür dafür, was für sie selbst wie eine sinnvolle Form aussieht.

Diese faszinierende Studie liefert einen empirischen Beweis dafür, dass Erwartungen kreatives Denken beschränken können, denn die Kreativität der Versuchspersonen litt unter den Grenzen, die man ihr setzte. Das bedeutet wohl kaum, dass man üblicherweise die Beschränkungen eines jeweils gegebenen Problems ignorieren sollte. Sehr wohl dürfen wir aber daraus schließen, dass es manchmal Probleme gibt, die nicht so eng umgrenzt sind. In diesen Fällen kann eine präinventive Form, die unserer Fantasie entspringt, der beste Ansatz sein, um etwas Interessantes ans Licht zu bringen.

7

Mit dem Kopf durch die Wand – oder lieber umdenken?

Warum überquerte das Küken die Straße?

Die meisten Menschen kennen dieses uralte Rätsel und seine Antwort sicher schon. Warum überquerte das Küken die Straße? Um auf die andere Straßenseite zu kommen.

Was aber ist der wirkliche Grund, warum das Küken die Straße überquerte? Das hängt davon ab, wie man das Küken, die Straße und den Rest des Universums betrachtet. Vor wenigen Monaten zirkulierte im Internet eine Liste mit möglichen Antworten, die eine Reihe berühmter Persönlichkeiten der Geschichte auf die Kükenfrage vielleicht gegeben hätte. Darunter waren religiöse und philosophische Deutungen:

- *Buddha:* Wenn du diese Frage stellst, leugnest du dein eigenes Kükenwesen.

- *Machiavelli:* Tatsache ist, dass das Küken die Straße überquert hat. Wen interessiert es, warum? Der Zweck, die Straße zu überqueren, heiligt die Mittel, was immer der Grund gewesen sein mag.

- *Ralph Waldo Emerson:* Das Küken überquerte die Straße nicht, es transzendierte sie.

- *Jean-Paul Sartre:* Um guten Glaubens zu handeln und sich selbst treu zu bleiben, erkannte das Küken die Notwendigkeit, die Straße zu überqueren.

Es gab auch naturwissenschaftliche und psychologische Antworten:

- *Darwin:* Küken unterlagen über lange Zeiträume einer natürlichen Auslese, dergestalt, dass ihre Erbanlagen sie nun befähigen, Straßen zu überqueren.

- *B. F. Skinner:* Weil die äußeren Eindrücke, die sein Sinnesapparat seit der Geburt aufgenommen hatte, seine Entwicklung in der Weise beeinflussten, dass es zur Überquerung von Straßen neigte, auch wenn es glaubte, dass solche Handlungen seinem eigenen freien Willen entsprangen.

- *C. G. Jung:* Das Zusammentreffen von Ereignissen in der kulturellen Gestalt erforderte, dass individuelle Küken an diesem historischen Kreuzungspunkt Straßen überquerten und führte daher synchronisch zu diesen Begebenheiten.

- *Albert Einstein:* Ob das Küken die Straße überquerte oder die Straße das Küken, hängt vom jeweiligen Bezugssystem ab.

All diese Antworten erinnern uns daran, dass es nicht eine einzige Kükenrealität gibt, keine einzige Antwort auf die Kükenfrage. Wie vieles andere hängt auch dies vom Deutungsrahmen ab – von der Perspektive, dem Bezugssystem, dem Standpunkt, den grundlegenden Annahmen. Und das ist der entscheidende Aspekt beim innovativen Denken, ganz gleich, ob es sich um Küken oder um die physikalischen Gesetze des Universums handelt.

Einstein in der U-Bahn

Den Kerngedanken der Relativitätstheorie fand Albert Einstein in seinem Gedankenexperiment von 1895. Aber dieser Keim musste lange in ihm reifen. Erst 1905 hatte er den entscheidenden Geistesblitz, der alles zusammenfügte. In seinem berühmten Aufsatz »Über die Elektrodynamik beweglicher Körper« stellte Einstein zwei Axiome als neues Paradigma der Physik auf.[1] Das erste stellte schlicht fest, dass die physikalischen Gesetze in jedem Bezugssystem, das sich gleichförmig bewegt, das heißt sich nicht beschleunigt, gleichwertig sein müssen. Das zweite besagte, dass die Lichtgeschwindigkeit in jedem beliebigen Bezugssystem gleich sein müsse. Dies bedeutete für Einstein: Man konnte nicht nur nicht schnell genug reisen, um die Bewegung des Lichts anzuhalten, man konnte nicht einmal damit anfangen, es einzuholen. Das Licht würde sich immer mit der Geschwindigkeit c relativ zum eigenen Bezugsrahmen bewegen.

Während das erste Axiom eine sinnvolle Symmetrie beschreibt, klingt das zweite recht merkwürdig. Ein altes populäres Lied erzählt die Geschichte vom armen Charlie, der aufgrund einer Fahrpreiserhöhung, bei der die Fahrgäste zusätzlich bezahlen mussten, wenn sie den Zug verlassen wollten, in der Bostoner U-Bahn gefangen blieb. Charlie hatte kein Geld, um auszusteigen, sodass seine Frau jeden Tag um Viertel nach zwei in die U-Bahn-Station Scollay Square kommen musste, um ihm durchs Fenster ein Sandwich zu reichen. Der Zug fährt mit 30 Stundenkilometern durch den Bahnhof, während Charlies Frau mit 15 Stundenkilometern nebenherläuft. Relativ zu der Frau bewegt sich der Zug mit 15 Stundenkilometern. Die Sandwich-Übergabe ist also problemlos.

Aus relativitätstheoretischer Perspektive löst sich die Geschichte nicht so einfach auf. Stellen Sie sich vor, dass die Fahrpreiserhöhung Charlie in einem Lichtzug gefangen setzt, ein U-Bahn-System, das seine Fahrgäste für eine wahrhaft rasante Beförderung in Licht verwandelt. Der Lichtzug rast mit Lichtgeschwindigkeit durch die Scollay Square-Station, etwa 300 000 Kilometer in der Sekunde. Entschlossen, Charlie sein Sandwich zu übergeben, rennt seine Frau mit wirklich außergewöhnlich konditionsstarken 100 000 Kilometern in der Sekunde neben den Gleisen her. Sie ist verblüfft, als sie bemerkt, dass der Lichtzug immer noch mit fast 300 000 Kilometern in der Sekunde an ihr vorbeisaust. Am nächsten Mittag holt Charlies Frau die Sprinterschuhe aus dem Schrank und jagt mit 200 000 Kilometern in der Sekunde dem Lichtzug hinterher. Völlig überrascht muss sie erleben, wie der Zug trotz aller Anstrengung immer noch mit nahezu 300 000 Kilometern in der Sekunde an ihr vorbeirauscht. Kein Sandwich für Charlie.

Wie kann eine scheinbar so einfache Geschwindigkeitsrechnung scheitern? Wie kann es sein, dass man eine Lichtwelle nicht relativ zu sich selbst verlangsamen kann, indem man schnell genug neben ihr herläuft? Diese Frage steht im Zentrum des geistigen Durchbruchs, der Einstein gelang. Nach seiner eigenen Erzählung hatten ihn die Grundlagen der Fragestellung schon seit langem umgetrieben. Aber eines Morgens im Frühjahr 1905 erkannte er beim Aufwachen, wie sich alles zusammenfügte. Der entscheidende Schritt bestand darin, eine fundamentale und einfache Prämisse infrage zu stellen, die wir alle für selbstverständlich halten: die Konstanz der Zeit.

Kehren wir zur relativitätstheoretischen Sicht des Beispiels mit dem Lichtzug zurück. Wenn wir annehmen, dass Charlies Zeit und die Zeit seiner Frau mit derselben absoluten Uhr gemessen werden, die überall im Raum und bei jeder Geschwindigkeit gilt, wäre Charlies Frau in der Lage, schnell genug neben dem Zug herzurennen, um Charlie ein Sandwich zu reichen. Daher, so hätte Einstein argumentiert, muss etwas in diesem Beispiel falsch sein. Nehmen wir stattdessen an, dass die Zeit keine Konstante ist und die Uhren im Bahnhof und die von Charlies Frau nicht synchron laufen. Dann gibt es keinen Konflikt. Der Lichtzug könnte an Charlies Frau mit fast 300 000 Kilometern in der Sekunde vorbeifahren, selbst wenn sie mit 200 000 Kilometern in der Sekunde nebenherliefe, weil die Zeit für die Frau langsamer verstreicht als für einen Beobachter, der im Bahnhof stillsteht. Wenn Charlies Frau nach ihrem Spurt ihre Uhr mit der des Bahnhofs vergleicht, wird sie feststellen, dass sie relativ zur Bahnhofsuhr Zeit verloren hat. Die Zeit, die sie gerannt ist, war kürzer, als die, die sie im Bahnhof verbrachte!

Es mag seltsam anmuten, dass Albert Einstein die einfache Addition und Subtraktion von Geschwindigkeiten durch eine derart exotische Idee ersetzte. Aber er war getrieben von der Vision der grundlegenden Einfachheit der Physik. Suspendierte Lichtwellen machten keinen Sinn, deshalb mussten sie einer neuen Theorie weichen. Andere Phänomene warfen ähnliche Probleme auf. Um diese Anomalien zu lösen, musste der Physiker noch etwas anderes überwinden – und dieses Etwas war der Glaube an die Konstanz der Zeit.

In den Begriffen der Klondike-Logik entkam Einstein aus einer Gedankenschlucht. Die vermeintliche Konstanz der Zeit ist eine stillschweigende Annahme, die durch unsere alltägliche Wahrnehmung gestützt wird, wie er ausdrücklich anerkannte. Einsteins Anstrengung, die Paradoxa zu lösen, die er in der Physik seiner Zeit sah, führten ihn dazu, den traditionellen Deutungsrahmen seiner Wissenschaft anzuzweifeln, in dem die Zeit eine Konstante war. Er schuf einen neuen Rahmen, in dem dies nicht mehr der Fall war.

Problemen einen neuen Rahmen geben

Neue Wege für Probleme zu suchen, ist eine grundlegende Reaktion auf enge Gedankenschluchten und, bis zu einem gewissen Grad, auf andere Klondike-Dilemmata. Wenn die Art, wie man eine Situation darstellt, nirgendwo hinführt, handelt es sich möglicherweise um ein »unvernünftiges« Problem. Warum sollte man also nicht einen neuen Weg ausprobieren? Einstein erreichte genau dies, indem er sich vorstellte, wie es wäre, neben einer Lichtwelle zu reisen. Damit gewann er eine frische Perspektive, die zu überraschenden Konsequenzen führte. Er tat dies zehn Jahre später noch einmal, als er die Zeit in neuer Weise als etwas fasste, das sich von Ort zu Ort unterscheiden konnte.

Viele wissenschaftliche und populäre Autoren betonen die Wichtigkeit neuer Deutungsrahmen. Die Gestaltpsychologen wissen, wie effektiv es ist, die Vorherrschaft von alten Mustern zu durchbrechen, um zu innovativem Denken zu gelangen. Edward de Bono, bekannt für seine Anleitungen zum praktischen Denken, unterstreicht, wie sich vertraute Kategorien »einprägen« und einem flexibleren Denken im Weg stehen.[2]

Auch der Kognitionspsychologe Stellan Ohlsson hebt hervor, wie grundlegend es ist, zu einer neuen Auffassung von einem Problem zu gelangen. Dadurch kann die Lösung plötzlich in den geistigen Horizont rücken. Es kann sich für den Problemlöser eine wahrscheinliche Lösung abzeichnen, was als Gefühl der Einsicht erfahren wird. Ohlsson identifiziert drei verschiedene Bedingungen, die uns auffordern, zurückzutreten und darüber nachzudenken, ein Problem neu zu fassen:[3]

1. *Umstrukturieren, wenn man feststeckt.* Wenn eine gegebene Repräsentation des Problems ausweglos erscheint, empfiehlt es sich, eine neue zu suchen.

2. *Umstrukturieren, wenn neue Aspekte auftreten.* Wenn interessante und überraschende Aspekte eines Problems auftreten, ist dies die geeignete Zeit, um eine neue Repräsentation zu suchen, in deren Rahmen sie sich einfügen.

3. *Umstrukturieren, wenn eine Überlastung auftritt.* Wenn es schwierig ist, alle Informationen und Versuche zu überblicken, kann eine neue Repräsentation, die die Situation vereinfacht und ordnet, hilfreich sein.

Das folgende Ziffernspiel demonstriert, in welch dramatischer Weise sich die Schwierigkeit eines Problems reduzieren lässt, wenn man den Rahmen, in dem man es betrachtet, verändert.

Das Ziffernspiel: Zwei Spielgegner finden auf einem Tisch die Ziffern 1 bis 9 auf Papierschnipseln. Jeder Spieler nimmt abwechselnd einen Schnipsel. Das Ziel ist, drei Zahlen zu erhalten, die sich zu 15 summieren, bevor dies dem Gegner gelingt. Der erste Spieler beginnt, indem er die 2 wählt. Was ist der beste Gegenzug?

So unvertraut das Spiel sein mag, werden doch die meisten über das nötige Wissen verfügen, um den besten Gegenzug zu wählen und das gesamte Spiel hindurch einer perfekten Strategie zu folgen. Aber dieses Wissen richtig einzusetzen erfordert, die Situation in überraschender Weise in einen neuen Rahmen zu fassen.

Ich empfehle, sich nicht an dem Problem zu versuchen, da es nach einer neuen Sichtweise verlangt, die den meisten Menschen nicht geläufig ist. Es besteht aus einem so genannten magischen Quadrat. Addiert man jede Reihe, Spalte oder Diagonale, erhält man die gleiche Summe. Ein magisches Quadrat enthält die Zahlen 1 bis 9, die wie im Bild angeordnet werden. Mit dieser Hilfe ist es etwas einfacher herauszufinden, wie man das Ziffernspiel am erfolgreichsten spielt.

2	7	6
9	5	1
4	3	8

Das Geheimnis des Ziffernspiels ist dem des englischen Schreibspiels Ticktacktoe vergleichbar. Eine Zahl zu wählen ist so, als würde man ein X oder ein O in ein Kästchen setzen. Die Reihen, Spalten und Diagonalen entsprechen Situationen, in denen sich drei Zahlen zu 15 summieren. Wenn zum Beispiel ein Spieler mit der Wahl der 2 beginnt, bedeutet dies, dass er einen Eckzug macht. Wie beim Ticktacktoe muss man ihn sofort blockieren, um zu verhindern, dass er bei den beiden folgenden Spielzügen den Sieg erringt. Eine gute Ticktacktoe-Strategie besagt, dass man das mittlere Kästchen wählen muss, um nicht in die Falle zu tappen, das heißt die 5. Das Ziffernspiel ist ein wunderbares Beispiel dafür, wie radikal ein neuer Deutungsrahmen ein Problem verwandeln kann.

Das Spiel erinnert uns daran, dass Analogien keinesfalls die einzigen, aber mit die mächtigsten Instrumente sind, wenn es um die Schaffung eines neuen Rahmens geht. Bei den Entdeckungen von Archimedes im Badehaus, von Gutenberg beim Weinfest und von Darwin bei der Lektüre des Buches von Malthus spielten immer Analogien eine Rolle. Während diese Analogien sehr dehnbar waren und weit entfernte Kontexte miteinander in Beziehung setzten, sind viele fruchtbare Analogien weit näher an ihrem Thema. Professor Kevin Dunbar von der McGill University hat ausgiebige Forschungen über molekularbiologische Forschungslabors durchgeführt, um die schrittweise Entwicklung von Ideen zu untersuchen.[4] Dunbars Studien zeigen, wie häufig Analogien bei der Entwicklung von Theorien, Experimenten und Erklärungsmodellen eine Rolle spielen. Charakteristisch für die Biotechnologie ist allerdings, dass die gewählten Analogien eng mit dem Thema verwandt sind. Dunbar teilte sie in drei Kategorien: Analogien innerhalb des Organismus, zwischen verschiedenen Organismen und nicht-biologische Analogien. Beinahe alle Analogien fielen unter die ersten beiden Kategorien. Wo er auf nicht-biologische Analogien stieß, dienten diese immer zur Erklärung von Ideen und nicht zum Begründen neuer Theorien.

Kopernikus findet einen neuen Deutungsrahmen

Neue Repräsentationen helfen nicht nur bei Rätseln, sondern auch bei großen Geheimnissen. Ein Beispiel dafür ist eine der grundlegendsten wissenschaftlichen Entdeckungen aller Zeiten: die kopernikanische Wende. Das Problem, das es zu lösen galt, betraf die Bewegung der Himmelskörper, unter denen die Menschheit seit Jahrmillionen lebte. Seit alters her standen bestimmte Sterne unter dem Verdacht, sich unregelmäßig zu bewegen. Monat für Monat, Jahr für Jahr, zogen sie ihre Bahnen anders als die übrigen, bewegten sich in eine Richtung, nur um dann in die entgegengesetzte Richtung zu schwenken. Es waren jene Sterne, die wir heute als Planeten bezeichnen. Tatsächlich stammt das Wort Planet vom griechischen Wort *planasthai*, das »wandern« bedeutet – also genau das bezeichnet, was diese Sterne tun.

Wie die seltsamen Bahnen dieser wandernden Sterne gegen die Fixsterne zu erklären waren, wurde zur Schlüsselfrage der frühen Wissenschaft. Bis zur Mitte des zweiten Jahrtausends beherrschte eine einfache Vorstellung das Denken über dieses Problem, die von Aristoteles und der katholischen Kirche gestützt wurde. Die Erde stand danach im Mittelpunkt des Universums. Die Planeten rotierten langsam um die Erde, wobei ihre streng kreisförmigen Bahnen die perfekte Form der Natur ausdrückten. Woher aber kamen diese sonderbaren Richtungsumkehrungen, die scheinbaren Rückwärtsbewegungen der Planeten?

Der ägyptische Astronom Ptolemäus, der im 2. Jahrhundert nach Christus lebte, bot eine elegante Lösung an: Die Planeten rotierten nicht nur um die Erde, sie vollzogen auch kleinere, Epizykel genannte Kreise am Firmament. Man kann sich die Idee des Ptolemäus wie eine

Art Jahrmarktskarussell mit einem rotierenden Ausleger vorstellen, an dessen beiden Enden sich je ein kleines Riesenrad horizontal dreht. Was passiert, wenn wir eine Fahrt mit dem Karussell riskieren? In welche Richtung bewegen wir uns? Wenn der Ausleger im Uhrzeigersinn rotiert, geht die Fahrt nach rechts. Aber wenn das gegenläufige Rad schnell genug rotiert, fahren wir nach links, obwohl sich der Mast im Uhrzeigersinn bewegt. In gleicher Weise konnte Ptolemäus, indem er die richtige Rotationsgeschwindigkeit und den richtigen Raddurchmesser wählte, zu einer vernünftigen Erklärung für die gelegentliche Rückwärtsbewegung der Planeten gelangen.

Die ptolemäischen Vorhersagen hatten allerdings ihre Ungenauigkeiten. In den Jahren nach 1500 schlug der Astronom Nikolaus Kopernikus nach einer ausgiebigen Datensammlung ein radikal anderes Modell vor – eine grundlegend neue Theorie. Die Planeten rotierten danach nicht um die Erde, sondern um die Sonne – ebenso wie die Erde. Die ungewöhnliche Bewegung eines Planeten gegen die Fixsterne entstand aus der Kombination der Orbitalbewegung der Erde mit der Umlaufbewegung des Planeten. Die Annahme von Epizykeln war somit nicht erforderlich. Die Kreisbewegungen, von denen Kopernikus ausging, erlaubten keine hinreichend genauen Vorhersagen. Dieses Problem löste wenig später der Astronom Johannes Kepler. Er entwarf ein Modell, wonach sich die Planeten einschließlich der Erde in elliptischen statt in kreisförmigen Umlaufbahnen bewegten, ein Modell, das bis zum heutigen Tag gültig ist. Obwohl die Geschichte der kopernikanischen Wende weit komplexer ist, als sich in diesen wenigen Sätzen sagen lässt, lagen ihr zwei grundlegende Veränderungen der Repräsentation zugrunde: von einer geozentrischen zu einer heliozentrischen Konzeption der Kreisbewegung und von kreisförmigen zu elliptischen Umlaufbahnen.

Drei Probleme mit neuem Rahmen

Hier sind drei weitere Probleme, die dazu einladen, die Lösung durch eine neue Auffassung, durch Umdenken, zu finden. Anders als das Ziffernspiel erfordert keines davon ein besonderes Vorwissen.

Giraffen und Strauße: Es gibt eine seltsame neurologische Krankheit, bei der der Patient Teile, aber nicht das Ganze erkennen kann. Ein solcher Patient ging eines Tages in den Zoo und sah unter anderem 30 Augen und 44 Beine. Sein Begleiter erklärte ihm, dass es sich um Giraffen und Strauße handele. »Aha!«, sagte der Patient, dessen Denkfähigkeit von seiner Krankheit durchaus nicht beeinträchtigt war. »Ich weiß genau, wie viele Giraffen und wie viele Strauße ich gesehen habe.« Wie viele waren es?[5]

Die Bergbesteigung des Mönchs: Eines Morgens bei Tagesanbruch stieg ein Mönch auf einen Berg, um dort die Nacht über zu fasten und zu meditieren. Er schaffte es schließlich auf den Gipfel und verbrachte eine einsame Nacht in tiefer und ergebener Einkehr. Am nächsten Morgen machte er sich genau bei Tagesanbruch an den Abstieg auf demselben Pfad, ging jedoch nicht in der gleichen Geschwindigkeit, sondern wanderte bald schneller, bald langsamer, um die Natur zu genießen. Auf dem Weg nach unten erkannte er vertraute Orte. Er dachte darüber nach und stellte sich die Frage, ob er beim Abstieg jemals am selben Ort zur gleichen Zeit wie beim Aufstieg vorbeikäme. Muss es beim Abstieg einen Zeitpunkt seiner Wanderung gegeben haben, an dem er denselben Ort zur gleichen Zeit erreichte wie beim Aufstieg, oder nicht, und warum?

Die vier Käfer: Vier Käfer, die darauf trainiert sind, sich gegenseitig zu verfolgen, sitzen auf den vier Ecken eines Quadrats, dessen Seiten 30 Zentimeter messen. Beim Startbefehl beginnen die Käfer, aufeinander zu zu krabbeln. Jeder krabbelt nach Kräften, immer hinter dem Käfer vor ihm her. So bewegt sich jeder Käfer langsam nach rechts auf das Zentrum des Quadrats zu, weil der Käfer vor ihm nach rechts krabbelt und der Käfer hinter ihm sich ebenfalls nach rechts orientieren muss, um weiterhin seinem Vorgänger auf der Fährte zu bleiben, wie in der Abbildung dargestellt. Die Folge ist, dass sich die Käfer spiralförmig zur Quadratmitte bewegen und dort aufeinander treffen. Wie lang ist der Weg, den jeder von ihnen zurücklegt? Obwohl die Kurve komplex aussieht, erfordert dieses Problem keine Differenzialrechnung oder auch nur Algebrakenntnisse.

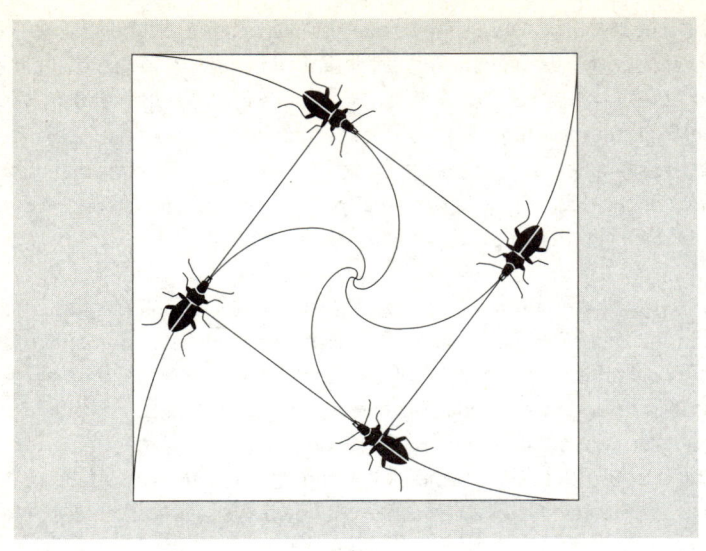

Lösungen durch neue Rahmen

Jedes dieser drei Rätsel lässt sich lösen, wenn man den Deutungsrahmen ändert.

◇ **Giraffen und Strauße:** *Mit Algebra lässt sich dieses Rätsel in ganz konventioneller Weise lösen. Man kann es als ein Annäherungsproblem verstehen, wie es in jedem Algebralehrbuch stehen könnte: Bilden Sie zwei Simultangleichungen und lösen Sie sie.*

Mit einer klug gewählten anderen Repräsentation erübrigen sich jedoch die Gleichungen. Man könnte nur auf die Vorderansichten der Giraffen und Strauße achten und die hinteren Gliedmaßen einen Moment lang vergessen. Die 30 Augen bedeuten, dass man 15 Tiere hat, zu denen 30 Vordergliedmaßen gehören. Die 14 übrigen Beine reichen für sieben Giraffen, sodass die übrigen Tiere die zweibeinigen Strauße sein müssen.

◇ **Die Bergbesteigung des Mönchs:** *Eine der wirkungsvollsten und allgemeinsten Problemlösungsstrategien besteht darin, vor dem geistigen Auge Sequenzen wie »Filme« ablaufen zu lassen, statt an Einzelbilder zu denken.*[6]

128

Dem Harvard-Psychologen Steven Kosslyn zufolge gibt es tatsächlich im recht wörtlichen Sinn ein »geistiges Kino«. Jüngste Forschungen zeigen, dass solche »Filmszenen« in einer Gehirnregion entstehen, die auch bei visuellen Sinneseindrücken aktiv ist. Die so genannte Region 17 wurde aktiv, wenn Kosslyn und seine Kollegen die Versuchspersonen aufforderten, etwas zu visualisieren. Wenn Menschen ihre Augen schließen und sich etwas vorstellen, projiziert das Gehirn Bilder so, als ob wir sie tatsächlich sehen würden.

Die Bergbesteigung ist leicht als Film vorstellbar. Überlegen Sie sich, wie der Mönch am ersten Tag den Berg hinaufsteigt, bei Tagesanbruch losgeht und Schritt für Schritt den Pfad entlanggeht. Nun denken Sie daran, wie er am nächsten Tag bei Tagesanbruch den Pfad wieder hinabsteigt. Legen Sie die beiden Filme ihrer Vorstellungskraft übereinander, sodass sie gleichzeitig ablaufen. Langsam kommen sich der aufsteigende und der absteigende Mönch näher. An einem Punkt müssen sie aneinander vorbei. In dem Moment, wo der absteigende Mönch des zweiten Tages den aufsteigenden des ersten trifft, ist der Mönch an beiden Tagen zur gleichen Zeit am selben Ort. Natürlich gibt es keine Möglichkeit vorauszusagen, wann dieser Moment eintreten wird, aber er muss sich irgendwo ereignen, weil der Mönch, der am zweiten Tag den Berg hinabsteigt, am Mönch vorbei kommen muss, der am ersten aufsteigt.

◇ **Die vier Käfer:** Häufig findet man eine gute Lösung für ein Problem, wenn man zuerst rät und dann die Schätzung zu erhärten sucht. Das Rätsel der vier Käfer enthält einen wichtigen Hinweis, nämlich die Information, dass zur Lösung keine Mathematikkenntnisse erforderlich sind. Die Antwort muss demnach sehr einfach sein: Die zurückgelegte Entfernung entspricht bei jedem Käfer der Seitenlänge des Quadrats, also 30 Zentimeter. Aber wie kann man dies überprüfen und rechtfertigen?

Es hilft, einen anderen geistigen Film an die Stelle des gegebenen zu setzen, um zu sehen, wie die Käfer die anfängliche Distanz von 30 Zentimetern, die sie trennt, »aufbrauchen« können. Stellen Sie sich also nicht vor, wie die Käfer krabbeln. Malen Sie sich stattdessen aus, dass an jedem Käfer ein Faden von 30 Zentimetern Länge festgebunden ist, der zum Käfer hinter ihm führt, welcher den Faden im Maul hält. Beim Startbefehl beginnt jeder Käfer, den Faden aufzufressen. Während jeder seinen Faden verschlingt, wird er zum Käfer vor ihm gezogen. Er gleitet jetzt eher, als dass er krabbelt, aber die Bewegungs-

richtung bleibt gleich. Wenn sich die Käfer im Zentrum des Quadrats treffen, haben sie jeder den ganzen 30 Zentimeter langen Faden gefressen und daher 30 Zentimeter zurückgelegt. (Eine ausführlichere Schilderung dieses Problems findet sich in meinem Buch Knowledge as Design.[7])

Kunst und Technik des Umdenkens

Woher kommen neue und bessere Denkmuster? Man muss sie suchen! Eine bessere Repräsentation für ein Problem zu finden, ist selbst ein Problem: ein Planungsproblem, die Suche nach einer neuen Methode, um das ursprüngliche Problem effektiver anzugehen. In *Human Problem Solving* sprechen Alan Newell und Herbert Simon von »Planungsräumen«, die es neben direkten Ansätzen zur Lösung eines Problems gebe.[8] Die Suche nach Möglichkeiten in einem Planungsraum kann konkrete Pläne oder Ansätze erbringen, die dann bei der Behandlung des ursprünglichen hilfreich sind.

Der Haken ist natürlich, dass das Aufspüren eines besseren Blickwinkels selbst wahrscheinlich »unvernünftig« und nicht notwendigerweise leichter ist als die Lösung des Problems. Auch diese Suche vollzieht sich gewöhnlich in einer Klondike-Wildnis. Man kann nicht einfach durch vernünftige Überlegungen zu einer besseren Repräsentation gelangen, sondern muss eine Reihe von Möglichkeiten erkunden, Plateaus überqueren, Gedankenschluchten und Oasen hinter sich lassen, die einem auf dem Weg begegnen. Ob diese Suche nach einem Plan leichter ist als die Lösung des ursprünglichen Problems, lässt sich nur schwer vorhersagen. Aber manchmal ist es so.

Obwohl es keine Formel für die Suche nach einer guten Repräsentation gibt, bietet eine nähere Betrachtung der eben genannten Fälle einige Strategien an. Bei den Giraffen und Straußen müssen wir einen Weg finden, um die gegebene Information – 30 Augen und 44 Beine – zu unserem Vorteil zu nutzen. Sich nur die Vorderseite der Tiere vorzustellen, ist eine Möglichkeit, die Information sinnvoll zu nutzen. Ein anderes Vorgehen könnte in einem Prozess des »Ausradierens« unserer Vorstellung von den Vorderansichten der Tiere bestehen. »Radiert«

man die 30 Augen und 30 Vorderbeine aus, erhält man 14 Hinterbeine, die zu den sieben Giraffen gehören müssen.

Die geistigen Filme bei der Bergbesteigung des Mönchs sind das Ergebnis des Versuchs, den aufsteigenden und den absteigenden Mönch miteinander zu vergleichen. Man benötigt Gegensätze, um Vergleiche anzustellen: einen Lacksplitter und ein Farbmuster, eine echte Banknote und eine mögliche Fälschung, ein Familienfoto und ein anderes Bild, das bei derselben Gelegenheit aufgenommen wurde. Was die vier Käfer betrifft, kann man sich den ersten Schritt eines Käfers in Richtung auf das Tier vor ihm vorstellen. Natürlich bewegt sich auch dieser Käfer etwas und ändert dadurch die Richtung seines Nachfolgers. Verfolgt man die Idee weiter, erhält man einen geistigen Film, in dem jeder Käfer einen Faden auffrisst, der mit dem Tier vor ihm verbunden ist.

Der Wechsel von einem geozentrischen zu einem heliozentrischen Weltbild bei Kopernikus war zwar grundlegend für die Philosophie seiner Zeit, aber in den Begriffen der Repräsentation nicht so radikal. Kreisförmige Umlaufbahnen bildeten auch hier die Grundelemente, und alles hing davon ab, was als ihr Zentrum gedacht wurde. Einsteins Gedankenexperiment ist vielleicht das bemerkenswerteste unter unseren Beispielen. Doch seine Idee, neben einer Lichtwelle zu reisen, ist Teil einer Strategie, die in der Forschung immer wieder verwendet wird: der Versuch, etwas Bewegtes zum Stillstand zu bringen. Stroboskoplicht wird etwa dazu benutzt, um in ähnlicher Weise die Bewegung von tropfenden Wasserhähnen oder rotierenden Ventilatoren einzufrieren.

Nichts von alledem suggeriert, dass gute Repräsentationen leicht auffindbar sind. Schlimmer noch: Es kann sehr lange dauern, eine neue Sichtweise, die intuitiv vielversprechend erscheint, zu verfolgen, und es ist immer möglich, dass sie zu keinem Ergebnis führt. Unsere Beispiele zeigen allerdings, dass gute Repräsentationen nicht einfach aus dem Nichts kommen. Üblicherweise werden dabei vertraute Denkmuster durch Analogien an das neue Problem angepasst. Man kann klug vorgehen, wenn man nach aussichtsreichen Wegen sucht, um einem Problem einen neuen Deutungsrahmen zu geben.

8

Alles, nur nicht das – also abrücken!

Denken unter Druck

Einem Physikstudenten wurde in einer Prüfung diese Aufgabe gestellt:[1]

◆ **Das Barometer:** Erklären Sie, wie Sie ein Barometer benutzen können, um die Höhe eines Hochhauses zu messen.

Der Student antwortete so: »Nehmen Sie das Barometer mit auf das Dach des Gebäudes, binden Sie es an ein Seil, lassen Sie es auf die Straße hinunter und ziehen sie es dann wieder hoch, wobei Sie die Länge des Seiles messen. Die Seillänge entspricht der Höhe des Gebäudes.«

Die Antwort war zweifellos richtig, aber es war nicht die, die der Professor im Sinn hatte. Das Barometer war ein Hinweis darauf, den Luftdruck zur Höhenmessung einzusetzen. Auf dem Dach des Hochhauses würde der Luftdruck geringer sein als am Fuß. Der Unterschied des Luftdrucks würde es erlauben, die Höhe des Gebäudes zu berechnen.

Der Professor überlegte, wie er auf die widerspenstige Antwort des Studenten reagieren sollte. Er rief einen anderen Professor als Gutachter. Der Student wurde gebeten, das Problem erneut zu lösen und sich dabei seiner Physikkenntnisse zu bedienen. Am Ende fand der Student mehrere weitere Antworten, ohne sich auf den Luftdruck zu beziehen:

• Nehmen Sie ein Barometer mit auf das Dach des Hauses und lehnen Sie sich über den Rand des Daches. Lassen Sie das Barometer fallen und messen Sie die Falldauer mit einer Stoppuhr. Berechnen Sie dann mit der Formel $S = 1/2\ at^2$ (die besagt, dass die Fallentfernung gleich der Hälfte der Gravitationsbeschleunigung im Quadrat zur verstrichenen Zeit beträgt) die Gebäudehöhe.

• Nehmen Sie das Barometer an einem sonnigen Tag mit nach draußen und messen Sie seine Höhe, die Länge seines Schattens und die Länge des Gebäudeschattens. Bestimmen Sie die Gebäudehöhe durch Verwendung der einfachen Proportion.

• Nehmen Sie das Barometer und beginnen Sie, die Treppenstufen des Gebäudes hinaufzusteigen. Während Sie dies tun, markieren Sie mit dem Barometer vertikal Striche, wodurch Sie die Höhe des Gebäudes in Barometereinheiten erhalten.

• Binden Sie das Barometer ans Ende einer Leine, schwingen Sie es wie ein Pendel und bestimmen Sie mit großer Genauigkeit den Wert g (Gravitationsbeschleunigung) auf dem Niveau der Straße und auf der Spitze des Gebäudes. Aus dem Unterschied der Werte von g lässt sich prinzipiell die Gebäudehöhe berechnen.

• Nehmen Sie das Barometer mit in den Keller, klopfen Sie an die Tür des Hausmeisters und sagen Sie: »Lieber Herr Hausmeister, ich habe hier ein sehr schönes Barometer. Wenn Sie mir sagen, wie hoch dieses Gebäude ist, erhalten Sie es zum Geschenk …«

Diese Geschichte erinnert uns daran, dass nicht alle Probleme nur eine richtige Antwort haben. Ronald Finke bietet hier eine nützliche Unterscheidung nach »konvergenten« und »divergenten« Einsichten an.[2] Beide verlangen nach Geistesblitzen. Eine konvergente Einsicht ist erforderlich, wo es um eine einzige Lösung für ein schwieriges Problem geht, eine divergente Einsicht dagegen, wenn es viele Lösungen gibt.

Die Schwierigkeit besteht darin, dass eine Lösung, auch wenn sie nur scheinbar richtig ist, andere Antworten tendenziell ausschließt. Das ist eine Oasenfalle, von der wir abrücken müssen. Problemlösungen sind häufig offener, als es aussieht. Die Möglichkeiten sind endlos, und die Herausforderung besteht darin, die guten Stecknadeln in einem Heuhaufen der Mittelmäßigkeit zu finden.

Abrücken wie Alexander der Große

Die Geschichte von Alexander dem Großen und dem Gordischen Knoten ist ein klassisches Beispiel für das Abrücken von einer konventionellen Lösung durch eine Veränderung der Regeln. Der griechischen Legende nach wurde der Knoten von Gordios, dem König von Phrygien geknüpft. Ein Orakelspruch sagte voraus, dass derjenige, der den Gordischen Knoten öffnen könne, ganz Asien beherrschen würde. Alexander erkannte in dieser Prophezeiung sein Schicksal. Der Knoten war berühmt dafür, dass alle, die sich daran versuchten, scheiterten, doch Alexander war kein Mann, der sich mit Feinheiten aufhielt. Er schwang sein Schwert und »löste« den Knoten, indem er ihn durchschlug.

Alexander der Große wäre mit Einstein einer Meinung gewesen, hätte er hören können, was dieser über Probleme zu sagen hatte:[3]

Die Formulierung eines Problems ist häufig wesentlicher als die Lösung, die nur eine Frage mathematischer oder experimenteller Fertigkeiten sein kann. Eine neue Frage aufzuwerfen, neue Möglichkeiten oder alte Fragen aus einem neuen Blickwinkel zu betrachten, erfordert kreative Vorstellungskraft und kennzeichnet wirklichen Fortschritt in der Wissenschaft.

Sicherlich sah Alexander eine alte Frage aus einem neuen Blickwinkel, auch wenn er weniger an Wissenschaft und mehr an Eroberungen interessiert war. Alexanders Taktik ist ebenso beeindruckend wie ärgerlich. Man kann seine Entschlossenheit und die Leichtigkeit, mit der er die konventionellen Grenzen überschritt, bewundern. Gleichzeitig schummelte er. Was immer die offizielle Prophezeiung besagte, selbst wenn sie sich nicht genau über die Art und Weise ausließ, wie der Knoten »geöffnet« werden sollte, es war sicher nicht im Sinne der Götter, den Knoten einfach zu durchtrennen. Oder doch? Vielleicht war das genau die zupackende Lösung, nach der die Bewohner des Olymps verlangten. Alexander jedenfalls eroberte danach Asien und noch einiges mehr.

Diese Geschichte von Alexander dem Großen ist ein Paradebeispiel für das, was Psychologen zuweilen »Problemfindung« nennen. Problemfindung ist der stille Partner der Problemlösung. Der Ausdruck bezeichnet die Idee, dass Probleme zuerst einmal ausfindig gemacht und häufig neu definiert werden müssen, damit man sie lösen kann. Anfängliche Visionen eines Ergebnisses, so vage sie auch sein mögen, können sich als verführerische Oasen erweisen, die uns davon abhalten, eine bessere oder einfach eine alternative und interessantere Lösung zu finden.

Die NASA rückt von einer Problemstellung ab

Eine andere pointierte Geschichte des Problemfindens sind die frühen Raumfahrtprogramme der NASA. Um die Astronauten sicher aus dem Orbit zurückzubringen, musste man das knifflige Problem des Wiedereintritts in die Erdatmosphäre lösen. Die Hitze, die durch die Reibung entstand, wenn eine Raumkapsel mit einer Geschwindigkeit von 8 Kilometern pro Sekunde in die Atmosphäre eintrat, würde die meisten Materialien verglühen lassen, einschließlich der Astronauten. Schon früh war sich die NASA des Problems bewusst: Man musste ein Material finden, das 2000 Grad Celsius aushält. Beträchtliche Summen wurden für die Suche nach einem solchen Material ausgegeben, doch ohne Ergebnis. Irgendwann rückte ein Wissenschaftler der NASA von dieser Aufgabenstellung ab, um das Problem neu zu definieren. Nicht ein Material mit diesen Widerstandseigenschaften zu finden, sondern die Astronauten beim Eintritt in die Atmosphäre zu kühlen, war danach das erste Ziel.[4]

Dieses Umdenken führte zu einer wahrhaft eleganten Lösung, dem abweisenden Hitzeschild. Das keramische Material des Schildes verbrennt beim Wiedereintritt langsam. Während es pulverisiert wird, trägt der Luftstrom die Hitze von der Kapsel und den Astronauten fort. Die Lösung funktioniert also in entgegengesetzter Weise zur ursprünglichen Aufgabenstellung: Das Material war durchaus nicht hitzebeständig, es gab der Hitze vielmehr nach, wodurch jedoch genau der Zweck erreicht wurde, die Astronauten kühl zu halten.

Ein anderes klassisches Beispiel der Problemfindung ist die Entwicklung der »Post-its« der Firma 3M. Einer der Erfinder bei 3M hatte an einem neuen Klebstoff gearbeitet, der leider nicht gut klebte. Das Unternehmen befürchtete schon, das neue Produkt würde scheitern.

Ein wichtiger Bestandteil der Problemfindung ist aber, wie in Kapitel 1 erwähnt, die *neue Zweckbestimmung* oder *Umwidmung*. Der Erfinder fragte sich, wofür ein Klebstoff geeignet sein könnte, der nicht gut haftet. Zuerst dachte er an ein selbstklebendes Schwarzes Brett. Leider blieben dort neben den Nachrichten auch Staub und Dreck hängen, sodass dieses Produkt scheiterte. Ein Kollege hatte die zündende Idee, als er ein Gesangbuch in Händen hielt. Er bemerkte, dass Lesezeichen aus dem Gesangbuch unweigerlich herausfielen. Mit dem neuen Klebstoff würde sich dies vermeiden lassen. Das Ergebnis waren selbstklebende Zettel und ein überaus erfolgreiches Produkt, die so genannten »Post-its«.[5]

Warum ist die Problemfindung so wichtig?

Problemfindung ist ein weitreichendes Spiel mit vielen Variationen, die bei unseren vier Strategien »umherschweifen«, »aufspüren«, »umdenken« und »abrücken« helfen können.[6] Sie reichen vom anfänglichen Erkennen scheinbar unkomplizierter Probleme oder Möglichkeiten über die Suche nach alternativen Definitionen von Problemstellungen einschließlich ihrer Umwidmung bis hin zur Neudefinition von Problemen, um dem Denken neue Wege zu öffnen und so von alten Ansätzen abzurücken:

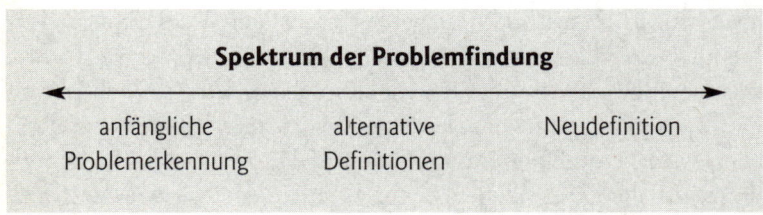

Spektrum der Problemfindung

| anfängliche Problemerkennung | alternative Definitionen | Neudefinition |

Von der anfänglichen Problemerkennung abgesehen ist der große Feind der Problemfindung das, was man »Lösungsfixiertheit« nennt. Wir neigen stark dazu, uns rasch mögliche Lösungen vorzustellen und uns auf sie zu konzentrieren. Die meisten Menschen treten nur widerwillig zurück und fragen, worin ein Problem wirklich besteht oder welche Möglichkeiten es gibt, es auf andere Weise zu betrachten.

Lösungsfixiertheit behindert zweifellos die Kreativität. Man muss von voreiligen Lösungsvisionen abrücken. Es gibt deutliche Belege dafür, dass die Problemfindung ein wesentlicher Bestandteil des kreativen Denkens ist. Eine der am besten bekannten Studien erarbeiteten die Psychologen Jacob Getzels und Mihaly Csikszentmihalyi in den siebziger Jahren des 20. Jahrhunderts.[7] Sie beobachteten, wie die Studenten einer Kunsthochschule die Aufgabe bewältigten, ein Stillleben mit bestimmten Gegenständen zu malen. Die Studenten wurden nicht nur von den Psychologen beobachtet, ihre Arbeiten wurden auch von einem Gremium beurteilt. Die Analyse berücksichtigte eine Reihe von Merkmalen der Problemfindung: die ausführliche Umgruppierung der Gegenstände, die Änderung des Ansatzes auf halbem Weg, die Bemühung, tiefe menschliche Themen als Teil des Stilllebens darzustellen sowie den Zweifel der Probanden, ob das Werk fertig sei, selbst wenn es den Anschein hatte. Die Forscher fanden einen engen Bezug dieser Merkmale zu der vom Gremium begutachteten Kreativität der Stillleben und auch zur allgemeinen Einschätzung der Kreativität der Studenten durch die Professoren. Darüber hinaus zeigte sich eine ausgeprägte Korrelation der Kreativitätseinschätzung mit der Fähigkeit der Studenten zur Problemfindung, wie sie von den Psychologen festgestellt wurde.

Die Autoren führten einige Jahre später eine Anschlussstudie durch, um zu überprüfen, ob die kreativsten Studenten ihr Niveau gehalten hatten. Bemerkenswerterweise entdeckten sie dabei, dass jene unter ihnen, die sich intensiver mit der Problemfindung beschäftigt hatten, mit größerer Wahrscheinlichkeit professionelle, kreative Atelierkünstler geworden waren, deren Werke Anerkennung fanden. Eine weitere Studie zeigte, dass es allerdings mit der Zeit zunehmend schwieriger wurde, aus der ursprünglichen Einschätzung der Problemfindungsfähigkeit Prognosen für den späteren Erfolg zu ziehen.

In anderen typischen Kreativitätsfeldern fanden sich weitere Hinweise auf einen Zusammenhang zwischen Kreativität und Problemfindung. Bei einer Wiederholung des Experiments von Getzels und Csikszentmihalyi benutzte Michael T. Moore von der Georgia Southern University die gleichen Prozeduren und ähnliche Problemsituation im Hinblick auf die schriftlichen Arbeiten von Studenten.[8] Wieder fand sich eine Beziehung zwischen dem Niveau der Problemfindung und der Originalität des künstlerischen Produkts. Die Studenten, die sich ausgiebiger mit der Formulierungsphase des Problems befassten und eher bereit waren, ihren Essay in der Lösungsphase zu ändern, erzielten die höheren Kreativitätseinstufungen.

In *Surpassing Ourselves*, einem Buch über das Wesen des Expertenwissens, prägten die Psychologen Carl Bereiter und Marlene Scardamalia den Begriff »Verheißungsfülle« im Hinblick auf das Gespür von Menschen, in einem bestimmten Feld potenzielle, lohnende Probleme ausfindig zu machen.[9] Während Außenseiter, die mit einem Feld nicht vertraut sind, nur geringe Chancen haben zu erkennen, was der Mühe lohnt und was nicht, können Menschen mit Erfahrung eine Nase dafür entwickeln, was vielversprechend ist. Bereiter und Scardamalia legen nahe, dass bei solchen Urteilen drei Faktoren ausschlaggebend sind: eine klare Zielvorstellung, ein Bewusstsein für die eigenen Fähigkeiten und das Erkennen weiterer Möglichkeiten. Ein Geschäftsmann ebenso wie eine Physikerin, die beide auf ihre Art neue Welten erobern wollen, tun gut daran, sich zu fragen: »Passt meine Vorgehensweise zu dem, was ich erreichen möchte? Gibt es die Chance, dass ich es bewerkstelligen kann? Und wenn es mir gelingt, wird es zu weiteren Ergebnissen führen?«

Probleme neu definieren, um alten Denkmustern zu entkommen

Kehren wir noch einmal zu dem klassischen Neun-Punkte-Problem aus Kapitel 3 zurück. Die Herausforderung bestand darin, vier gerade Linien zu ziehen, die durch alle Punkte führen, ohne den Stift abzusetzen. Sobald wir uns von dem Irrglauben befreit hatten, in den Grenzen des Quadrats bleiben zu müssen, war es recht einfach, die Linien zu ziehen.

Aber die Lösung, die wir bereits kennen, ist ebenfalls eine Falle, eine Oase der falschen Verheißung. Nehmen wir an, wir schließen die bekannte Lösung aus. Können wir alle neun Punkte kreuzen, indem wir weniger als vier Linien ziehen?

Hier ist eine Lösung. Konzentrieren Sie sich auf die mittlere Punktsäule. Falten Sie die beiden Seiten, sodass die linke und die rechte Punktsäule die mittlere berühren. (Betrachten Sie die Illustration.) Nehmen Sie nun einen Stift und zeichnen Sie eine vertikale Linie, mit der Sie gleichzeitig alle drei vertikalen Säulen markieren. Wenn Sie das Papier wieder auseinander falten, erkennen Sie, dass alle neun Punkte von einer einzigen vertikalen Linie durchkreuzt werden.

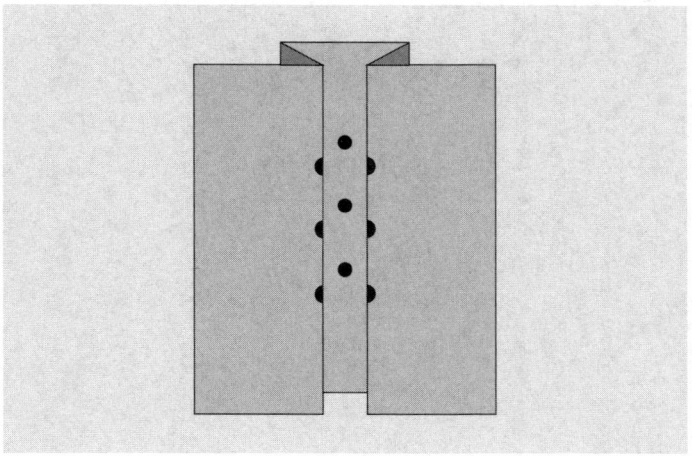

»Aber Sie können das Papier nicht falten!«, so lautet der natürliche Einwand.

Wer behauptet das? Nichts in der Problemstellung besagt, dass man das Papier nicht falten darf.

»Nun, das versteht sich doch von selbst«, könnte man entgegenhalten.

Tatsächlich? »Unvernünftige Probleme« und damit auch solche Rätsel, die wir Kopfzerbrecher genannt haben, stecken voller Fallen, bei denen das stillschweigend Akzeptierte hinterfragt werden muss. Hier gilt die Regel: Alles, was nicht ausdrücklich verlangt ist, ist offenes Gelände.

Für das Neun-Punkte-Problem könnte es auch diese unkonventionelle Lösung geben: Zeichnen Sie die neun Punkte mit einer leichten Neigung auf ein Blatt Papier und rollen Sie es zu einem Zylinder. Drücken Sie den Zylinder platt und ziehen Sie nun (wie in der Abbildung) eine durchlaufende Linie, die sich spiralförmig um den Zylinder windet. Wieder haben Sie mit einer geraden Linie alle neun Punkte gekreuzt.

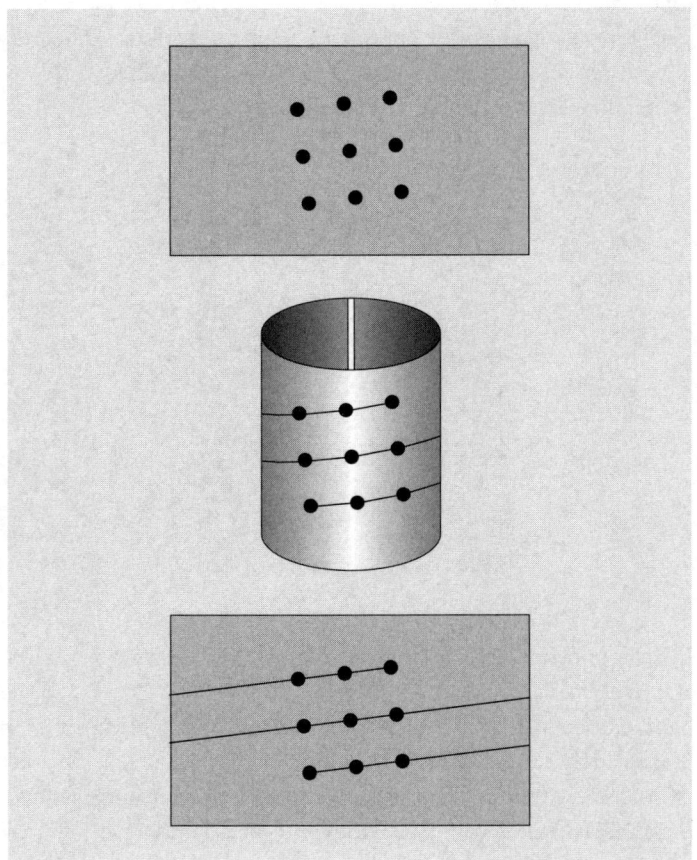

Zwei »Barometer«-Rätsel

Es ist aufschlussreich, mit solchen Lösungsmöglichkeiten im Hinterkopf einige unserer Rätsel wieder aufzugreifen. Hier sind die ersten zwei Ratespiele aus diesem Buch, wobei die offizielle Lösung jeweils ausgeschlossen ist. Gibt es hier ähnliche Lösungen, wie sie der Physikstudent für die ihm gestellte »Barometer«-Aufgabe vorschlug? Versuchen Sie es.

◆ **Eine andere Münze:** Jemand bringt eine alte Münze zu einem Museumsdirektor und bietet sie ihm zum Kauf an. Auf der Münze findet sich die Datumsprägung »540 v. Chr.«. Statt einen Kauf zu erwägen, ruft der Museumsdirektor die Polizei, obwohl an dem Datum nichts falsch ist. Warum?

◆ **Eine andere Sahara:** Sie fahren in einem Geländewagen durch die Sahara und stoßen auf einen Toten, der mit dem Gesicht nach unten im Sand liegt. Es gibt ringsum keine Spuren. Seit Tagen wehte kein Wind. Sie schauen in den Rucksack auf dem Rücken des Toten und finden dort keinen ungeöffneten Fallschirm. Was finden Sie?

Wie üblich können Sie es jetzt selbst versuchen, bevor Sie weiterlesen.

Lösungen

An dieser Stelle müssten die offiziellen Antworten folgen, doch es gibt im Land der »Barometer«-Rätsel keine offiziellen Antworten. Das Beste, was wir tun können, ist, über mögliche Lösungen zu spekulieren.

▷ *Eine andere Münze: Die Krux dieses Rätsels ist die Münze. Wie könnte die Münze trotz ihrer Datierung auf 540 v. Chr. keine Fälschung sein? Vielleicht ist sie eine Spielmünze aus einem alten Spiel. Das Museum wäre dann ein Spielemuseum. Oder die Münze ist eine seltene Gedenkmünze, die geprägt wurde, um einen Anlass aus dem Jahre 540 v. Chr. zu feiern. Dann wäre das Museum ein Münzmuseum.*

In beiden Fällen bleibt zu fragen, warum der Museumsdirektor den Verkäufer der Münze verhaften lässt. Vielleicht weiß der Direktor, dass die Münze gestohlen und der Mann ein Hehler ist. Vielleicht ist die Münze gar nicht alt, sondern neu, und der Verkäufer versucht, sie als antik auszugeben, was der Direktor natürlich durchschaut.

Hören sich Antworten wie diese so elegant an wie die offizielle? Natürlich nicht. Das verwundert kaum, da beide Rätsel für eine einzige Antwort konzipiert wurden. Wir dürfen nicht erwarten, dass Lösungen, die über die ursprüngliche Anlage von »unvernünftigen« Problemen hinausgehen, immer so gut funktionieren wie die Originallösung. Der Trick besteht darin, überhaupt auf plausible Erklärungen zu kommen.

◇ **Eine andere Sahara:** *Was könnte man außer einem ungeöffneten Fallschirm in dem Rucksack des Toten finden? Wie wäre es mit einer Persenning, die wie ein Fallschirm gefaltet ist und aus dem Toten ein Mordopfer macht? Eine Untersuchung sollte klären, in welche Falle er getappt ist. Vielleicht enthält der Rucksack auch einen Wedelbesen. Bevor er die Zyankalikapsel schluckte, fegte der Mann den Sand, um seine Fußspuren zu verwischen, damit ein Suchtrupp ihn nicht frühzeitig finden konnte und wir anderen genug zum Rätseln haben. (Natürlich hätte er den Besen im Sand vergraben sollen, um uns und den Suchtrupp noch länger im Dunkeln tappen zu lassen.)*

Noch einmal: Erlauben uns diese Lösungsvorschläge ein »Heureka!«, wie wir es bei den offiziellen Antworten empfunden haben? Nein, aber das wäre auch zu viel erwartet. Wichtig ist allein zu erkennen, dass sich die offiziell vorgegebene Lösung anzweifeln lässt. In der Klondike-Welt ist die Suche nach dem Geistesblitz oftmals ein Kampf, um den Oasen der falschen Verheißung zu entkommen – und »falsch« heißt dabei nicht immer »irrig«, sondern manchmal auch nur »abgenutzt«. Der härteste Teil bei der Suche nach einem bahnbrechenden Geistesblitz kann darin bestehen, sich von einer befriedigenden, aber abgenutzten Lösung zu verabschieden.

Wo liegt das wirkliche Problem?

Mit irgendeiner besonderen Aufgabe oder einer chaotischen Situation konfrontiert, gelangen Menschen häufig zu Antworten, die von ihrer ursprünglichen Erwartung abrücken und bessere Lösungen bieten. Die Frage nach dem wirklichen Problem hat einen paradoxen Charakter, weil es natürlich kein »wirkliches Problem« gibt. Was das Problem ist, kann auf vielfältige Weise beantwortet werden. Und doch gibt die Frage dem Verstand einen sachten Hinweis in eine nützliche Richtung. Sie fordert dazu auf, das Grundlegende einer Situation zu erfassen sowie ein tieferes und allgemeineres Verständnis davon zu finden, was ein Problem sein könnte.

Nach dem wirklichen Problem zu fragen ist eine Strategie, die sich in Problemsituationen leicht anwenden lässt. Hier sind zwei Aufgaben, an denen Sie sich vielleicht versuchen wollen. Betrachten Sie, wie das wirkliche Problem definiert werden könnte und welche Lösung dieses nahe legt.

◆ **Der Fahrstuhl:** Diese Aufgabe führt der Pädagoge und Experte für kritisches und kreatives Denken, Arthur Costa, gerne an. In einem Bürogebäude gab es einen chronisch langsamen Fahrstuhl. Die Mieter ärgerten sich ständig darüber und trugen ihre Klagen der Hausverwaltung vor, die Experten zurate zog. Diese untersuchten die Gebäudekonstruktion und stellten fest, dass der Einbau eines neuen, schnelleren Fahrstuhls den Abbruch und Neubau eines Teils des Hauses erfordere, was zu teuer wäre. Wo liegt das wirkliche Problem, und was könnte man dagegen unternehmen?

◆ **Die Hirsche:** Ein Forschungsinstitut lag inmitten eines großen Waldgebietes. Eine einzige Straße mit einem Zaun auf jeder Seite führte zum Tor des Institutsgebäudes. Es kam ab und zu vor, dass Mitarbeiter des Instituts auf dieser Straße einen Hirsch anfuhren. Eine Untersuchung der Fälle zeigte, dass dies gewöhnlich in der Abenddämmerung geschah. Was ist hier das wirkliche Problem, und wie ließe es sich beheben?

Lösungen

Obwohl offene Probleme keine eindeutig richtigen Antworten haben, kann man sicherlich Lösungsmöglichkeiten anbieten. Hier einige Kommentare zu den beiden Fällen:

◇ **Der Fahrstuhl:** *Diesen Fall gab es tatsächlich und somit auch eine bestimmte Lösung – nicht die einzig mögliche, aber die realisierte. Die Hausverwaltung* suchte nach Alternativen und wandte sich an einen anderen Architekten. Dieser erfasste die Situation und fand einen bemerkenswert erfolgreichen Ausweg, der nur wenig Geld kostete. Die Verwaltung ließ in der Halle vor dem Fahrstuhl einen großen Spiegel anbringen. Die Zeit, in der sie auf den Fahrstuhl warteten, verbrachten die Hausbewohner nun damit, sich im Spiegel zu bewundern, ihr Haar in Ordnung zu bringen und Flusen von ihrer Kleidung zu zupfen. Die Beschwerden an die Hausverwaltung hörten weitgehend auf. Wie die Geschichte von Alexander dem Großen illustriert diese Geschichte, dass die Neudefinition eines Problems äußerst wirkungsvoll sein kann: von »der Fahrstuhl ist zu langsam« zu »die Leute langweilen sich beim Warten«.

Es lohnt sich trotzdem, nach weiteren Problemdefinitionen zu suchen, die zu anderen Lösungen führen. Dies sind einige Möglichkeiten:

- Die Hausbewohner benutzen den Fahrstuhl zu häufig. Machen Sie die Treppe attraktiver und starten Sie eine Gesundheitskampagne, um die Hausbewohner zum Treppensteigen zu bewegen.
- Der Fahrstuhl wird langsamer durch Leute, die ihn nicht nur zum Hoch-, sondern auch zum Hinunterfahren benutzen. Bringen Sie lustige Plaketten an, die die Bewohner auffordern, ihrem Körper einen Gefallen zu tun und über die Treppe nach unten zu gehen.
- Es ist den Bewohnern unangenehm, beim Warten stehen zu müssen. Stellen Sie Stühle und Bänke in der Halle auf, dann werden sie geduldiger sein.
- Möglicherweise gibt es bestimmte Stoßzeiten. Regen Sie an, dass die Büros im Gebäude ihre Öffnungszeiten leicht versetzen. Vielleicht lassen sich so ohne großen Aufwand Engpässe vermeiden.
- Eventuell besteht das Problem darin, dass die Büros mit dem meisten Publikumsverkehr über das ganze Gebäude verteilt sind. Versuchen Sie, diese Firmen dazu zu bewegen, nach und nach in die unteren Etagen umzuziehen.

◇ **Die Hirsche:** Bei diesem Problem neigt man leicht zu einer bestimmten Sichtweise, durch die sich schnell eine Lösung aufdrängt. Man nimmt zum Beispiel an, dass der Zaun entlang der Straße zu niedrig ist, und zieht ihn höher. Ein höherer Zaun verhindert jedoch die freie Bewegung der Hirsche auf dem Gelände und ruiniert die schöne Sicht auf den Wald von der Straße aus. Aber wie sonst lässt sich das wirkliche Problem beschreiben? Vielleicht so?

- Die Hirsche sind in der Dämmerung aktiver und weichen den Autos daher nicht so stark aus. Ändern Sie die Arbeitszeiten, damit zu dieser Zeit weniger Verkehr herrscht.
- Die Hirsche leben in einem begrenzten Lebensraum, der für sie gefahrvoll ist. So schön es ist, sie im Wald zu haben, wäre es besser, sie umzusiedeln.
- Die Hirsche werden von den Autos geblendet. Stellen Sie Schilder auf, um die Autofahrer daran zu erinnern, die Scheinwerfer abzublenden.
- Die Autofahrer fahren zu schnell, sodass ihnen die Hirsche nicht ausweichen können. Stellen Sie Schilder zur Geschwindigkeitsbegrenzung auf und lassen Sie Schwellen zur Verkehrsberuhigung anlegen.
- Die Zusammenstöße ereignen sich vielleicht nur an bestimmten Punkten. Lassen Sie dort Schwellen zur Geschwindigkeitsreduzierung aufpflastern.

Spontane Einfälle

Vor einigen Jahren erzählte meine Frau der Familie ein einfaches Rätsel: »Was ist schöner, wenn es feucht statt trocken ist?« Die offizielle Antwort lautet »ein Regenbogen«. Er ist schön, wenn es feucht ist, und wenn es trocken ist, gibt es überhaupt keinen. Aber mein ältester Sohn Ted fand schnell eine ganz andere Antwort: Bo Derek.

Durch sein Wortspiel – der Vorname »Bo« wird wie das englische Wort für Bogen »bow« ausgesprochen – verwandelte Ted die nicht sehr schwierige Frage in ein »unvernünftiges« Rätsel mit einer unerwarteten Lösung. Spontaner Humor besteht häufig aus solchen spontanen Geistesblitzen.

Kleine Erkenntnisse (wie diese) und große Entdeckungen (wie Gutenbergs Buchdruck), die scheinbar aus dem Nichts entstehen, sind bei Erfindungen gang und gäbe. Humor aus dem Stegreif hat jedoch eine interessante Besonderheit. Teds Verstand schien bereits im Vorhinein auf alles andere als auf eine sinnvolle Antwort eingestellt gewesen zu sein: nicht auf den Regenbogen und nicht auf Bo Derek, sondern auf einen guten Witz.

Es gibt in diesen Fällen offenbar so etwas wie ein »verkehrtes Interpretationsmuster«. Manchmal muss man eine Sache absichtlich falsch verstehen, um ihr eine andere, unbeabsichtigte und unerwartete Wendung zu geben. Verkehrte Interpretationen sind eine klare Reaktion auf eine Oasenfalle, der man nur entgeht, wenn man von der konventionellen Deutung abrückt.

Kinder erlernen das Muster unkonventioneller Interpretationen von klein auf und bewahren es. Es wirkt in allen möglichen Situationen und bringt uns häufig spontan zum Lachen. Die Bo Derek-Antwort auf das Regenbogenrätsel ist eine verkehrte Interpretation der Rätselabsicht. Ich habe keine Ahnung, was im Kopf meines Sohnes vor sich ging, aber ich schätze, es war so etwas Ähnliches wie: »Schöner wenn nass? Ein Regenbogen natürlich. Wie langweilig. Was könnte es sonst noch sein? Bows … Bo, aha! Bo Derek.« Das Muster bot keine Garantie dafür, dass Ted eine witzige Antwort einfallen würde, aber es konnte ihn zu einem Versuch anregen.

Bei den meisten plötzlichen Entdeckungen, die wir oben erörtert haben, konzentrierten sich Menschen auf ein bestimmtes Problem. Doch das ist nicht immer so. Wir sind nicht nur für die Dinge empfänglich, die für ein bestimmtes Problem Bedeutung haben, sondern für alle Eindrücke, die auf uns einstürzen. Dichter und Maler finden manchmal den Keim eines Gedichts oder Gemäldes an den seltsamsten Orten, weil ihre poetischen und künstlerischen »Mausefallen« überall zum Zuschnappen bereit sind. Wenn dies so ist, dann begeben wir uns schon auf eine freie Suche durch die Klondike-Wildnis, wenn wir uns einfach nur durch die Welt bewegen. Wir kommen in Kontakt mit vielen Gelegenheiten, die bestimmte Denkmuster auslösen und zu Chancen für einen Geistesblitz werden können.

Es ist verständlich, dass Menschen in alltäglichen Angelegenheiten schnelle Reflexe erwerben: Bereits ein Kind lernt, die Hand blitzartig von der heißen Herdplatte wegzuziehen. Das Gleiche gilt für kompliziertere Probleme. Selbst das Tierreich kennt solche Reflexe. Das konventionelle Training von Tümmlern benutzt Standardtechniken zur Abrichtung der Tiere. Die Delfine bekommen eine Belohnung dafür, dass sie ein Kunststück gut ausführen. Zunächst gibt es Belohnungen für annähernd richtige Kunststücke, später für deren verfeinerte und verlässliche Ausführung.

Aber was geschieht, wenn die Delfine dafür belohnt werden, neue Kunststücke zu erfinden? Karen Pryor, Richard Haag und Joe O'Reilly führten genau dieses Experiment im Sea Life Park auf Hawaii durch.[10] Sie belohnten einen Delfin systematisch für sein abweichendes Verhalten, das sich möglicherweise zu Kunststücken ausbauen ließ. Konnte das Tier ein so abstraktes Konzept lernen? Wie sich herausstellte, ja. Nach einer Weile begriff der Delfin das Trainingsziel. Sein Spielverhalten wurde freier, er vollführte seltsame Bewegungen, woraus dann neue Kunststücke für öffentliche Aufführungen entstanden. Selbst Delfine können also »unvernünftige« Klondike-Probleme lösen.

Teil 3

Geist, Gehirn und Geistesblitze

◆

Dieser Teil beleuchtet die psychologische Seite des bahnbrechenden Denkens und versucht, Fragen wie die folgenden zu
beantworten: Gibt es einen wirklichen Unterschied
zwischen innovativem und »normalem« Denken?
Befinden sich Geist und Gehirn bei Geistesblitzen auf einer
Art Überholspur? Welche Rolle spielen dabei Wissen, Gedächtnis
und das Erkennen von Denkmustern?

9

Geistesblitze auf dem Prüfstand

Zeugen der Anklage

Archimedes in seinem Bad, Darwin bei der Malthus-Lektüre, Gutenberg beim Besuch des Weinfestes: Immer wieder haben wir in diesem Buch Momente im Leben Einzelner betrachtet, die durch plötzliche Gedankensprünge zu bahnbrechenden Erkenntnissen gelangten. Anhand dieser und anderer Fälle haben wir argumentiert, dass die systematische Suche nach Geistesblitzen einen eigentümlichen Charakter hat. Es gehört eine Klondike-Logik dazu, die sich vom sequenziellen Denken grundlegend unterscheidet.

Vier Kognitionspsychologen, darunter der Nobelpreisträger Herbert Simon, haben eine andere Sichtweise vorgeschlagen. Die Ideen, die in diesem Buch präsentiert werden, waren noch nicht einmal formuliert, als diese ihre Arbeiten durchführten. Bei der Untersuchung wissenschaftlichen Denkens in der Geschichte der Physik und Chemie stellten sie fest, dass Durchbrüche in der Wissenschaft »gewöhnliches Problemlösen« reflektieren: Die Ergebnisse mögen außergewöhnlich sein, aber nur aufgrund des außergewöhnlichen Wissens und der Intelligenz der Wissenschaftler, die die Entdeckungen machten. Die zugrunde liegenden Denkprozesse seien dagegen ganz gewöhnlich.

Pat Langley, Herbert Simon, Gary Bradshaw und Jan Zytkow fassten ihre Auffassung 1987 in einem Buch mit dem treffenden Titel *Scientific Discovery* zusammen.[1] Völlig zu Recht warnen sie vor der Neigung, die Fortschritte in der Wissenschaft zu Geschichten plötzlicher Entdeckungen zu mythologisieren, die wir geheimnisvollen geistigen Kräften verdanken. Die Autoren versuchen zu zeigen, dass sich Fortschritte, die wie plötzliche Entdeckungen aussehen, generell als ein stärker auf angehäuftem Wissen und schrittweisen Fortschritten beruhendes Problemlösen erklären lassen. Das haben wir in diesem Buch Problemlösen in einem zielführenden Raum genannt, bei dem der Mensch sich Schritt für Schritt einer Lösung annähert.

Die Autoren untersuchten eine beeindruckende Bandbreite wissenschaftlicher Entdeckungen. Sie demonstrierten, wie Künstliche-Intelligenz-Programme aus Tabellen nummerischer Daten wichtige Formeln erschließen, aus komplexeren Datentabellen Eigenschaften (zum Beispiel Masse) herauslesen, die ursprünglich nicht gegeben waren, und Formeln aus diesen entwickeln. Solche Programme konnten auch allgemeine qualitative, beschreibende Regeln über bestimmte Phänomene aufstellen oder aus den Daten chemischer Reaktionen bestimmen, welche Elemente zu verschiedenen chemischen Verbindungen notwendig sind. Die Untersuchung von Simon und seinen Kollegen trug viel dazu bei, wissenschaftliche Entdeckungen zu entmythologisieren. Zeigen aber ihre Ergebnisse tatsächlich, dass für wissenschaftliche Entdeckungen sequenzielles Denken und nicht Klondike-Logik verantwortlich ist? Betrachten wir dazu drei Fallbeispiele, drei Zeugen der Anklage: Johannes Keplers Entdeckung der Planetenbewegung, Max Plancks Entdeckung des Strahlungsgesetzes und Lavoisiers Oxidationstheorie.

Kepler als Computer

Eine der beeindruckendsten Errungenschaften der wissenschaftlichen Forschung ist die komplexe Formel, mit der sich die Beziehung zwischen wichtigen Variablen einer Situation ausdrücken lässt. Diese Formel erscheint wie ein großer Sprung über eine gegebene Datenmenge hinaus, denn nirgendwo lässt sich eine algebraische Beziehung ablesen. Die Formel gleicht dem Kaninchen aus dem Hut eines Zauberers. Vielleicht, so könnte man vermuten, ist dazu ein bahnbrechender Geistesblitz erforderlich.

Aber vielleicht auch nicht. In ihrem triftigsten Argument für die Rolle sequenzieller statt unkonventioneller Denkstrategien bei wissenschaftlichen Entdeckungen zeigen Simon und seine Koautoren, wie

Datentabellen häufig erlauben, durch systematisches Denken Formeln zu finden, die die wichtigsten Beziehungen ausdrücken.

Als ein Beispiel führen sie Keplers drittes Bewegungsgesetz aus dem Jahre 1618 an. Es besagt, dass das Quadrat der Entfernung eines Planeten von der Sonne proportional zu seiner Umlaufzeit um die Sonne ist. Als Formel wird dies so ausgedrückt: $D^3 = C \times P^2$ (wobei C eine Konstante ist) oder $D^3 / P^2 = C$. Die Wissenschaftler zeigten ausgehend von einer solchen Datentabelle, woraus sich diese komplexe Beziehung ableitet. Sie behaupteten dabei nicht, dass Kepler genau so vorging, sondern nur, dass es sich um eine mögliche Herangehensweise handelt, die durchaus nicht ungewöhnlich ist.

Der Ausgangspunkt sind die ersten beiden Datensäulen der unten abgebildeten Tabelle. Sie geben für drei Planeten A, B und C die Distanz zur Sonne und ihre Umlaufzeiten an. Der Einfachheit halber werden die Entfernung von A zur Sonne und seine Umlaufzeit als Einheiten benutzt, in denen die der anderen ausgedrückt sind.

Eine Abfolge strategischer Schritte führt von den ersten beiden Datensäulen zur versteckten Formel. Das Ziel besteht darin, mit arithmetischen Operationen die beiden Säulen zu verbinden, um zu einer konstanten Säule zu gelangen, eine, bei der alle Zahlen identisch sind:

Planet	Entfernung, D	Umlaufzeit, P	D/P	D^2/P	D^3/P^2
A	1,0	1,0	1,0	1,0	1,0
B	4,0	8,0	0,5	2,0	1,0
C	9,0	27,0	0,333	3,0	1,0

1. *Wenn zwei Werte zusammen ansteigen, teile sie, weil daraus eine Konstante entstehen könnte.* Entfernung und Umlaufzeit steigen gemeinsam von Zeile A nach B und C an. Daher teile sie, um die D/P-Säule zu erhalten. Wie sich herausstellt, entsteht dadurch keine Konstante, aber die Zahlen variieren weniger und kommen daher einer Konstante näher.

2. *Wenn ein Wert ansteigt, während ein anderer sinkt, multipliziere sie, da sich daraus eine Konstante ergeben könnte.* Während die Entfernung von A nach B und C größer wird, wird die neue Säule D/P kleiner. Multipliziere daher D und D/P, um eine neue Säule D^2/P zu erhalten.

3. *Wende erneut Strategie 2 an.* Während die neue D^2/P-Säule zunimmt, nimmt D/P ab. Multipliziere sie daher, um D^3/P^2 zu erhalten. Endlich eine Konstante!

4. Wenn sich eine konstante Säule ergibt, lässt sich daraus eine Formel in dieser Form ableiten: Die durchgeführten Berechnungen entsprechen der Konstante. In diesem Fall ist es die Formel $D^3/P^2 = 1{,}0$.

Natürlich könnte man diese Strategien auf andere Säulenkombinationen anwenden und die Antwort nicht ganz so schnell finden. Es gibt jedoch nicht viele Suchmöglichkeiten, um in Annäherungsschritten zu einer konstanten Säule zu gelangen.

Die Kognitionspsychologen beschreiben auch ein hoch entwickeltes Programm künstlicher Intelligenz, BACON, benannt nach dem britischen Philosophen des 17. Jahrhunderts, der versuchte, aus der Beobachtung allgemeine Regeln für das wissenschaftliche Denken abzuleiten. BACON funktioniert wie oben illustriert und benutzt noch weitere Strategien, um mit schwierigeren Fällen fertig zu werden. Eine Datentabelle mag weit von einer komplexen Formel, die ihre Regelmäßigkeiten erfasst, entfernt sein, aber der Erfolg von BACON belegt, dass systematisches Denken die Kluft zwischen Daten und Formel überbrücken kann, indem es nummerischen Hinweisen im Muster der Zahlen folgt – und dazu ist kein bahnbrechender Geistesblitz erforderlich.

War Max Planck »vernünftig« oder »unvernünftig«?

Am 7. Oktober 1900 stellte der Physiker Max Planck eine entscheidende Formel für ein physikalisches Phänomen namens schwarze Strahlung oder Hohlraumstrahlung auf.[3] Worum es bei der schwarzen Strahlung im Einzelnen geht, muss uns hier nicht beschäftigen. Es genügt zu wissen, dass das Problem, das Planck zu lösen versuchte, um 1900 allgemein erkannt war und dass man bereits beträchtliches Datenmaterial darüber gesammelt hatte. Eine Formel war erforderlich, um die Lichtintensität bei jeder Lichtfrequenz vorherzusagen. Planck stützte sich dabei auf die Überlegungen des deutschen Theoretikers Wilhelm Wien von 1896.

1899 dachte Planck, er hätte Wiens Formel im Rahmen der klassischen Physik bewiesen. Leider häuften sich die empirischen Ergebnisse, nach denen diese doch falsch sein musste. Am 7. Oktober 1900 schickte ein Experimentalphysiker Planck neue Daten extremer Fälle, bei denen die Formel eindeutig scheiterte. Für das Spektrum dieser Daten schien eine andere, einfachere Formel gültig zu sein.

An jenem Tag ersann Planck eine neue Formel, die Wiens Formel und die Formel für die Extremfälle miteinander verband. Sie erwies sich für die Entwicklung der Physik als entscheidend. In den folgenden Jahren erkannte man, dass die Logik der Planckschen Formel die Annahme quantenhafter Emission und Absorption erfordern würde. Sie gab damit den Anstoß zur Entwicklung der Quantentheorie.

All diese Umstände suggerieren, dass es sich bei der Entdeckung der Quantentheorie um ein Beispiel für einen bahnbrechenden Geistesblitz handelte. Die Psychologen um Herbert Simon warnen in ihrem Buch jedoch zur Vorsicht. Ihrer Meinung nach wäre jeder kompetente mathematische Physiker angesichts der Informationen, die Planck zur Verfügung standen, relativ schnell auf die Zielformel gekommen. Um ihre Auffassung zu beweisen, legten sie acht Physikern und Mathematikern die beiden ursprünglichen Formeln vor. Fünf der acht Wissenschaftler gaben die gleiche Antwort wie Planck, und das in weniger als zwei Minuten. Niemand von ihnen erkannte, dass es sich um das Problem der Hohlraumstrahlung handelte, bevor sie die Formel ableiteten. Obwohl Plancks Lösung aus historischer Sicht einen gedanklichen Durchbruch darstellt, erkennen die Psychologen darin nur ein Annäherungsproblem, das der Physiker auf konventionelle Weise Schritt für Schritt lösen konnte.

Zuweilen wird argumentiert, dass eine veränderte Problemdefinition oder Problemrepräsentation – also das, was wir als neuen Rahmen bezeichnet haben – der Schlüssel zu einem bahnbrechenden Geistesblitz ist. Simon und seine Kollegen räumen dies ein, betonen aber, dass auch solche veränderten Perspektiven nicht mythologisiert werden dürften. Viele Durchbrüche ereignen sich bei Problemen, die seit langem bekannt sind. Das Rätsel der Hohlraumstrahlung hatten andere schon Jahrzehnte vor Planck formuliert, bevor dieser es löste. Darüber hinaus ist die Suche nach einer neuen Definition oder Repräsentation selbst eine Art Problemlösung. Und der Erfolg bei einer solchen Suche kann selbst als ein weiterer Sieg des »normalen Problemlösens« verbucht werden.

Die Kognitionspsychologen scheinen die Rolle des Geistesblitzes bei wissenschaftlichen Entdeckungen grundlegend anzuzweifeln. Der wahre Gehalt von Simons Analysen entspricht jedoch nicht ganz diesem Eindruck.

Ihre Bedenken im Hinblick auf »plötzliche« Entdeckungen sind eine verdienstvolle Kritik an der Neigung in der Literatur, den Moment einer wissenschaftlichen Entdeckung als rätselhaftes Mysterium zu feiern, statt ihn zu erklären. Es gab viele Beschreibungsmodelle für Geistesblitze, die tatsächlich kaum mehr boten als eine neue Begrifflichkeit. Simon und seine Forschungskollegen haben nur wenig Geduld mit solchen Verdunkelungsmanövern. Darüber hinaus demonstrieren sie wirkungsvoll die Rolle, die die schrittweise Annäherung beim Lösen von Problemen spielt: Das sequenzielle Denken ist weitaus effektiver, als es zunächst erscheinen mag.

Dennoch gehen die Autoren meiner Meinung nach zu weit. Sie erkennen keinen Unterschied zwischen der Klondike-Wildnis und den zielführenden Räumen und unterstellen, dass sich wissenschaftliche Herausforderungen beinahe ganz durch »vernünftiges« Denken, durch »normales Problemlösen« bewältigen lassen.

Das ist eine Übertreibung, verschleiert die Konzentration auf Methoden der Annäherung an Problemlösungen doch, dass es tatsächlich etwas gibt, was wir »unvernünftige« Probleme und Klondike-Logik genannt haben. Das Beispiel von Max Planck und der Hohlraumstrahlung bietet dafür einen guten Beleg. Die Überlegungen des Physikers an jenem Tag im Jahr 1900 mögen einen Annäherungscharakter gehabt haben, aber sie waren nur ein Schritt innerhalb eines größeren Prozesses. Die Herausforderung bestand nicht so sehr darin, die richtige Formel zu finden, sondern ihre Bedeutung zu erkennen. Planck entdeckte die Formel mit mathematischer Finesse, aber es fehlte ihm noch die Erklärung, warum sie funktionierte. Um darauf zu kommen, benötigte er mehrere Wochen. Er entdeckte die Formel am 7. Oktober, die Erklärung fand er im Dezember.

Zur Erklärung gehörte die Annahme von Wahrscheinlichkeiten, was den Anstoß für die Grundlegung der Quantentheorie gab. Planck erkannte nicht einmal das. Erst um 1905 oder 1906 begann sich die Bedeutung des Planckschen Strahlungsgesetzes herauszuschälen, und zwar durch die Arbeiten von Albert Einstein und Paul Ehrenfest. Während die Entdeckung der Formel für Planck einen starken Annäherungscharakter hatte, gleicht der weit langsamere Prozess, dafür eine Erklärung zu finden und ihre Bedeutung zu erkennen, einer Suche in einer Klondike-Wildnis.

Lavoisiers Gedankensprung

Um 1700 dachte man, Feuer sei ein Stoff, und entwickelte die Phlogistontheorie. Diese Theorie interpretierte die Verbrennung von Stoffen im Rahmen der traditionellen Lehre von den vier Elementen Erde, Luft, Feuer und Wasser. Das Phlogiston repräsentierte das Feuer. Wenn ein Stoff verbrannte, so die Vorstellung, setzte er Phlogiston frei, und in einer Flamme konnte man sehen, wie dieses Phlogiston entwich. Die Verbrennung von Holzkohle drückte man deshalb in einer Formel wie dieser aus:

Holzkohle + Luft ➤ Phlogiston + Asche + Luft

Die damaligen Wissenschaftler meinten, dass die Luft dabei ein Bedingungsfaktor, eine Art Katalysator, sei. Daraus folgerten sie zum Beispiel, dass Kohle aus Asche und Phlogiston bestand. Bei der Metallveredelung aus Erz sahen sie ebenfalls das Phlogiston am Werk:

Das Phlogiston sollte dabei aus der Holzkohle entweichen und sich mit dem Eisenerz verbinden, woraus Eisen entstand. Im Verlauf der Reaktion ging das Phlogiston also von der Holzkohle auf das Eisenerz über. Eisen setzte sich somit aus Eisenerz und Phlogiston zusammen.

Das Seltsame an der Phlogistontheorie war, dass sie aus der Sicht der modernen Chemie die Dinge auf den Kopf stellte. Nach der Theorie war die Holzkohle eine Verbindung von Asche und Phlogiston, und die Asche ein Element. In der modernen Chemie ist dagegen die Holzkohle ein Element (Kohlenstoff) und die Asche eine Verbindung von Holzkohle und Sauerstoff. Eisen war demnach eine Verbindung von Eisenerz und Phlogiston und Eisenerz ein Element, während die heutige Chemie das Eisen als Element und das Eisenerz als Verbindung von Eisen und Sauerstoff ansieht.

Ende des 17. Jahrhunderts geriet die Phlogistontheorie in Schwierigkeiten. Joseph Priestley experimentierte mit Reaktionen, bei denen, in modernen Begriffen, Quecksilberoxid Quecksilber und Sauerstoff freisetzte. Das widersprach der Vorstellung, dass Metalloxide reine Elemente waren. Auf dieser und anderen Anregungen aufbauend, schlug Lavoisier die Oxidationstheorie vor, indem er den Sauerstoff an die Stelle setzte, die er heute einnimmt, und Metalle als Elemente statt als Verbindungen behandelte.

Allerdings gab es in Lavoisiers Erklärung eine Idee, die der Phlogistontheorie ähnelte. Er dachte, dass es so etwas wie das Phlogiston geben müsse, da man schließlich die Flamme sehen könne. Er nannte es »Wärmestoff« und nahm an, dieser Stoff sei ein Bestandteil des Sauerstoffs, den er für eine Verbindung hielt. Sobald aber die Idee des Wärmestoffs aufgegeben wurde, hatte Lavoisiers Theorie einen umwälzenden Charakter. Aus Elementen wurden Verbindungen, aus Verbindungen Elemente.

In *Scientific Discovery* beschreiben die Autoren Langley, Simon, Bradshaw und Zytkow ein Programm, das sie nach dem deutschen Begründer der Phlogistontheorie STAHL nannten.[4] Es kann chemische

Reaktionen wie die oben genannten analysieren und erkennt, wann eine Verbindung in viele andere Stoffe zerfällt, wann sich viele Substanzen zu einer verbinden, welche Substanzen Elemente sind und aus welchen Elementen die verschiedenen Verbindungen bestehen. STAHL ist ein flexibles Programm, das selbstständig aus Sackgassen herausfindet, Ungereimtheiten aufdeckt und nach alternativen Analysen sucht.

STAHL kann beweisen, dass die Phlogistontheorie eine schlüssige Interpretation für eine Vielzahl von damals verfügbaren Daten lieferte. Das Programm kann auch belegen, dass Lavoisiers Theorie über Wärmestoff und Oxidation eine kohärente Interpretation der Daten darstellte und sogar, dass eine Mischtheorie, die von Phlogiston und Wärmestoff sowie der alten Auffassung von Elementen und Verbindungen ausgeht, die Daten erklären kann.

STAHL ist jedoch nicht in der Lage zu entdecken, warum ein Theoriewandel erforderlich war. Simon und seine Kollegen beschreiben Lavoisiers Auffassung so:

[Lavoisiers Daten] reichten nicht aus, um zu argumentieren, dass Wärmestoff … vom Sauerstoffgas statt von der Holzkohle stammte. Sein Glaube, dass Sauerstoffgas Wärmestoff enthält, beruhte auf der früheren Idee vom Wärmestoff als Prinzip gasförmiger Materie. Er bemerkte, dass in vielen Reaktionen, bei denen Stoffe erhitzt werden, eine Art Luft und bei Reaktionen, in denen Luft absorbiert wird, Feuer oder Hitze freigesetzt werden. Kurz: Ging Feuer hinein, kam Gas heraus; kam Feuer heraus, ging Gas hinein. Er folgerte, dass jedes Gas Wärmestoff enthält.

Die Autoren führen weiter aus, dass »der französische Chemiker ausgiebig Gebrauch von Generalisierungen machte (alle Säuren enthalten Sauerstoff, alle Gase enthalten Wärmestoff) und bei mehreren Gelegenheiten eher die Schlussfolgerungen aus einer Verallgemeinerung akzeptierte als die Fakten, die ihr widersprachen«.

Lavoisier war demnach mit so etwas wie einer Klondike-Situation konfrontiert. Hätte er nach dem Modell von STAHL gedacht und einige Ungereimtheiten außer Acht gelassen, wären dem Chemiker beide Deutungsmöglichkeiten zugänglich gewesen. STAHL sah keinen Grund, die Theorie zu wechseln und keinen Mechanismus, der dafür hätte sorgen können. Zu einer Theorie zu gelangen, die unser Verständnis von einem Element und einer Verbindung umkehrt, dazu war ein höheres Denkniveau erforderlich, mit dem sich die Beschränkungen einer Annäherungslogik überwinden ließen.

Die Klondike-Logik lebt

Johannes Kepler und die Planetenumlaufbahnen, Max Planck und die Hohlraumstrahlung, Lavoisier und die Oxidationstheorie: All das sind Fallbeispiele, die Licht auf das Wesen wissenschaftlicher Erfindungen werfen. Mithilfe von Programmen künstlicher Intelligenz konnten die Kognitionspsychologen Keplers Ergebnisse durch methodische Überlegungen aus den Datentabellen erschließen, statt durch eine Klondike-Logik (wobei es natürlich eine ganz andere Frage ist, was Kepler tatsächlich tat). Bei Planck und Lavoisier erscheint dies weniger plausibel. Hier war wohl doch mehr im Spiel als das, was Simon und seine Kollegen »gewöhnliches Problemlösen« nennen.

Aber dies soll nicht als Widerlegung der Ergebnisse von Langley, Simon, Bradshaw und Zytkow verstanden werden. Die Arbeit der vier Forscher vermittelt uns zweifellos eine wichtige Lehre. Der erste Eindruck, dass eine Entdeckung relativ schnell erfolgte, ist kein Grund zu der Annahme, dass hier ein bahnbrechender Geistesblitz am Werk war. Der Entdecker könnte bei jedem Schritt ebenso gut Hinweisen in einem zielführenden Raum gefolgt sein. Dem Außenstehenden fehlt einfach die nuancierte Wahrnehmung des Terrains – wie Watson, der Sherlock Holmes nur bei der Arbeit zusieht –, sodass ihm entgeht, wie der Forscher methodisch zum Ziel gelangte. Es gibt mehr Aspekte, die in einer Datentabelle oder in einem Paar von Annäherungsformeln in die richtige Richtung weisen, als ein Außenstehender annimmt. Tatsächlich würde die Wissenschaft die meiste Zeit in einer Klondike-Wildnis herumirren, wenn es nicht eine Vielzahl von Annäherungen gäbe.

In *Scientific Discovery* betonen die Autoren den Annäherungscharakter wissenschaftlicher Problemlösung, verschleiern aber, dass es auch »unvernünftige« Phänomene gibt. Bei näherem Hinsehen erkennen wir jedoch, dass auch in der Welt der Wissenschaft die Klondike-Logik lebendig ist. In den komplexen und realen Problemräumen wissenschaftlicher Entdeckungen vermischen sich die Eigenschaften der Klondike-Wildnis und die der zielführenden Räume.

10

Gibt es eine mentale Überholspur?

Das rätselhafte, magische »Heureka!«

Beobachten wir noch einmal Archimedes im Badehaus. Der Denker sucht Entspannung und hat vielleicht im Moment gar keine so große Lust, sich über Hierons Auftrag den Kopf zu zerbrechen. Aber er kann nicht anders. Das Problem nimmt ihn ganz gefangen, so sehr, dass selbst das Wasser ihm ein Zeichen gibt, als es an den Seiten überschwappt, während er sich in die Wanne setzt. Wasser. Volumen. Hierons Krone. Alles kommt in einem Moment der Einsicht zusammen und führt zur Entdeckung des Archimedischen Prinzips: »Heureka!«

Was geht hier vor? Die Klondike-Perspektive beschreibt die Struktur der Problemlösung. Es handelt sich um eine Suche in einer Wildnis von Möglichkeiten mit einer plötzlich auftauchenden Annäherungsepisode am Ende der Suche, ausgelöst vom überfließenden Wasser. Aber was geschieht, psychologisch gesehen, im Geist und im Gehirn, wenn ein Archimedes des Rätsels Lösung aus der Badewanne zieht?

Die Erfahrung einer plötzlichen Einsicht ist so außergewöhnlich, dass es nur natürlich ist, nach außergewöhnlichen Erklärungen zu suchen. Ist es Inspiration? Der Begriff kommt vom lateinischen *inspirare*, »einhauchen«, und besagte ursprünglich, dass die Götter dem Menschen Erkenntnis einflößen. Diese Idee spiegelt die verbreitete Erfahrung wider, nach der Einsichten aus dem Nichts kommen, wie Blitze aus dem Dunkeln. Inspiration ist Denken auf der ultimativen mentalen Überholspur.

Als sich die Wissenschaft vom menschlichen Erkenntnisvermögen herausbildete, wurde es selbstverständlich, die Quelle der Inspiration in komplexen mentalen Mechanismen und nicht in göttlichem Einfluss zu suchen. Man wollte nun herausfinden, in welcher Weise der Verstand selbst, nicht Götter, Geburtsstätte und Schöpfer von Einsicht war. Die normalen Denk- und Verstehensprozesse schienen für die schillernde Leistung des Geistesblitzes keine angemessene Erklärung zu bieten, also suchte man nach mehr, nach einem besonderen Prozess, der den Menschen auf die mentale Überholspur bringt.

Ein solcher Versuch war Arthur Koestlers Begriff der Bisoziation, den er in seinem Buch *Der göttliche Funke* vorschlug. Eine andere Erklärung bieten drei kognitive Prozesse, die die Wissenschaftler Janet Davidson und Robert Sternberg in den Vordergrund stellen, um plötzliche Einsicht zu erklären: selektives Kodieren, selektive Kombination und selektives Vergleichen. Eine weitere Idee ist die der »Inkubation«, wonach der Verstand im Verborgenen weiter an einem Problem arbeitet, während man sich nach außen hin gar nicht damit beschäftigt.

Solche Erklärungen sind verführerisch, da sie einer zweifellos besonderen Art der menschlichen Erfahrung besondere Prozesse zuweisen. Aber sie bergen auch ein Risiko, für das es sogar ein kompliziertes Fachwort gibt: Hypostasierung. Damit ist gemeint, dass man einem Phänomen, das möglicherweise gar nicht existiert, eine materielle Existenz zuschreibt. Unsere Erfahrung von heiß und kalt bietet das perfekte Beispiel vorschneller Hypostasierung. Wissenschaftler vergangener Zeiten und Kinder neigen zu der sehr natürlichen Schlussfolgerung, dass die Kälte eine Art von Substanz ist, die den Dingen innewohnt. Die Physik lehrt uns jedoch, dass Kälte lediglich die relative Abwesenheit von Hitze ist, obwohl wir sie als etwas Eigenständiges erfahren.

Nehmen wir den Humor und damit einen Aspekt der menschlichen Erfahrung, der der plötzlichen Einsicht nahe steht. In einem früheren Kapitel erwähnten wir die Analogie zwischen Witzen und »unvernünftigen« Problemen. Wie diese führen Witze zu einem plötzlichen Geistesblitz. Betrachten wir ein weiteres Wortspiel des Komikers Stephen Wright, um uns die Zusammenhänge in Erinnerung zu rufen: »Die Flugzeuge fliegen sehr niedrig über mein Haus. Neulich ging ich von der Küche ins Wohnzimmer und die Flugbegleiterin sagte mir, ich solle mich hinsetzen.«

Wenn das komisch erscheint, dann deshalb, weil der menschliche Geist hier schnell sein Vorwissen über landende Flugzeuge, die Anweisungen von Flugbegleiterinnen und das Umhergehen im eigenen Haus kurzschließen kann, um das Absurde der Situation zu begreifen.

Humor ist eine Grunderfahrung des Menschen. Aber sind wir deshalb geneigt, einen besonderen psychischen »Humorprozess« anzunehmen, um zu erklären, wie Witze verstanden werden? Das wäre übertrieben. Einen Witz verstehen wir in der gleichen Weise wie eine Geschichte. Der Unterschied besteht nur darin, dass wir in dem Moment, wo wir ihn begreifen, den Widerspruch oder das plötzliche Umkippen der Situation erkennen und lachen. Ein eigenständiger Prozess ist dabei nicht notwendig.

Ebenso sollte man dort, wo von Bisoziation, selektiven Prozessen oder Inkubation die Rede ist, Vorsicht walten lassen, wenn diese Begriffe erklären sollen, wie Menschen nach langer Suche plötzlich zu einem durchbruchartigen, neuen Verständnis gelangen. Vielleicht gibt es solche Prozesse tatsächlich, vielleicht aber auch nicht. Man sollte die Falle einer überhasteten Hypostasierung vermeiden, besondere psychische Prozesse anzunehmen, die womöglich gar nicht existieren. Schauen wir uns lieber zunächst die Beweislage an.

Das Für und Wider der Bisoziation

In seinem Buch *Der göttliche Funke* beschreibt Arthur Koestler gewöhnliches Denken als einen Zug, der auf vertrauten Gleisen fährt.[1] Normales Denken operiert danach in einem Bezugsrahmen, einem vertrauten und etablierten Feld wie zum Beispiel der Newtonschen Physik oder der Keynesianischen Ökonomie. Probleme tauchen auf und werden gelöst, Möglichkeiten ergeben sich und werden ergriffen, jedoch ohne einen Sprung über die Grenzen des Rahmens hinweg. Koestlers Auffassung ähnelt Thomas Kuhns Theorie der wissenschaftlichen Revolutionen. Kuhn argumentiert, dass sich die »Normalwissenschaft« bequem in einem Rahmen voranbewegt, den er Paradigma nennt.[2] Sie erweitert dieses Paradigma, verfeinert und bereichert es, aber sie verwandelt es nicht.

Wo grundlegende Erfindungen anstehen, so Koestler, muss man aus den Gleisen des vorherrschenden Bezugsrahmens oder Paradigmas herausspringen. Tatsächlich kommen bei Erfindungen charakteristischerweise zwei Bezugsrahmen ins Spiel, die in irgendeiner Weise verbunden werden. Um unser vertrautes Beispiel aufzugreifen, verband Archimedes den Kontext von Wasser und Bädern mit dem Kontext der Volumenmessung. Darwin verband den Kontext der Evolution mit dem Kontext der Malthusschen Bevölkerungsspirale. Gutenberg verband den Kontext des Buchdrucks mit dem der Weinherstellung.

Koestlers sinnvolle Bezeichnung für die glückliche Verbindung zweier getrennter Bezugsrahmen heißt »Bisoziation«. Häufig, wenn nicht immer, spielt bei Erkenntnissen die Verknüpfung von verschiedenen Bezugsrahmen eine Rolle. Darüber hinaus passt die Idee der Bisoziation sehr gut zu unserer Klondike-Metapher. Ein Problemlöser in einem Klondike-Raum durchsucht die Wildnis nach einer Lösung. Sein Weg folgt häufig dem vertrauten und bequemen Geländeprofil: eine enge Gedankenschlucht, oder, in Koestlers Begriffen, ein Bezugsrahmen. Erst wenn es gelingt, einen Weg aus der Schlucht herauszufinden und das ursprüngliche Problemfeld mit einem ganz neuen zu verbinden, ist das Problem gelöst.

Bezugsrahmen zu verknüpfen ist zweifellos wichtig. Aber ist dazu ein eigener psychischer Prozess erforderlich? Koestler neigt zu dieser Annahme. Für ihn wird das gewöhnliche Denken vom gewöhnlichen Bewusstsein gelenkt, wobei die äußeren Reize unsere Wahrnehmungen und Handlungen formen und kanalisieren. Im Gegensatz dazu sieht Koestler unbewusste Prozesse am Werk, die normalerweise nicht aktiv sind, wenn eine Bisoziation eintritt.

Erinnern wir uns an die Humor-Analogie. Es ist nicht notwendig, einen besonderen geistigen Prozess zu postulieren, um zu erklären, warum Menschen Witze verstehen und darüber lachen. Ebenso wenig besteht eine Notwendigkeit, einen besonderen unbewussten Prozess anzunehmen, um zu erklären, wie Menschen Verbindungen zwischen zwei Bezugsrahmen herstellen. Die Idee der Bisoziation ist ein wertvoller Beitrag zum Verständnis der menschlichen Kreativität. Dass es sich dabei jedoch um eine mentale Überholspur handelt, die von Menschen nur in Ausnahmefällen befahren wird, ist eine unbewiesene und unnötige Vorstellung.

Eine andere bekannte Überholspur-Theorie entstand aus der Zusammenarbeit von Janet Davidson und Robert Sternberg von der Universität Yale.[3] Die Theorie ist Teil von Sternbergs triarchischer Theorie der Intelligenz, aber es ist nicht nötig, diese zu rekapitulieren, um die Auffassung der beiden Forscher zu erläutern.[4]

Davidson und Sternberg schlagen drei unterschiedliche Prozesse als Mechanismen der Einsicht vor: selektives Kodieren, selektive Kombination und selektives Vergleichen.

- Der Prozess des *selektiven Kodierens* vollzieht sich, wenn ein Denker gegebene Informationen durchforstet und sich auf die zur Problemlösung relevante Information konzentriert. Dadurch können Informationen, die zunächst irrelevant erschienen, als entscheidend erkannt werden und umgekehrt. Ein berühmtes Beispiel für selektives Kodieren in der Wissenschaft ist die Entdeckung der Bedeutung keimfreier Wundbehandlung durch Ignaz Semmelweis. Als Arzt in einem Wiener Krankenhaus bemerkte er, dass Frauen in der Geburtsabteilung für Arme eher starben als in der für Reiche. Und er beobachtete, dass sich die Ärzte in der Armenabteilung weniger häufig die Hände wuschen, was zur Ausbreitung von Kindbettfieber führte.

- *Selektives Vergleichen* bedeutet, eine nicht-offensichtliche Verbindung zwischen neuen und alten Informationen herzustellen. Dabei können Analogien, Metaphern und Modelle eine Rolle spielen. Die Entdeckung des Archimedes im öffentlichen Bad ist ein Beispiel dafür. Er verband das momentane Erlebnis, sich in die Badewanne zu setzen, mit dem Rätsel, das Volumen der Königskrone festzustellen, das er im Gedächtnis hatte.

- *Selektives Kombinieren* bedeutet, nicht-offensichtliche Informationen zu entdecken und sie zu einem neuen und relevanten Ganzen zusammenzufügen. Davidson beschreibt Darwins Formulierung der Evolutionstheorie als eine selektive Kombinationseinsicht. Darwin hatte bereits relevante Informationen, um seine Theorie zu bilden, aber erst, als er begriff, wie er sie zusammensetzen sollte, entstand die kohärente Theorie. Natürlich kann man die Entdeckung der Evolution auch als einen Fall von selektivem Vergleichen sehen, da Darwin sie in Reaktion auf das Werk über die Bevölkerungsentwicklung formulierte, in dem Malthus den Populationsdruck und die daraus unweigerlich folgende Sterblichkeit diskutierte.

Davidsons und Sternbergs Theorie soll nicht nur beweisen, dass es so etwas wie selektives Kodieren, Vergleichen und Kombinieren gibt, sondern auch, *wie* diese Prozesse wirken. Handelt es sich um ein Denken in Annäherungsschritten? Das schließen die Autoren aus. Sie glauben vielmehr, dass wirkliche Einsicht nicht mit einem routinemäßigen Vorgehen bei einer Problemlösung einhergehen kann. Selektives Kodieren, Vergleichen und Kombinieren muss sich nicht sofort bei der Präsentation eines Problems ereignen, sondern kann nach einer Verzögerung und dann plötzlich auftreten, auf eine Art und Weise, die die Repräsentation des Problems für den Problemlöser verändert.

Davidson illustriert die drei Prozesse mit drei Rätseln.[5] Und wie gewöhnlich können Sie zunächst selbst versuchen, sie zu lösen.

◆ **Die Schachspieler** (*selektives Kodieren*): Zwei Männer spielen fünf Schachpartien und jeder gewinnt die gleiche Anzahl von Spielen ohne Remis. Wie ist das möglich?

◆ **Drei Steaks** (*selektives Kombinieren*): Hans möchte so schnell wie möglich drei Steaks braten. Leider passen nur zwei Steaks in die Pfanne und jedes braucht pro Seite zwei Minuten, um gar zu werden. Was ist die kürzeste Zeitspanne, in der Hans die drei Steaks braten kann?

◆ **Der Garderobenständer** (*selektives Vergleichen*): Konstruieren Sie einen Kleiderständer mit zwei 1 bis 1,5 Meter langen Brettern und einer großen Krampe, die stark genug ist, um einen Hut und einen Mantel zu halten. (Dieses Problem führte Norman Maier in seinem klassischen Werk über Einsicht in den vierziger Jahren an.)

Lösungen

Dies sind die Lösungen und die Erklärungen, in welcher Weise die Rätsel als Beispiele für selektives Kodieren, Kombinieren und Vergleichen verstanden werden können.

◇ **Die Schachspieler:** *Der Problemlöser neigt zu der Annahme, dass die Schachspieler gegeneinander spielen, eine falsche Kodierung, die sich durch die Formulierung des Rätsels aufdrängt. Sobald man das Problem neu kodiert, um zu erkennen, dass die Spieler nicht notwendigerweise gegeneinander spielen müssen, kann jeder die gleiche Zahl von Spielen gegen andere Spieler gewinnen.*

◇ **Drei Steaks:** *Im Gegensatz zum Schachspieler-Rätsel gibt es hier in der Problemformulierung nichts Irreführendes. Es ist eine Frage der selektiven Kombination, ob wir das Problem lösen können. Bei der offensichtlichen Kombination aller Informationen brät Hans zwei Steaks auf einer Seite (zwei Minuten), brät dann die beiden von der anderen und schließlich das dritte Steak allein in der Pfanne, zuerst auf der einen, dann auf der anderen Seite (vier Minuten). Zusammen ergibt das acht Minuten. Zu beachten ist, dass Hans die Pfanne in den letzten vier Minuten nicht voll auslastet, da er nur ein Steak brät. Wir sollten also nach einer anderen Kombination suchen, mit der die Pfanne optimal genutzt wird: Zuerst brät man zwei Steaks auf einer Seite (zwei Minuten). Dann nimmt man ein Steak heraus, brät das verbleibende auf der anderen Seite und gleichzeitig das rohe Steak auf der ersten (zwei Minuten). Jetzt dreht man das neue Steak um und legt das halbfertige Steak wieder in die Pfanne (zwei Minuten), sodass man insgesamt nur sechs Minuten Bratzeit benötigt.*

◇ **Der Garderobenständer:** *Nach der klassischen Lösung dieser Aufgabe fügt man die beiden Bretter mit der Krampe zusammen, sodass sich ihre Enden überschneiden. Diese Konstruktion kann zwischen Decke und Fußboden verkeilt werden. Hut und Mantel lassen sich an die herausstehenden Krampenenden hängen.*
    Davidson bemerkt, dass dieses Problem auch auf andere Weise zu lösen ist.[6] Man kann argumentieren, dass die Lösung tatsächlich in selektiver Kom-

bination besteht, da man verschiedene Materialien richtig zusammenstellen muss. Selektives Kodieren könnte ebenfalls eine Rolle spielen, weil der Problemlöser die Krampe nicht nur als Mittel zur Befestigung, sondern auch als potenziellen Haken verstehen, »kodieren«, soll. Ein dritter Lösungsweg erfordert jedoch eindeutig selektives Vergleichen. Auf der Suche nach Modellen könnten dem Problemlöser an der Wand befestigte Beleuchtungsschienen in den Sinn kommen. Der vom Boden bis zur Decke reichende Garderobenständer könnte in Analogie dazu gebaut werden.

Was beweist der selektive Prozess und was nicht?

Wie bei der Bisoziation ist die Idee des selektiven Kodierens, Kombinierens und Vergleichens aufschlussreich. Die richtige Kodierung ist einer der Wege aus einer Gedankenschlucht, die richtige Kombination ein anderer, der richtige Vergleich mit einem anregenden Fallbeispiel ein dritter. Davidsons und Sternbergs Grundmodell stellt daher einen wertvollen Beitrag zu unserem Verständnis von Kreativität dar und lässt sich gut in unsere Klondike-Metaphorik übersetzen.

Es ist jedoch fraglich, ob selektives Kodieren, Kombinieren und Vergleichen eigenständigen kognitiven Mechanismen entsprechen – mentalen »Überholgängen« sozusagen, in die ab und zu hochgeschaltet wird. Davidson räumt selbst ein, dass die »Theorie der drei Prozesse … vor allem eine deskriptive Theorie der Einsicht ist. Es ist nur wenig darüber bekannt, was Menschen wirklich tun oder erfahren, wenn sie ein Problem lösen.«[7] Sie bemerkt außerdem, dass nicht bekannt sei, was diese Prozesse in Situationen plötzlich auslöst, in denen ihre Notwendigkeit nicht offenkundig erscheint. Was diese angenommenen Prozesse bewirken, ist klar, nicht aber, wann sie in Aktion treten und wie sie funktionieren.

Davidson und Sternberg führten verschiedene Experimente durch, um ihre Theorie zu stützen. Einige Ergebnisse sind erwähnenswert:

• Manchen Menschen fällt es schwer zu wissen, wann sie solche Prozesse anwenden sollen, anderen nicht. Hoch intelligente Menschen sind eher in der Lage, spontan relevante Informationen auszuwählen und einzusetzen, als weniger intelligente. Menschen mit durchschnittlicher Intelligenz bringen bessere Leistungen, wenn sie Hinweise erhalten, die die Auswahl erleichtern.

- Die Fähigkeit, Einsichtprozesse anzuwenden, weist eine recht hohe Korrelation mit dem Intelligenzquotienten auf.

- Menschen mit hohem IQ sind langsamer, nicht schneller, wenn es darum geht, Probleme zu analysieren und zu Einsichten zu gelangen. Problemlösen durch Einsicht ist also nicht immer der schnellste Weg.

- Menschen mit einem höheren IQ kommen leichter zu plötzlichen problemlösenden Einsichten.

- Einsicht kann auf der Basis der drei Prozesse eingeübt werden. Die Trainingseffekte sind übertragbar und dauerhaft.

Es ist wichtig zu erkennen, was diese Ergebnisse besagen und was nicht. Sie zeigen, dass selektives Kodieren, Kombinieren und Vergleichen hilfreiche Konzepte sind, um Probleme zu lösen und diese Fähigkeit zu trainieren. Sie belegen jedoch in keiner Weise die Existenz dreier kognitiver Mechanismen, die für sich genommen Bestandteile von Problemlösungsprozessen sind. Indem Davidson von einer »weitgehend deskriptiven Theorie« spricht, stellt sie fest, dass es sich beim selektiven Kodieren, Kombinieren und Vergleichen um Ereignisse handelt, die sich während des Einsichtprozesses vollziehen. Sie erklärt aber nicht, wie sie geschehen. Was die Lerneffekte angeht, könnte man sagen, dass die Testpersonen von Davidson und Sternberg lernten, besser in Klondike-Räumen zu navigieren, nicht aber auf einer vermeintlichen »mentalen Überholspur« davonzubrausen. Die Ideen des Kodierens, Kombinierens und Vergleichens sagen etwas über die strukturellen Fallen in Wildnis-Räumen und wie man mit ihnen umgehen sollte.

Inkubation: Die Erfrischungspause

In der Werbung werden Produkte gerne als »Erfrischungspause« verkauft. Diesen Ausdruck lieh sich der Psychologe Robert Olton aus, um eines der rätselhaftesten Elemente der Einsicht zu bezeichnen: Inkubation.[8] Die Idee beginnt mit der Beobachtung, dass vielen Geistesblitzen scheinbar inaktive Phasen vorangehen. Denken wir wieder an Archimedes, der über das Problem der Volumenmessung der Königskrone rätselte, dann aber ins öffentliche Bad ging, oder an Gutenberg, der sich von den Schwierigkeiten des Buchdrucks auf einem Weinfest erholte. Häufig wurde vermutet, dass während solcher Zeiten, wenn anscheinend keine Anstrengung in die Problemlösung fließt, etwas Entscheidendes passiert. Helfen solche Ruhephasen bei der Problemlösung, sprechen wir von Inkubation.

Findet die Inkubation also wirklich statt? Hilft es, wenn man bei »unvernünftigen« Problemen Denkpausen einlegt? Interessanterweise war die Suche nach der Inkubation ebenso mühselig wie die nach dem winzigsten Elementarteilchen, dem Neutrino. Die Bemühungen der Psychologen, Inkubation unter Laborbedingungen festzustellen, sind allgemein gescheitert. Dabei ist das übliche Experiment ganz einfach. Der Versuchsleiter präsentiert einer Reihe von Versuchspersonen ein Rätsel. Einige lösen es mit einem Geistesblitz, andere nicht. Jene, die Erfolg haben, werden nicht weiter untersucht: Man kann Inkubation schließlich nicht an Menschen feststellen, die bereits zur Antwort gefunden haben. Jene, die das Rätsel nicht gelöst haben, werden in zwei Gruppen geteilt. Eine Gruppe macht eine Zeit lang eine Pause, mit der Aufforderung nicht am Problem weiterzuarbeiten. Die anderen müssen weiter versuchen, die Aufgabe zu lösen. Am Schluss vergleicht man, welche der beiden Gruppen die höchste Ergebnisquote aufweist.

Immer lautete das Ergebnis, dass die Pause keine Rolle spielt und nicht hilfreich ist. Nur in einigen wenigen Studien führte sie zu mehr Lösungen. Es erwies sich zudem als schwierig, diese sporadischen Befunde zu wiederholen.

Daraus könnte man schließen, dass es die Inkubation überhaupt nicht gibt. Das wäre allerdings übereilt. Es gibt viele Gründe, warum das beschriebene einfache Experiment vielleicht gar nicht in der Lage war, die Inkubation in Aktion nachzuweisen. Um dem Konzept eine bessere Chance zu geben, muss man eine weitere Frage stellen. Wenn es so etwas wie Inkubation gibt, wie könnte sie funktionieren? Denn eine Pause kann in verschiedener Weise »erfrischend« wirken:

- *Energie auftanken.* Es macht müde, an einem Problem zu arbeiten. Nach einer Pause hat man wieder geistige Energie gesammelt.

- *Nachsinnen.* Während wir nicht mit dem Problem befasst sind – den Rasen mähen, spazieren gehen, mit dem Bus fahren –, kommt uns gelegentlich das Problem in den Sinn. Diese beiläufige Erkundung hilft dabei, es zu lösen, nicht nur, weil man ihm noch mehr Zeit widmet, sondern weil es eine lockere, spielerische Beschäftigung mit dem Problem ist. (Wenn wir unsere Aufmerksamkeit während einer anderen Tätigkeit, wie zum Beispiel dem Rasenmähen, ganz dem Problem schenken, macht es keinen Sinn, von Inkubation zu sprechen. Dann handelt es sich lediglich um ökonomische Zeitnutzung. Wir müssen beiläufig und spielerisch daran denken.)

- *Fruchtbares Vergessen.* Beschäftigt man sich nicht mit einem Problem, vergisst man auch solche Annahmen und Ansätze, bei denen es sich um Gedankenschluchten und Oasen falscher Verheißung handelt. Sie treten mit der Zeit in den Hintergrund, und der Kopf wird frei.

- *Mustererkennung.* Die intensive Konzentration auf ein Problem hat den Problemlöser für jede Art von Muster sensibilisiert, das einen Hinweis liefern könnte – eine mentale Mausefalle sozusagen. Beschäftigt er sich mit etwas anderem, kommt er in Kontakt mit Hinweisen, auf die er während der konzentrierten Arbeit nie gestoßen wäre.

- *Unbewusster mentaler Marathon.* Unbewusst beschäftigt uns ein Problem lange und intensiv, während sich der wache Geist anderen Dingen widmet – im Gegensatz zum Nachsinnen, das kurzzeitiges bewusstes Denken meint, während man etwas anderes tut.

Es ist überraschend, wie viele Formen von Inkubation es geben könnte. Wenn es tatsächlich ein realer Prozess ist, könnte es sich dabei nicht um einen, sondern um mehrere Mechanismen handeln. Diese unterscheiden sich auch danach, ob man sie mit einem Experiment wie dem oben genannten erkennen könnte. Kraft tanken, fruchtbares Vergessen oder unbewusste mentale Marathons lassen sich durchaus nachweisen, aber nur, wenn die Pause lang genug ist. Was das Nachsinnen anbelangt, würde man die Versuchspersonen normalerweise auffordern, während der Pause nicht über das Problem nachzudenken. Die Empfänglichkeit für das Erkennen hinweisgebender Muster könnte nur in dem Fall fruchtbar werden, wenn zur Pause Ermutigung und die Möglichkeit gehören würde, Bereiche zu erkunden, die Hinweise bereithalten. Dass man Inkubation bislang experimentell nicht belegen konnte, rechtfertigt daher noch nicht die Annahme, dass sie nicht existiert. Die Experimente könnten unbeabsichtigt gerade die Mechanismen ausschließen, durch die die Inkubation gewöhnlich ausgelöst wird.

Selbst ohne Experimente werden manche Schlussfolgerungen durch die alltägliche Erfahrung genügend erhärtet. Krafttanken und Nachsinnen spielen beim Problemlösen zweifellos von Zeit zu Zeit eine Rolle. Der Wechsel von Anstrengung und Ruhe ist fester Bestandteil des menschlichen Lebens. Das Nachsinnen ist eine Art der Arbeit an einem Problem. Vielleicht hat der freie Stil des Nachsinnens sogar einen eigenen Wert, nützlich ist es in jedem Fall. Fruchtbares Vergessen ist ein unmittelbar einleuchtender Mechanismus, direkte Belege dafür finden sich in Kapitel 12. Die in Ruhephasen gesteigerte Empfänglichkeit für das Erkennen hinweisgebender Muster klingt genau wie das, was Archimedes, Gutenberg und vielen anderen widerfuhr, die unter glücklichen Umständen Hinweise von außen erhielten, die Geistesblitze auslösten.

Ein unbewusster mentaler Marathon ist dagegen etwas ganz anderes. Hier müsste es sich zweifellos um eine mentale »Überholspur« handeln, und nicht um einen Teil dessen, was wir als normales Denken ansehen. Sehr häufig ist genau das gemeint, wenn von Inkubation die Rede ist. Gibt es einen guten Grund, einen solchen Mechanismus anzunehmen?

Die Idee unbewusster mentaler Marathons übt einen großen Reiz aus. Ereignen müssten sie sich, während jemand mit einem Problem ringt und seinen üblichen Geschäften nachgeht. Vielleicht aber arbeitet das Gehirn sogar stundenlang im Schlaf und verrichtet die Arbeit, die sonst im Wachzustand zu erledigen gewesen wäre. Viele Menschen spüren, dass so etwas geschehen ist, wenn sie mit einer guten Idee aufwachen oder auf ein Problem zurückkommen und die Lösung nur auf sie zu warten scheint.

Doch Skepsis ist angebracht, wenn man solche Erfolge einem unbewussten Marathon zuschreibt, könnte es doch, wie wir gesehen haben, viele andere Gründe dafür geben, ein Problem eine Zeit lang ruhen zu lassen. Die Annahme eines Marathons bietet jedoch den Vorteil, einen Großteil jener Denkleistungen durch einen Mechanismus zu beschreiben, die keine andere Inkubationstheorie erklären kann. Deshalb ist es notwendig, eine sehr grundlegende Frage zu stellen: Erfordern typische Geistesblitze ein hohes Maß an Überlegung?

Tatsächlich ist dies nicht der Fall. Das Kernargument dieses Buches ist, dass Geistesblitze üblicherweise kein außergewöhnliches Maß an Überlegung erfordern. Folgt man dem hier vorgeschlagenen Modell der Klondike-Logik, handelt es sich um Lösungen, die schwer zu finden sind – verloren in einer Wildnis von Möglichkeiten inmitten von spurenlosen Plateaus, versteckt hinter einkesselnden Gedankenschluchten und verführerischen Oasen. Sobald der Problemlöser jedoch der Lösung nahe ist, stößt er oder sie auf einen kleinen Annäherungsraum innerhalb der weiten Klondike-Regionen, der rasch zum Ergebnis führt, häufig in einem Moment plötzlichen Begreifens oder, schlimmstenfalls, in einigen Denkschritten. Plötzliche Entdeckungen aus dem Blauen heraus scheinen offenbar nicht ausgiebigen unbewussten Denkprozessen geschuldet zu sein, sondern der vorausgehenden Sättigung mit einem Klondike-Problem, die den Geist darauf vorbereitet, einen glücklichen Hinweis aufzuspüren, wenn er sich zeigt.

Die Idee eines unbewussten mentalen Marathons ist also zur Erklärung von Geistesblitzen gar nicht erforderlich. Sie hätte gar keine Funktion, denn komplexes Denken ist für das typische kognitive »Heureka!« nicht notwendig, und auch das zur Problemlösung gehörende Umherstreifen erfolgt auf andere Weise.

Die Tugend des Einfachen

In diesem Kapitel habe ich zur Vorsicht gemahnt, psychische oder mentale Mechanismen mit besonderen Zwecken anzunehmen, die das »Heureka!«-Erlebnis plötzlicher Einsicht erklären. Auf der strukturellen Ebene ist das »Heureka!« nicht mehr als eine Konsequenz des Problemlösens in einer Klondike-Wildnis. Es ist eine sehr rasche Episode der Annäherung an eine Lösung, sobald man nahe genug an sie herangekommen ist, sodass es triftige Hinweise gibt, die den Weg zeigen. Auf der psychischen Ebene müssen wir keine besonderen Mechanismen wie Bisoziation, selektive Prozesse oder unbewusste mentale Marathons annehmen, um zu erklären, wie das Gehirn das plötzliche »Heureka!« erreicht.

Machen wir uns das Sparsamkeitsprinzip für theoretische Überlegungen zu Eigen, das der Mönch, Theologe und Philosoph William von Ockham im 14. Jahrhundert formulierte und das allgemein als »Ockhams Rasierklinge« (»Ockham's razor«) bekannt ist. »Wenn man etwas erklärt, soll man es so einfach wie möglich tun. Nehmen wir nicht mehr an, als erforderlich.« Zu unserem Problem würde Ockham sagen: »Nehmen wir keine mentalen Überholspuren an, wenn wir sie nicht brauchen, um die beobachteten Phänomene zu erklären.«

Welche mentalen Mechanismen sind es dann, die das »Heureka!«-Erlebnis erklären? Zwei vertraute und gänzlich nicht-technische geistige Ressourcen – Denken und Verstehen – helfen dem Problemlöser bei den letzten Lösungsschritten. Er entdeckt schließlich einen vernünftigen Ansatz, arbeitet ihn aus und stellt den Wert einer Lösung im Verlauf von etwa ein oder zwei Minuten, ein oder zwei Stunden fest – sehr schnell also verglichen mit der Zeit, die er oder sie mit der Suche in der Wildnis von Möglichkeiten verbracht hat.

Für das eigentliche »Heureka!«, die plötzliche Erfahrung des »Ich hab's!«, bietet das gewöhnliche *Verstehen* den mentalen Mechanismus. Verstehen ist eine alltägliche Bezeichnung für die Fähigkeit des Geistes, etwas mit helfenden Anstößen und dem richtigen Hintergrundwissen schnell zu begreifen. Man hört einen Kommentar und versteht ihn. Man hört einen Witz und kann darüber lachen. Ebenso ist es, wenn man mit einem Problem vertraut ist, in seiner Komplexität herumtastet, seine Feinheiten kennt, für Hinweise aufmerksam ist, im wahren Klondike-Geist offen für unerwartete Richtungen bleibt, dann auf den richtigen äußeren oder inneren Hinweis stößt – und plötzlich begreift.

Das heißt nicht, dass wir das Verstehen selbst gut begreifen. Im Gegenteil, es ist ein großes Geheimnis. Psychologen, Philosophen, Künstliche-Intelligenz-Forscher und viele andere haben über das Wesen des menschlichen Verstehens gerätselt. Im Moment wollen wir jedoch nicht das Verstehen erklären, sondern mentale Ressourcen erkennen, die bei bahnbrechenden Geistesblitzen eine Rolle spielen. Der gewöhnliche Verstehensprozess ist eine dieser geistigen Quellen. Verstehen scheint bei plötzlichen Einsichten nicht anders zu funktionieren als bei gewöhnlichen Dingen wie einem Kommentar oder einem Witz. Es setzt das Bild für uns schnell und intuitiv zusammen. Bei einem Geistesblitz überrascht uns das Ergebnis so sehr, dass wir versucht sind, einen besonderen Prozess anzunehmen und Gefahr laufen, etwas zu hypostasieren, was es nicht gibt. Aber dazu besteht, denken wir an Ockhams Klinge, kein Anlass.

Wirklich außergewöhnlich am Geistesblitz ist die Klondike-Topographie mit ihrer Überraschung am Ende und nicht irgendeine exotische mentale Überholspur. Die Kunst des bahnbrechenden Denkens, die wir in Teil II erkundet haben, erfordert keine Aktivierung eines geistigen Hochgeschwindigkeitsmotors, sondern einfach ein Problemlösen, das strategisch an die Möglichkeitsräume einer Wildnis angepasst ist.

11

Geistesgegenwart

Kluge Augen

Sherlock Holmes, der berühmte Detektiv aus der Feder von Sir Arthur Conan Doyle, hatte einen bemerkenswert flinken und logischen Verstand. Darüber hinaus kultivierte er ein enzyklopädisches Wissen, das von der Zigarettenasche bis zu den Bodenarten, die sich in und um London finden, reichte. Sein Wissensdrang war jedoch sehr selektiv. Bei einer Gelegenheit entdeckte Watson, dass im astronomischen Wissen von Holmes eine erschreckende Lücke klaffte: Er wusste nicht einmal, dass der Mond um die Erde kreist. Holmes überging diese unpassende Bemerkung. Solche Informationen waren für ihn unwichtig.

Wenn der Meisterdetektiv viel auf seinen Wissensschatz hielt, so aus einem simplen Grund: Probleme sehen anders aus, wenn man eine Menge darüber weiß. Ein Tatort ist für einen Detektiv, der etwas über Böden, Zigarettenasche und andere relevante Geheimdinge weiß, ein offenes Buch. Stellen wir uns vor, wie Watson denselben Tatort untersucht. Zweifellos war Watson nicht so scharfsinnig wie Holmes, aber er war auch weit weniger darüber informiert, wonach er suchen sollte und was es bedeutete. Erinnern wir uns, dass das Aufspüren subtiler Hinweise eines der Kennzeichen bahnbrechenden Denkens ist, eine Reaktion auf ein scheinbar spurenloses Plateau. Aufgrund seines Wissens war Holmes fähig, den Tatort nach Spuren abzusuchen, die den Fall lösten. Watson blieb immer auf dem Plateau stecken.

Wissen schärft das Auge des Betrachters. Fehlt das richtige Wissen, entstehen blinde Flecken im Klondike-Denken. Verfügt man aber darüber und ist es abrufbereit, hat man einen Teil der Voraussetzungen für Geistesblitze erfüllt. Im letzten Kapitel habe ich die Auffassung vertreten, dass wir keine exotischen psychischen Prozesse brauchen, um bahnbrechendes Denken zu erklären. Es gibt keinen Grund, an eine mentale »Überholspur« zu glauben, die eigens im Dienste des Geistesblitzes mit Getöse in Aktion tritt. Im Gegenteil: Mit den vertrauten Mechanismen des Denkens und Verstehens können wir unter den richtigen Bedingungen gedankliche Durchbrüche erzielen.

Über das Wesen solcher Bedingungen lässt sich jedoch zweifellos mehr sagen. Was führt dazu, dass Wissen abrufbar ist, statt in einer geistigen Dachkammer einzustauben, wo der Staubwedel nur selten hinkommt? Wie können wir die geistige Bereitschaft beschreiben, die uns auf das plötzliche Erkennen bedeutsamer Hinweise vorbereitet? Gibt es Belege, dass es eine solche geistige Bereitschaft wirklich gibt? Fragen wie diese betreffen die Geistesgegenwart, die wir für den Moment des »Heureka!« dringend benötigen.

Die Herausforderung trägen Wissens

Zu wissen, was man wissen muss, ist essenziell. Leider ist Wissen allein nicht genug. Man muss das richtige Wissen bei der passenden Gelegenheit hervorheben können. Problemlöser verfügen häufig genug über das nötige Wissen, scheitern aber daran, es zu aktivieren. Viele »unvernünftige« Rätsel zielen speziell darauf, solche Fehlleistungen zu ermutigen.

◆ **Der Polygamist:** Eines Tages kam ein Kerl in eine Kleinstadt. Im Laufe der Zeit begegnete er zehn Frauen und jedes Mal kam es zur Heirat. Er ließ sich nie scheiden, brach kein Gesetz und keine der Frauen starb. Wie hat er das gemacht?

Rätsel wie dieses verlocken uns dazu, das relevante Wissen nicht zu aktivieren. Sie schaffen von Anfang an eine Gedankenschlucht der Fehlinterpretation.

Beim Polygamisten könnte man spekulieren, dass er in einem anderen Land mit sehr freizügigen Gesetzen wohnte oder zu einer bestimmten religiösen Sekte gehörte. Aber nein. Die beabsichtigte Lösung ist, dass der Mann ein Priester war. Er verheiratete jede der zehn Frauen mit einem anderen Mann. Der Trick des Rätsels beruht auf Irreführung. Bei den Wörtern »Mann«, »Frau« und »Heirat« denkt man sofort an das Nächstliegende: Der Mann hat selbst geheiratet, statt die Frauen zu verheiraten. Die Wortgebung des Rätsels evoziert die erste und unterdrückt die zweite Bedeutung. Jeder kennt beide Möglichkeiten genau, aber die zweite auf die Bühne zu bringen ist schwer, wenn die erste bereits im Rampenlicht steht.

Manche Leute lösen das Rätsel sofort, andere nicht. Der Psychologe John Bransford und seine Kollegen führten Experimente mit dem Polygamisten-Rätsel (das bei ihnen etwas anders formuliert war) sowie mit anderen ähnlichen Aufgaben durch, um zu zeigen, wie schwierig es sein kann, träges Wissen im Dienst des Problemlösens zu aktivieren.[1] Die Versuchspersonen kamen selbst dann nur selten auf die Lösung, wenn eine vorangehende einfache Anregung sie veranlasste, sich kurz auf die Tatsache zu konzentrieren, dass Priester Paare trauen. Die Studien machten außerdem deutlich, dass die beständige Nutzung des Wissens, im Gegensatz zu seiner bloßen Speicherung, dazu beitrug, das Wissen aktiv zu halten und die Fähigkeiten zum Lösen von Problemen zu optimieren.

Hintergrund- und Vordergrundwissen

Enge Gedankenschluchten, die absichtlich (wie bei Rätseln) oder zufällig (wie bei realen Problemen) zu begrenzten Annahmen verleiten und das relevante Wissen verschleiern, sind eines der vielen Risiken in der Klondike-Wildnis. Aber abgesehen von der Verschleierung ist es ein unvermeidbares Merkmal unserer mentalen Landschaft, dass ein Teil des Wissens leichter verfügbar und abrufbar im Vordergrund liegt, ein anderer dagegen im Hintergrund bleibt. Wissen ist nichts Absolutes, sondern etwas Graduelles.

Das richtige Vordergrundwissen war für bahnbrechende Geistesblitze wie Darwins Theorie der natürlichen Auslese und Gutenbergs

Erfindung des Buchdrucks zweifellos wichtig. Bei solchen Entdeckungs-geschichten ist es nicht schwer, den Ablauf der Ereignisse im Nachhi-nein zu verfolgen. Die grundlegenden Einsichten hängen zwar nicht von einem bestimmten technischen Fachwissen ab. Wenn Sie oder ich jedoch in der Situation dieser Entdecker wären, würden wir wahr-scheinlich nicht die nötigen Zusammenhänge erkennen, selbst wenn wir uns mit den Problemen beschäftigt hätten, von denen ihr Leben erfüllt war.

Das eigene Vordergrundwissen kann uns auf eine Einsicht besser vor-bereiten. Ein ausgezeichnetes Beispiel dafür ist eine Erfahrung, die ich kürzlich mit einem »unvernünftigen« Rätsel machte. Ich legte einem Freund namens Karl drei oder vier dieser Rätsel vor. Er löste alle mit Leichtigkeit. Dann erzählte ich ihm das Rätsel des Fächers. Sie erin-nern sich: Ein Mann schläft in der Kirche ein und träumt, er sei mitten in den Boxeraufstand geraten, gefangen gesetzt und zum Tode durch Köpfen verurteilt worden. Als die Axt im Traum auf seinen Hals nie-dersaust, bemerkt seine Frau, dass er eingedöst ist, und schlägt ihm mit ihrem Fächer heftig auf den Hals. Der Schock, so geht die Geschichte, tötet ihn auf der Stelle. Warum kann diese Geschichte nicht wahr sein?

Trotz seiner vorhergehenden Erfolge biss sich Karl am Fächer-Rätsel die Zähne aus. Nachdem er sich eine Zeit lang abgekämpft hatte, gab ich ihm einen Rat: Achte auf falsche Annahmen. Das half ihm über-haupt nicht weiter. Dann bot ich ihm noch einen Rat, der ihn aus sei-ner Gedankenschlucht befreien sollte: Versuche, eine breitere Sicht auf das Problem zu gewinnen, betrachte die Situation in einem weiteren Kontext. Das gab den Anstoß für den Geistesblitz. Karl sagte, er habe die Geschichte ursprünglich aus der Perspektive des Mannes gesehen, ein innerer Monolog über den Traum vom Boxeraufstand. Mit meinem Hinweis im Gedächtnis versuchte er, sie aus einem anderen Blickwin-kel zu betrachten, dem der Frau. Da erkannte er sofort, dass sie gar nicht wissen konnte, was ihr Ehemann träumte.

Es war erfreulich zu sehen, dass der Klondike-Rat wirkte. Denkge-wohnheiten zu haben, die sich zur Lösung eines gegebenen Problems eignen, ist noch hilfreicher. Ein paar Wochen später berichtete mir Karl, dass er das Rätsel seinem Vater, einem Rechtsanwalt, erzählt hatte. Karls Vater durchschaute das Problem auf Anhieb. Er fragte sich, ob man die Frau nicht wegen Totschlags verklagen könnte. Hatte sie fahrlässig gehandelt? Wer könnte als Zeuge aussagen? – Die üblichen Schlüsselfragen für einen Anwalt, der einen Fall aufrollt. Ihm war sofort klar, dass weder die Frau noch sonst jemand wissen konnte, was der Mann träumte. Der Vater betrachtete das Fächer-Rätsel mit einem reichen Vordergrundwissen, das sein Geheimnis mit Leichtigkeit lüftete.

Was Alexander Fleming bereits wusste

Im Herbst 1928 bemerkte der britische Bakteriologe Alexander Fleming in seinem Labor bei einer Kultur von Staphylokokken ein seltsames Wachstumsmuster. Schimmelpilze sind ein großes Übel bei der Erforschung von Bakterienkulturen. Sie können sich in den Nährstofflösungen festsetzen und die Kulturen verderben, sodass der Forscher von vorne beginnen muss. Genau das passierte in diesem Fall und Fleming machte eine eigentümliche Entdeckung: Wo der Pilz wuchs, entwickelten sich die Staphylokokken nicht. Die Bakterien schienen die Bereiche zu meiden, die der Pilz besetzt hatte. Um sie herum entstand ein infektionsfreier Bereich.

Fleming hätte die Kultur einfach wegwerfen und neu anfangen können. Aber er sah eine Bedeutung darin. Eine vom Schimmelpilz abgeschiedene Substanz griff die Staphylokokken offensichtlich an und tötete sie. Es stellte sich heraus, dass dieser antibiotische Wirkstoff nicht nur Bakterien tötete, sondern noch eine weitere glückliche Eigenschaft besaß: Er griff das normale Gewebe nicht an. Der später aus dem Schimmelpilz gewonnene Wirkstoff wurde als Penizillin bekannt.[2]

Die Entdeckung des Bakteriologen erscheint unmittelbar einsichtig, ein bahnbrechender Geistesblitz, den er erreichte, weil er zur richtigen Zeit am richtigen Ort war. Jeder andere hätte diese Entdeckung auch machen können, zumindest jeder, der mit Bakterienkulturen vertraut war. Ganz so einfach ist es jedoch nicht. Das reine Handlungsschema verschleiert nämlich, wie gut Fleming auf die Entdeckung vorbereitet war und wie sehr die Möglichkeit antibiotischer Wirkstoffe im Vordergrund seines Denkens stand.

Fleming hatte sich während des Ersten Weltkriegs, wo allenthalben Blutvergiftungen das Leben verwundeter Soldaten bedrohten, für Antibiotika zu interessieren begonnen. Nach dem Krieg führte er seine Untersuchungen in einem Forschungsprogramm fort. 1921 entdeckte er einen antibiotischen Wirkstoff in der Tränenflüssigkeit und im Eiweiß, den er Lysozym nannte. Obwohl das Lysozym einige Bakterien angriff, hatte es leider nur eine geringe Wirkung auf solche, die den menschlichen Organismus bedrohten. Aber er war nun in seiner Grundidee bestärkt und setzte seine Suche fort.

Als 1928 der schicksalsträchtige Moment kam, war Fleming nicht einfach nur einer von vielen Forschern, die sich mit Bakterienkulturen beschäftigten, denn er suchte gezielt nach antibakteriellen Wirkstoffen, die von lebenden Organismen produziert wurden. Der Schimmelpilzbefall seiner Kulturen war tatsächlich ein Zufall, aber die daraus folgende Entdeckung war mehr als nur das Glück, zur rechten Zeit am rechten Ort gewesen zu sein: Fleming war der richtige Forscher am richtigen Ort zur rechten Zeit.

Empfänglichkeit für Mustererkennung

Louis Pasteur, der französische Chemiker und Biologe des 19. Jahrhunderts, der die Impfung und die Pasteurisierung erfand, äußerte einmal eine der tiefsten Erkenntnisse über das menschliche Einsichtsvermögen, dass nämlich auf dem Feld der Beobachtung der Zufall nur jenen Geist begünstigt, der auf ihn vorbereitet ist. Pasteurs Bemerkung bekräftigt, wie wichtig es ist, darauf präpariert zu sein, glückliche Hinweise zu entdecken, also das, was wir im letzten Kapitel die Vorbereitung auf eine Mustererkennung genannt haben.

Lässt sich diese Vorbereitung, von den Fallgeschichten einmal abgesehen, unter Versuchsbedingungen nachweisen? 1927 entdeckte der deutsche Psychologe Bluma Zeigarnik den so genannten Zeigarnik-Effekt.[3] Darunter ist die geläufige Erfahrung zu verstehen, dass wir ungelöste Probleme im Hinterkopf behalten. Zeigarnik zeigte in einem Experiment, dass sich das menschliche Gedächtnis besser an ungelöste

Probleme als an gelöste erinnert. Etwas an einem ungelösten Problem setzt sich in einem Bereich des Gehirns fest wie ein hartnäckiger Hausbesetzer und verlässt diesen Ort nicht freiwillig. Es verlangt nach Aufmerksamkeit.

Der Zeigarnik-Effekt passt gut zu zwei Mechanismen der Inkubation. Der eine ist das Nachsinnen. Wenn ein ungelöstes Problem im Kopf »hängen bleibt«, können wir ab und zu darauf zurückkommen. Der andere ist die gesteigerte Empfänglichkeit, hinweisgebende Muster zu erkennen. Begegnet uns irgendein Hinweis, während wir ein Problem mit uns herumtragen, werden wir diesen leichter erkennen und nutzen können.

Wenn sich der Zeigarnik-Effekt als verlässlich erweist, hätte unsere Suche nach den Wirkungsweisen des bahnbrechenden Denkens ein rasches und glückliches Ende gefunden. Leider ergaben spätere Studien von verschiedenen Forschern ähnliche Ergebnisse wie bei der Inkubation. Der Zeigarnik-Effekt ließ sich manchmal belegen, häufig jedoch nicht. Warum diese Schwankungen? Colleen Seifert und einige ihrer Forschungskollegen gehen davon aus, dass der Zeigarnik-Effekt nur auftritt, wenn Problemlöser wirklich bei einem Problem festhängen.[4] Gelegentlich geben sie stattdessen einfach auf. Solange sie dies nicht tun, bleiben ihre Gedanken immer noch in Bewegung; somit befinden sie sich auch noch nicht in einer festgefahrenen Situation.

Der Terminus technicus der angloamerikanischen Psychologie, der den Zustand des mentalen Festhängens beschreibt, lautet *Impasse*. Solche Sackgassen spielen eine besondere Rolle im Verstehensprozess. Sie schaffen Problemzonen des Lernens, die erhalten bleiben, bis der Lernende einen Weg durch sie hindurch findet. Man denke an einen ehrgeizigen Tennisspieler oder an eine Musikerin, die beide eine technische Schwäche erkennen und sich zwingen, fortwährend zu üben, bis diese überwunden ist. Ein Großteil des Erlernens gewöhnlicher Fähigkeiten wie Autofahren, Buchstabieren oder Rechnen organisiert sich um solche momentanen Impasses. Es ist naheliegend, dass Probleme, mit denen man sich bis zum Punkt eines Impasses intensiv beschäftigt, eher geistige Spuren hinterlassen als ganz normale, einfache Aufgaben. Begegnet man nach einiger Zeit Hinweisen, werden diese Probleme aktiviert. In den Begriffen von Seifert und ihren Kollegen schaffen

Impasses »Fehlerindizes«, geistige Kodierungen, die zur Verfügung stehen, um spätere Erfahrungen mit ungelösten Problemen zu verbinden. Zweifellos wären solche Fehlerindizes sinnvolle Mechanismen für effektives Lernen und effektive Anpassung.

Helfen Impasses beim Problemlösen?

Die Psychologen um Colleen Seifert machten sich daran, die Idee der Fehlerindizes direkt zu überprüfen.[5] Sie benutzten dazu keine »unvernünftigen« Probleme, sondern etwas Einfacheres, das dennoch einen Beleg liefern konnte: Wissensfragen wie zum Beispiel: »Welches nautische Instrument benutzt man für die Messung von Winkeln, besonders der Höhenwinkel von Sonne, Mond und den Sternen auf See?« Die Antwort ist natürlich: »Einen Sextanten.« Eine andere Frage war: »Wie nennt man einen der Tausenden von kleinen Planeten zwischen Mars und Jupiter mit Durchmessern von wenigen 100 Metern bis zu beinahe 800 Kilometern?« Die Antwort lautet: »Asteroid.« Die Forscher wählten Fragen des Allgemeinwissens, das die Versuchspersonen fast sicher besaßen, aber nicht oft benutzten. Entsprechend konnten diese die Informationen häufig nicht aktivieren.

Im ersten Schritt der Studie stellten die Psychologen einer Reihe von Versuchspersonen diese Fragen und notierten die ersten Erfolge und Misserfolge. Dann, etwa eine halbe Stunde später, erhielten die Probanden eine andere Aufgabe, die mit der ersten nichts zu tun zu haben schien. Auf einem Bildschirm betrachteten sie Buchstabenketten und mussten entscheiden, bei welchen es sich um Wörter (wie Regenschirm oder Sextant) handelte und bei welchen nicht (wie »Daschreib« und »Trinsfer«). Unter den Wörtern waren einige der richtigen Antworten auf die Fragen, die ihnen zuvor gestellt worden waren. Danach hatten die Versuchspersonen den Rest des Tages frei. Am nächsten Tag wurden ihnen weitere Fragen des Allgemeinwissens gestellt, einige neue und einige vom Vortag. Für eine Reihe der alten und neuen Fragen hatten die Buchstabenketten Hinweiswörter enthalten.

Die komplizierte Versuchsanordnung erbrachte ein einfaches Ergebnis: Die Hinweise halfen. Die Versuchspersonen konnten neue und alte Fragen mit größerer Wahrscheinlichkeit richtig beantworten, wenn ein relevantes Hinweiswort in den Buchstabenfolgen vorhanden war. Gab es keine Hinweise, schnitten sie bei den alten Fragen beim zweiten Mal nicht besser ab. Darüber hinaus – und hier kommt der Zeigarnik-Effekt ins Spiel – halfen die Schlüsselwörter bei den alten Fragen mehr als bei den neuen.

All dies deutet darauf hin, dass das anfängliche Impasse, auf das die Probanden bei einigen der alten Fragen gestoßen waren, ein Muster in ihrem Gehirn vorbereitete, um relevante Informationen aufzuspüren. Dabei nahmen sie die Antworten in den Buchstabenketten vielleicht bewusst wahr, vielleicht aber auch nicht. Andere Studien zeigen, dass wir uns solcher Vorgänge häufig nicht bewusst sind, eine Frage, die Seiferts Testreihe nicht behandelte.

Sie und ihre Kollegen führten eine weitere Studie durch, die unmittelbar das Problemgedächtnis untersuchte. Die Forscher baten die Versuchsteilnehmer, eine Reihe von Rätseln in einer halben bis mehreren Minuten zu lösen. Nach der Problemlösungsphase versuchten die Probanden, so viele Probleme wie möglich im Gedächtnis zu behalten und aufzuschreiben. Die Forscher hofften, dass die Versuchspersonen sich besser an die Probleme erinnerten, bei denen sie auf ein Impasse gestoßen waren.

Zu diesem Zweck manipulierten die Psychologen die Problemlösungsphase in verschiedener Weise. Einige Teilnehmer wurden nach etwa 30 Sekunden nach dem Zufallsprinzip unterbrochen. Andere konnten die gesamten 50 Minuten nutzen und beliebig auf die einzelnen Probleme verteilen, viele lösen und jene offen lassen, bei denen sie nicht weiterkamen. Wieder andere bekamen genau eine Minute Zeit für jedes Problem. Beim Vergleich des Problemgedächtnisses unter diesen Bedingungen kamen die Wissenschaftler zu dem Schluss, dass ungelöste Probleme, die in einem Zustand des Impasses aufgegeben wurden, mit etwas größerer Wahrscheinlichkeit im Gedächtnis blieben.

Ich bin skeptisch, ob dem Team hier ein zwingender Beweis des Zeigarnik-Effekts in seiner vollen Bedeutung gelungen ist. Die Probanden erinnerten sich an Probleme, bei denen sie »hängen geblieben« waren, nur etwas besser als an andere. Die Versuchsanordnung schloss nicht eindeutig aus, dass die bessere Gedächtnisleistung nicht einfach an der längeren Zeit lag, die manchen der Testpersonen zur Verfügung stand. Schließlich erbrachte eine teilweise Wiederholung mit schwierigeren Problemen kein gesteigertes Gedächtnis für Probleme, bei denen die Versuchspersonen auf ein Impasse gestoßen waren.

Ob Probleme, die bei einem Impasse aufgegeben werden, besser im Gedächtnis bleiben oder nicht: Der entscheidende Punkt ist, dass man sich an Probleme einfach deshalb besser erinnert, weil man an ihnen arbeitet. Vielleicht legt das Gehirn dabei ständig »Fehlerindizes« an, nicht nur bei Impasses. Möglicherweise handelt es sich nicht einfach um Fehlerindizes, sondern um »Relevanzindizes«, die das Gehirn aufstellt, sodass uns spätere Zufallshinweise an das bereits gelöste Problem erinnern und sich so Möglichkeiten eröffnen, eine Lösung zu erweitern oder zu überarbeiten. So oder so bereitet das beiläufige Lernen, das sich schon vollzieht, während wir nur an einem Problem arbeiten, Muster im Gehirn vor, die später aktiviert werden können. Wir werden für Hinweise und mögliche Lösungen empfänglicher.

Das Genre von »unvernünftigen« Rätseln erkennen

Agatha Christies Kriminalgeschichte *Die Mausefalle* ist in London das Stück mit der längsten Spielzeit. Es wird seit beinahe einem halben Jahrhundert aufgeführt. Meine Frau und ich fanden das Stück sehr vergnüglich. Es gefiel uns über die volle Länge, aber auf halbem Weg waren wir überzeugt, den Mörder zu kennen.

Die Identifizierung des Mörders verlangte einen Wandel des Blickwinkels, aber wie gelang uns das? Hatten wir die Beweisstücke richtig beurteilt, oder spürten wir subtile Ungereimtheiten in den Alibis der Charaktere auf? Nichts dergleichen. Wir gingen einfach davon aus, dass der Schuldige höchstwahrscheinlich derjenige sein würde, dessen Schuld am wenigsten wahrscheinlich erschien. Und wir hatten Recht.

Der Grundsatz des »am wenigsten wahrscheinlich« eignet sich zur Lösung vieler Kriminalgeschichten. Er geht Hand in Hand mit einer

Reihe von ähnlichen Prinzipien. Der Schuldige ist selten ein wirklich sympathischer Charakter, sonst würde das Publikum dessen Schuld bedauern. Außerdem ist er nur selten eine äußerst nebensächliche Figur, weil es nicht interessant wäre zu entdecken, dass der Milchmann, der nur einmal an der Tür auftauchte, der Mörder ist.

Das Genre eines Problems zu kennen und dieses Wissen zu nutzen, ist ein sehr erfolgreicher Denkansatz. Es ist jedoch eine ganz andere Art zu denken, als am Problem selbst zu arbeiten. Das gilt für »unvernünftige« Rätsel genauso wie für andere Problemgruppen. Vielleicht kann man zu viel über sie wissen, als dass es noch einer großen Einsicht bedürfte, um sie zu lösen.

Ich kenne das Genre solcher Rätsel gut und beschloss daher zu untersuchen, wie ich meine Kenntnis einsetze, um sie zu lösen. Die folgenden Rätsel bieten den Lesern eine weitere Möglichkeit, sich in der Klondike-Logik zu üben.[6]

◆ **Die Pferche:** Beschreiben Sie, wie Sie 27 Tiere in vier Pferche stecken können, sodass es eine ungerade Zahl in jedem der Pferche gibt.

◆ **Basketball:** Ein Basketballteam gewann 72 zu 49 und trotzdem erzielte keiner der Männer des Teams einen einzigen Punkt. Wie war das möglich?

◆ **Der faule Polizist:** Eine Frau hatte ihren Führerschein nicht dabei. Sie hielt nicht an einer Bahnschranke an und bog dann in verkehrter Richtung in eine Einbahnstraße ein, die sie erst nach drei Häuserblöcken wieder verließ. Der Polizist verfolgte all dies, doch er unternahm keine Anstalten, der Frau einen Strafzettel zu geben. Warum?

◆ **Die entlaufenen Schafe:** Ein Bauer hatte 17 Schafe in einem Pferch. Alle außer neun brachen aus dem Gehege aus. Wie viele sind übrig geblieben?

◆ **Der Weinpreis:** Eine Flasche Wein kostet 20 Mark. Der Wein ist 18 Mark teurer als die Flasche. Wie teuer ist der Wein?

Lösungen

Mir sind im Zusammenhang mit der Arbeit an diesem Buch viele solcher Rätsel begegnet. Meine Vertrautheit damit hilft mir, sie zu lösen – aber nicht immer. Lassen Sie mich jedes davon kommentieren.

◇ **Die Pferche:** *Als ich das Rätsel las, fragte ich mich, ob die vier Pferche voneinander getrennt sein müssen. Die Annahme getrennter Pferche könnte eine enge Gedankenschlucht sein. Das Rätsel erinnerte mich an das Problem der zehn Streichhölzer, wo die Lösung darin bestand, ein kleineres Quadrat in die Ecke eines größeren zu setzen. Deshalb stellte ich mir einen großen Pferch vor, der drei kleine enthielt. Es ist dann leicht, die Tiere zu verteilen – sagen wir 7, 7 und 13. Jeder schmale Pferch enthält eine ungerade Zahl und der große enthält alle 27, ebenfalls eine ungerade Zahl.*

Ich machte mir vor diesen Überlegungen gar nicht erst die Mühe, zu fragen, ob eine Trennung der Pferche möglich sei. Sie ist es nicht. Zwei ungerade Zahlen summieren sich zu einer geraden. Wenn sich also in jedem Pferch eine ungerade Anzahl von Tieren befindet, muss die Summe gerade sein.

Bei einer anderen, noch einfacheren Lösung werden die Tiere in ineinander verschachtelte Pferche gesteckt. Diese Lösung erfüllt die Bedingungen, aber sie erscheint weniger plausibel als ein Pferch, in dem die drei anderen enthalten sind. Welche Tiere würden schon derart ausbruchsichere Gehege benötigen?

◇ **Basketball:** *Mein erster Gedanke war, dass mich das Problem mit einem Wortspiel in die Falle locken wollte: »einen einzigen Punkt«. Vielleicht erzielte jeder der Basketballspieler viel mehr als einen einzigen Punkt. Ein Blick auf die Problemstellung zeigte aber sofort, dass diese Lesart im Satz vorausgesehen und ausgeschlossen wird: »Keiner der Männer des Teams erzielte einen einzigen Punkt.« Also fragte ich mich, was sonst noch irreführend sein könnte, da die Spieler doch offensichtlich Punkte erzielt haben mussten. Vielleicht spielte das Geschlecht eine Rolle? Schließlich hieß es in der Problemstellung »keiner der Männer«. Wahrscheinlich war es ein weibliches Basketballteam. Diese Lösung war augenfällig, weil es mehrere andere Rätsel gibt, die auf Geschlechterstereotypen abheben.*

◇ **Der faule Polizist:** *Auch hier nahm ich mich vor einer allzu leichten An-nahme in Acht, die mich in eine Gedankenschlucht führen konnte. Tatsäch-lich kam ich auf die Lösung, als ich den zweiten Satz las. Der Titel suggeriert, dass der Polizist die Frau aus irgendeinem Grund nicht bestrafen würde. In der seltsamen Welt der »unvernünftigen« Probleme standen die Chancen gut, dass die Frau gar kein Gesetz übertreten hatte. Wie konnte die Frau sich auf den beschriebenen Weg begeben, ohne das Gesetz zu brechen? Vielleicht fuhr sie nicht, sondern ging zu Fuß. Nichts in der Problemstellung besagt, dass sie in einem Auto saß.*

◇ **Die entlaufenen Schafe:** *Ich vermutete sofort eine Oase der falschen Ver-heißung. Das Rätsel verführte mit dem letzten Satz »Wie viele sind übrig geblieben?« dazu, sich sofort ans Rechnen zu machen. Also schaute ich genauer hin. Dabei entdeckte ich den Schlüsselsatz: »Alle außer neun brachen aus.« Natürlich sind neun übrig, und jedes Rechnen ist überflüssig.*

◇ **Der Weinpreis:** *Dieses Problem verstand ich falsch. Wie beim vorangehen-den war ich auf eine Oase der falschen Verheißung gefasst und glaubte, sie entdeckt zu haben. Das Rätsel besagt: »Eine Flasche Wein kostet 20 Mark. Der Wein war 18 Mark teurer als die Flasche.« Ich glaubte, zu einer Subtraktion und damit zur Antwort »zwei Mark« verleitet zu werden. Also las ich präzi-ser. Wenn der Wein 18 Mark teurer als die Flasche ist, dann müsste die Lösung 18 Mark sein.*

Aber ich überprüfte meine Antwort nicht sorgfältig genug. Wenn der Wein 18 Mark und die Flasche zwei Mark kosten würde, wäre der Wein 16 Mark teurer als die Flasche. Das widerspricht den Angaben des Rätsels. Die richtige Antwort ist 19 Mark für den Wein und eine Mark für die Flasche. Dann ist die Gesamtsumme 20 Mark, und der Unterschied beträgt wie verlangt 18 Mark.

Warum habe ich ein so einfaches Problem falsch angefasst? Ich dachte, mir würde eine Falle gestellt, aber die wirkliche Falle lag hinter der Falle, die ich vermutete. Warum lag ich bei den anderen Rätseln richtig? Weil ich mit einer Klondike-Logik an sie heranging, mit besonderem Augenmerk für die absicht-liche Irreführung, die viele »unvernünftige« Rätsel kennzeichnet.

Aus dieser kleinen Erkundung von Klondike-Problemen lassen sich drei Lehren ziehen. Erstens ist es von Vorteil, das Genre zu kennen, so wie es nützlich ist, Kriminalgeschichten zu kennen, um auf den Täter in *Die Mausefalle* zu kommen. »Unvernünftige« Rätsel sind für diejenigen Problemlöser zugänglicher, die auf Formulierungen achten, die Gedankenschluchten und Oasen schaffen – wenn zum Beispiel Geschlechterstereotypen im Spiel sind, Schlüsselsätze zu reflexartigen Reaktionen verleiten oder die Annahme in die Irre führt, dass getrennt ist, was in Wirklichkeit verbunden werden kann. In gleicher Weise ist es hilfreich, ein gewisses Repertoire von Rätseln zu besitzen, um Analogien zu ziehen.

Die zweite Lehre ist, dass die Kenntnis des Genres uns zuweilen in die Falle lockt. Manchmal sitzen wir dem Glauben auf, alle Tücken von Rätseln zu kennen und mit ihnen perfekt umgehen zu können. Häufig ist gerade diese Illusion selbst eine Falle, aus der wir uns erst wieder befreien müssen.

Die dritte und wichtigste Lehre besteht darin, dass Problemlöser, die ihr Genrewissen bei diesen Rätseln einsetzen, eine Art von Nischenfähigkeit verwenden und nicht eine voll entwickelte Klondike-Logik. Rätsel sind nur insoweit eine gute allgemeine Übung, solange sie frisch und verschiedenartig bleiben, sodass ihre Tricks schwer vorauszusehen sind.

12

Zu viel wissen und genug vergessen

Noch einmal die Fliege

Die Rolle des Wissens beim bahnbrechenden Denken ist kompliziert. Manchmal ist es ein Vorteil, Fakten zu kennen, die anderen unbekannt sind, und das Wissen eher im Vorder- als im Hintergrund zu haben. Manchmal nimmt das Wissen die Gestalt des richtigen Deutungsrahmens an: zum Beispiel den eines Rechtsanwalts, eines Installateurs, eines Dichters, oder eines Börsenmaklers. Aber die Wirkung des Wissens kann zweischneidig sein: Man kann auch zu viel wissen. Und manchmal kann man selbst mehr als das wissen, so viel mehr, dass die Falle, in die man durch das »zu viel wissen« leicht hineintappt, keine Rolle spielt. Erinnern wir uns noch einmal an das Rätsel der Fliege. Dieses Problem aus einem früheren Kapitel lud uns dazu ein, uns vorzustellen, wie zwei Menschen aus zehn Metern Entfernung langsam und beständig mit einer Geschwindigkeit von einem Meter in zehn Sekunden aufeinander zugehen. Welche Distanz muss die Fliege, die mit einem Meter pro Sekunde zwischen den beiden Nasen hin und her fliegt, zurücklegen, bevor sie zwischen den beiden Nasen zerquetscht wird?

Die Art der Problemstellung verführt dazu, die abnehmende Entfernung zwischen den beiden Nasen eines jeden Fluges zu summieren, während die beiden sich langsam annähern. Tatsächlich handelt es sich um eine unendliche Reihe von immer kleineren Distanzen. Es gibt viele technische Strategien, um die Summe einer unendlichen Reihe zu errechnen. Das Problem verlockt Mathematiker, eine davon zu verwenden. Wer weniger weiß, löst das Problem oder nicht, aber auf keinen Fall würde der Unwissende in diese Oase der falschen Verheißung tappen.

Wenn der Mathematiker jedoch gut genug ist, spielt die Falle keine Rolle. Es gibt die Anekdote, dass jemand das Rätsel der Fliege dem brillanten Mathematiker John von Neumann präsentierte. In Sekundenschnelle gab das Genie die korrekte Antwort: »50 Meter«.

»Oh«, erwiderte der Rätselsteller, »Sie haben den Trick durchschaut.«

»Welchen Trick?«, fragte von Neumann. Er hatte einfach die komplexe Berechnung einer unendlichen Serie im Kopf durchgeführt.

Aber diese Geschichte ist vermutlich nicht wahr. Man hörte die gleiche Anekdote auch schon über den berühmten Mathematiker vom Massachusetts Institute of Technology, Norbert Wiener. Beide Mathematiker konnten solche Kunststücke vollbringen. Wurde aber einer von ihnen wirklich mit dem Fliegen-Rätsel konfrontiert und antwortete er in dieser Weise? Was die Wahrheit auch sei, die Geschichte verdeutlicht einen wichtigen Punkt. Paradoxerweise kann Wissen sowohl hilfreich als auch hinderlich sein. Es hängt alles vom Problem ab. Und manchmal kann uns unser Wissen sogar vor einer Falle schützen.

Zum eigenen Vorteil zu viel wissen

Unwissenheit ist üblicherweise ein Nachteil. Es ist nicht gut, nichts zu wissen. Informationen sind der Treibstoff für die Erkundungsreisen unseres Verstandes. Aber Anekdoten wie die über von Neumann lassen vermuten, dass man auch zu viel wissen kann. Gibt es dafür Belege?

Ein klassisches Konzept der Psychologie befasst sich eben mit dieser Frage. Probleme, die zu einem bestimmten Ansatz einladen, können eine *Einstellung* etablieren. Man hält dann an einem einzigen als erfolgreich erkannten Lösungsweg fest, auch wenn dies die Lösung scheinbar ähnlicher Probleme behindert.

In der psychologischen Literatur ist dieser Einstellungseffekt durch Experimente vielfach belegt. Die Psychologen Steven Smith und David Jansson analysierten die Rolle der Einstellung bei Erfindungen. Sie stellten Ingenieuren kreative Aufgaben. Dazu gehörten die Konstruktion eines Fahrradständers, eines Messbechers für Blinde, eines Geräts für Darmspiegelungen und eines Einwegkaffeebechers, der keinen Kaffee verschütten kann. Eine der Aufgabenstellungen lautete etwa so:

◆ **Der Einwegkaffeebecher:** Entwerfen Sie einen Einwegkaffeebecher, der keinen Kaffee verschütten kann. Die folgende Illustration zeigt Ihnen, wie dies zu bewerkstelligen ist. Beachten Sie jedoch, dass Sie besser keine Mundstücke oder Strohhalme benutzen. Diese könnten die Abkühlung des Kaffees verhindern und zu Verbrühungen führen.[1]

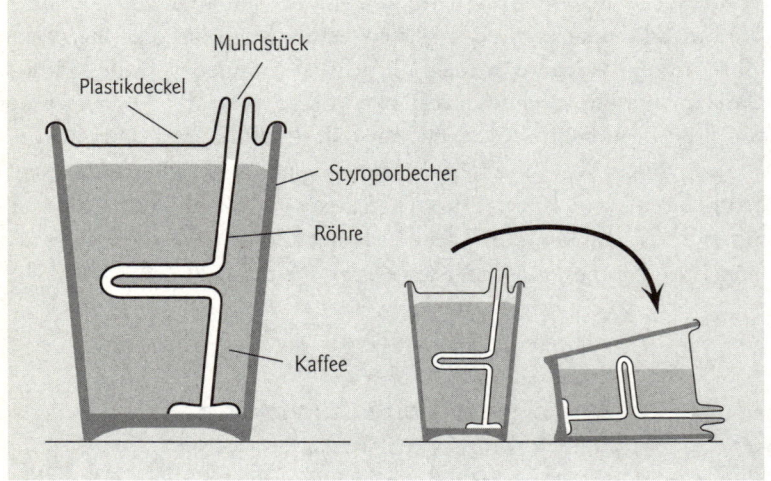

Versuchen Sie sich ruhig einmal an diesem Entwurfsproblem, bevor Sie weiterlesen.

Smith und Jansson gaben tatsächlich mehr Informationen, als für die Lösung des Problems hilfreich war. Vor allem die Illustration war eher hinderlich. Die eine Hälfte der Testpersonen erhielt die Skizze, die andere nicht. Erstere neigten dazu, sich an ihr zu orientieren, und lieferten weit weniger verschiedenartige und innovative Entwürfe. Darüber hinaus ignorierte die Mehrheit dieser Ingenieure – 56 Prozent – die ausdrückliche Warnung vor Trinkhalmen und Mundstücken. Dagegen verwendeten nur elf Prozent der Ingenieure, die die Illustration nicht gesehen hatten, diese Merkmale.

Sicherlich ist es oft eine große Hilfe zu sehen, was andere gemacht haben. Es kann jedoch auch zu einer unerwünschten Fixierung führen.

Eine Illustration kann leicht zu einer Oasenfalle werden, wenn sie ebenso reizvolle wie irrelevante Merkmale aufweist.

Fruchtbares Vergessen

Was also tun? Vielleicht einfach eine Pause machen. Es ist einleuchtend, dass ein Konstrukteur einen kreativeren Kaffeebecher entwerfen kann, nachdem er sich von der Fragestellung gelöst hat. Denn dadurch verblasst die Illustration vor seinen Augen und er wird freier, flexibler zu denken.

Smith und Jansson führten solche Experimente nicht mit den Ingenieuren durch. Bei anderen Problemen, die man »Wortrebus« nennen könnte, untersuchte Smith jedoch eben dieses fruchtbare Vergessen.[2] Rebusse bestehen aus Bildern und manchmal aus Wörtern, die zusammen einen Ausdruck bilden. Ein Rebus für »Schneeball« ist ein Bild von Schnee und ein Bild von einem Ball. Ein Wortrebus übernimmt die Idee, aber ohne die Bilder: Es präsentiert ein Arrangement von Wörtern, das ein bekanntes Sprichwort oder eine geläufige Wendung ausdrückt. Hier ein Beispiel:

◆ **Wortrebus**

du   unter   ich

Dieses Wortrebus bedeutet »unter uns«. Behalten wir das Beispiel im Gedächtnis und betrachten wir drei weitere Wortrebusse von Steven Smith.

◆ **Wortrebus I**

l | e | s | e | n

◆ **Wortrebus 2**

	0	
Magister	Dr. med.	Professor

◆ **Wortrebus 3**

Buchhstabe

Wem die Lösung schwierig erscheint, erhält zwei Spalten mit Hinweisen. (Verdecken Sie die rechte Spalte, um mit der ersten zu beginnen.)
Beachten Sie, dass die Hinweise irreführend sein könnten.

Wortrebus	erster Hinweis	zweiter Hinweis
1	zwischen	Zeilen
2	Minus	Grade
3	lesen	Laut

Bei der ersten Präsentation fügten Smith und sein Kollege Steven
Blankenship wiederum manchen Rebussen hilfreiche, anderen irreführende Hinweise hinzu. Nach der ersten Runde wurden den Testpersonen die Rebusse, die sie nicht gelöst hatten, wieder vorgelegt, aber
ohne Hinweise. Die Probanden versuchten zuerst, einen ungelösten
Rebus zu lösen und sich dann die Hinweise einzuprägen. Einige wurden
sofort noch einmal getestet, die anderen später. Smith und Blankenship
stellten fest, dass längere Verzögerungen zu schlechteren Gedächtnis-
leistungen führten und die Lösung von Rätseln mit irreführenden Hinweisen begünstigten. Die Studien belegen, dass *fruchtbares Vergessen*
tatsächlich »unvernünftige« Probleme zugänglicher machen kann,
deren Lösung andernfalls blockiert ist. Smith folgert daraus, dass fruchtbares Vergessen ein wichtiger Faktor der Inkubation ist.

Es mag seltsam erscheinen, dass die Forscher bei ihren Studien
bewusst irreführende Hinweise gaben. Wir sollten uns aber daran erin-

nern, dass wir im Leben häufig auf Probleme stoßen, die uns in die Irre führen. Solche Hinweise systematisch in einem Experiment unterzubringen, ist eine Möglichkeit, unter Laborbedingungen Blockaden zu erzeugen, die nur allzu häufig unter realen Bedingungen auftreten.

Lösungen

◇ **Die Rebusse** *lösen sich wie folgt auf: (1) »zwischen den Zeilen lesen«; (2) »drei Grad unter null«, (3) »falsch buchstabiert«.*

Die Hinweise der ersten beiden Probleme sind hilfreich, die des dritten irreführend. Besonders »lesen« bewirkt eine falsche Assoziation mit dem Wort »Buchstabe«, die keine Verbindung zur Lösung hat. »Laut« führt uns dazu, »Buchstabe« durch »Wort« zu ersetzen, was ebenfalls nichts mit der Lösung gemein hat. Smith bemerkt, dass das dritte Problem auch aufgrund eines Einstellungseffekts schwerer sein könnte: Das oben angeführte Beispiel und die beiden ersten Wortrebusse von Smith hängen alle mit der relativen Position zusammen, das dritte hat hingegen nichts damit zu tun. Hier geht es nur um die Rechtschreibung.

Unvergesslich

»Fruchtbares Vergessen« ist eine hübsche Vorstellung. Aber was, wenn man nicht vergessen kann? Was, wenn das Wissen, das im Spiel ist, nicht aus der Problemsituation heraus frisch erworben wurde, sondern aus jahrelanger Erfahrung stammt und zutiefst vertraut ist? Eine interessante Demonstration dieses Dilemmas bietet die folgende Aufgabe.

◆ **Außerirdisch:** Viele Kinder haben schon während des Mathematik- oder Deutschunterrichts viel Spaß und Ablenkung dabei gehabt, Außerirdische und andere Fantasiebilder zu malen. Das ist nun auch Ihre Aufgabe. Malen Sie einen Außerirdischen aus dem Weltraum. Gestalten Sie den Außerirdischen so außerirdisch wie möglich, indem Sie nach etwas wirklich Fremdartigem suchen.

Eine ähnliche Aufgabe stellte Thomas Ward von der Texas A & M University, um zu erkunden, wie originell Menschen sind, wenn sie ein Tier von einem anderen Planeten zeichnen sollen.[3] In einer Versuchsreihe präsentierte er die Aufgabe Hunderten von Studenten und prüfte, wie gut die Teilnehmer die Aufgabe bewältigten, das übliche Vorstellungsmuster zu durchbrechen.

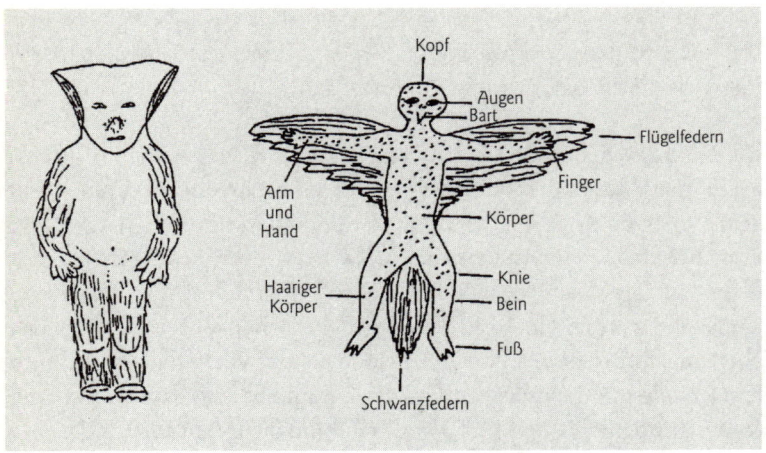

Interessanterweise erwiesen sich die Tiere der Studenten als bemerkenswert vorhersehbar, nicht in den Details, wohl aber in der Gesamtdarstellung. Die meisten wiesen zwei symmetrische Körperhälften auf, hatten zumindest ein vertrautes Sinnesorgan – Augen, Ohren oder Nase – und ein vertrautes Gliederpaar – Arme, Beine – beziehungsweise einen Schwanz. Leser, die sich an diesem Rätsel versucht haben, werden wahrscheinlich ähnliche Merkmale in ihren eigenen Zeichnungen finden. Die abgebildeten Figuren zeigen zwei Beispiele aus Wards Versuchen. Die vogelartige Figur erfand ein Student, der zu einer Gruppe gehörte, die ein Wesen mit Federn zeichnen sollte. Beachten Sie, dass er eine Reihe von weiteren Vogelmerkmalen dargestellt hat, obwohl dies in der Aufgabenstellung nicht erwähnt wurde.

Für Ward bedeuten diese Ergebnisse, dass sich Menschen nur schwer von den Schablonen lösen, die sich in ihren Köpfen festgesetzt haben. Merkmale wie Augen und beidseitige Symmetrie sind so tief verwurzelt, weil sie dem Aussehen der Tiere auf der Erde entsprechen. Tatsächlich gaben die Studenten an, sich eher an ihrer Kenntnis irdischer Tiere als an fiktionalen Außerirdischen orientiert zu haben. Fruchtbares Vergessen kann in mancherlei Weise ein nützlicher Mechanismus der Inkubation sein, aber es dürfte uns kaum helfen, tief verwurzelten Denkmustern zu entkommen.

In den Klondike-Begriffen sind tief verwurzelte Muster wie die stillen geistigen Modelle von Standardaußerirdischen gleichbedeutend mit einer engen Gedankenschlucht. Menschen bewegen sich leichtfüßig innerhalb der Grenzen ihrer Gedankenschlucht von Außerirdischen und ersinnen Variationen der Kopf- und Augenform oder der Hautbeschaffenheit. Es fällt nicht leicht, solche Grenzen hinter sich zu lassen.

Viele »unvernünftige« Rätsel hängen von solchen unvergesslichen Blockaden ab. Erinnern wir uns an den Polygamisten, den Mann, der nach seinem Auftauchen in der Stadt nach und nach zehn Frauen begegnete, wobei es jedes Mal zur Heirat kam. Hier stand die Assoziation Mann + Frau = Heirat der Erkenntnis im Weg, dass der Mann ein Priester war. Oder denken wir an die Frage, wie man 27 Tiere auf vier Pferche aufteilen kann. Niemand vergisst so leicht, dass Pferche normalerweise nebeneinander stehen. Fälle wie diese lehren, dass fruchtbares Vergessen ein wichtiger, aber begrenzter Mechanismus ist, um Klondike-Gefahren auszuweichen. Allzu viel ist unvergesslich. Einfaches Abwarten kann zwar zuweilen helfen. Der Schlüssel zum bahnbrechenden Geistesblitz aber ist die aktive Benutzung der Klondike-Logik, um eine festgefahrene Vorstellung zu durchbrechen.

Klondike-Psychologie

Zeit für eine Bestandsaufnahme: In den letzten Kapiteln haben wir erkundet, wie der menschliche Verstand beim bahnbrechenden Denken arbeitet. Die Frage würde sich erübrigen, wenn der Geistesblitz nicht mehr als ein normales, vernünftiges Problemlösen wäre – wenn zum Beispiel bedeutende wissenschaftliche Durchbrüche, die sich plötzlich ereignen, einfach nur die Konsequenz von besonders scharfsinnigem und kenntnisreichem Kombinieren wären. Aber trotz der Studien von Langley, Simon, Bradshaw und Zytkow sind wir der Meinung, dass innovatives Denken seinen eigenen, einzigartigen Charakter hat und von einer Suche durch die Klondike-Wildnis »unvernünftiger« Probleme gesteuert wird.

Was war aus psychologischer Sicht das Besondere an Geistesblitzen? Die lebhafte Erfahrung plötzlicher Einsicht ließ auf eine mentale Überholspur schließen, auf besondere mentale Prozesse, die das »Heureka!« bewirken. Bei näherem Hinsehen erweist sich die Existenz solcher Überholspuren jedoch als fraglich. Ihre Annahme ist, kritisch betrachtet, eine unverbürgte Hypostasierung.

Wenn wir solche Konzeptionen ablehnen, ist der Weg frei, um bahnbrechendes Denken besser als einen Prozess der Suche in Klondike-Räumen zu verstehen, die den Problemlöser auf eine plötzliche Erkenntnis vorbereitet. Das Ereignis geschieht entweder durch einen Denkprozess, der wesentlich kürzer ist als die Gesamtsuche, oder durch ein rasches »Einschnappen« unseres Verstandes.

Nichts davon bedeutet jedoch, dass Geistesblitze etwas Alltägliches sind. Drei psychologische Aspekte stehen dabei im Vordergrund: aktives Wissen, gesteigerte Empfänglichkeit für Mustererkennung und das Durchbrechen mentaler Einstellungen. Was das Erste angeht, so hängen Geistesblitze nicht einfach von Wissen ab, das in einem mentalen Keller vergraben liegt. Ein Großteil dessen, was wir wissen, ist weit entrückt von unserem Vordergrunddenken. Innovatives Denken erfordert nicht nur den Besitz, sondern den leichten Zugang zum richtigen, trägen Wissen.

Die Empfänglichkeit, Muster zu erkennen, bezeichnet die geistige Bereitschaft, die sich während der Auseinandersetzung mit einem Problem einstellt. Irgendwie postieren sich durch die Anstrengung geistige Wachhunde, die wahrscheinlich bellen, wenn ein relevanter Hinweis auftaucht – selbst wenn sich der Problemlöser in einer ganz anderen Denksituation befindet.

Durch das Vorhandensein von festen Einstellungen bilden wir falsche oder irreführende Denkmuster. Wir tragen häufig stillschweigende Annahmen an ein Problem heran, und damit läuft unser Denken in eine Falle. Der Verstand wird auch hier vorbereitet, aber in hinderlicher statt in hilfreicher Weise. Ein Geistesblitz setzt voraus, solche mentalen Einstellungen zu durchbrechen.

Aktives Wissen, die Vorbereitung auf das Erkennen von Mustern und das Durchbrechen mentaler Einstellungen sind ein Teil dessen, was man nicht Klondike-Logik, sondern Klondike-Psychologie nennen könnte. Klondike-Psychologie hat etwas mit dem zu tun, was dem Verstand beim bahnbrechenden Denken Schwierigkeiten bereitet, und damit, wie man diesen Schwierigkeiten ausweichen kann. Aber was bedeutet all dies für die Kunst des Geistesblitzes? Eine erhellende Antwort ergibt sich aus einem Blick zurück auf die vier charakteristischen Herausforderungen und die vier kognitiven Operationen der Klondike-Logik: Wildnis der Möglichkeiten und Umherschweifen, spurenloses Plateau und Aufspüren, enge Gedankenschluchten und Umdenken sowie Oasen der falschen Verheißung und Abrücken.

- *Umherschweifen durch die aktive Nutzung verschiedenartigen Wissens:* Stellen Sie sich Sherlock Holmes vor, wie er seinen Wissensschatz bei der Untersuchung eines Tatortes einsetzt: Zigarettenmarken, die Bodenarten in verschiedenen Teilen Londons, politische Intrigen, frühere Verbrechen, die er aufgeklärt hat, chemische Analysen, die man durchführen könnte. Eine Wildnis weitschweifig zu durchkämmen hat ganz wesentlich mit der Aktivierung und Nutzung des unterschiedlichen Wissens zu tun, über das man verfügt. Es kann hilfreich sein, Kenntnisse von früheren, verwandten Problemen heranzuziehen, Analogien und Metaphern zu benutzen (eine selektive Kombination und/oder ein selektiver Vergleich im Sinne von Davidson und Sternberg) oder das Problem aus einer anderen Perspektive oder Disziplin zu betrachten (bewusste Bisoziation). Mit Strategien wie diesen durchstreift man den Klondike-Möglichkeitsraum in einer breiten und flexiblen Weise, indem man aggressiv das verfügbare Wissen in Anschlag bringt, obwohl die Erkundung durch jede der folgenden Fallen behindert werden kann.

- *Aufspüren versteckter Hinweise durch die Vorbereitung für Mustererkennung:* Stellen wir uns vor, wie sich Sherlock Holmes mit der ihm eigenen Besessenheit in einen Kriminalfall stürzt, mit ihm tagaus, tagein lebt und sich so darauf vorbereitet, die versteckten Indizien der Geschichte zu entdecken. Ein Weg, solche Hinweise aufzuspüren, besteht in der Sättigung mit dem Problem, um sich für das Erkennen von Mustern empfänglich zu machen, gepaart mit einer genauen Recherche, um den mentalen Wachhunden die richtigen Informationen zu geben. Die spurenlose Landschaft eines Plateaus könnte sich dadurch in eine bedeutungsvollere und anregendere Szenerie verwandeln. Eine Pause vom Problem mag ebenfalls hilfreich sein, denn man entdeckt den benötigten Hinweis in der Zwischenzeit vielleicht woanders.

- *Umdenken und der Situation einen neuen Rahmen geben, indem man mentale Einstellungen durchbricht:* Sherlock Holmes warnte Watson wiederholt vor voreiligen Schlüssen, blieb offen für neue Indizien und bereit, seine Meinung über das Verbrechen radikal zu ändern, wenn die Beweise mehr von dessen Hintergründen offenbarten. Die Annahmen, die uns in einem bestimmten Blickwinkel gefangen halten, sind *per definitionem* feste mentale Einstellungen oder Rahmen. Sich auf verschiedene Kombinationen von Hinweisen und Beschränkungen zu konzentrieren, hinzuzufügen, was zuvor ausgeschlossen war, und auszuschließen, was man zuvor eingeschlossen hatte, kann helfen, die eigene fixe Idee zu durchbrechen (sozusagen ein bewusstes selektives Enkodieren). Ein Wandel in der Repräsentation, indem man andere Sichtweisen oder Bezugsrahmen verwendet (bewusste selektive Kombination oder Bisoziation), hilft ebenso wie das fruchtbare Vergessen, wenn man einfach Abstand vom Problem gewinnt.

- *Von Oasen falscher Verheißungen abrücken:* Sherlock Holmes war im Hinblick auf die offensichtliche Lösung, den scheinbaren Täter sowie den offensichtlichen Tathergang immer skeptisch. Sich von Oasen zu lösen bedeutet, halsstarrige Beinahelösungen und mittelmäßige Lösungsansätze aufzugeben. Diese trügerischen Lösungen schaffen die letzte fixe Einstellung. Um sie zu brechen, ist es erforderlich, die Fixierung zu erkennen, bewusst die Scheinlösung beiseite zu räumen und darauf zu bestehen, woanders Ausschau zu halten, zumindest eine Zeit lang.

Ein Spielplatz für Klondike-Psychologie

Hier einige Klondike-Rätsel zum Ausprobieren.[4] Sie bieten Gelegenheit, eine große Bandbreite von Alltagswissen zu sichten, die Sinne für aufschlussreiche Muster zu schärfen, nach Hinweisen zu suchen und fixe mentale Einstellungen zu durchbrechen. Schärfen Sie Ihren Blick, machen Sie sich frei von gängigen Denkmustern und lassen Sie Vertrautes hinter sich!

◆ **Heiratsgesetz:** Sollte es einem Mann erlaubt sein, die Schwester seiner Witwe zu heiraten? Warum, oder warum nicht?

◆ **Der Apfelgarten:** Johann Appelbier plant die Pflanzung von zehn Apfelbäumen. Er möchte fünf Reihen mit vier Bäumen in jeder von ihnen. Wie stellt er das an?

◆ **Der Kartenspieler:** Vier Personen sitzen an einem Tisch und spielen Karten. Alle vier verlieren. Niemand sonst ist anwesend. Wie ist das möglich?

◆ **Der Zigarettenmacher:** Ein Tippelbruder entdeckt, dass er mit fünf zusammengeklebten Zigarettenstummeln eine ganze Zigarette herstellen kann. Durch hartnäckige Anstrengung sammelt er 21 Kippen. Wie viele ganze Zigaretten bekommt er zusammen?

◆ **Die Strickleiter:** Eine Strickleiter hängt von der Seite eines Bootes nahe am Kai herab. Die fünfte Sprosse reicht gerade unter Wasser. Die Flut steigt in einer kontinuierlichen Rate von 30 Zentimetern pro Stunde. Jede Sprosse ist einen Zentimeter dick und der Abstand zwischen einer Sprosse und der nächsten beträgt 20 Zentimeter. Wie viele Sprossen werden in drei Stunden unter Wasser sein?

◆ **Hausarbeit:** Bettina und Boris haben drei Aufgaben im Haushalt zu erfüllen: (1) den Fußboden saugen, (2) den Rasen mähen, was 30 Minuten dauert (sie haben dazu nur einen Rasenmäher), sowie (3) das Baby füttern und baden. Auch das erfordert 30 Minuten.
   Wie können Bettina und Boris die Arbeit so schnell wie möglich erledigen?

Lösungen

◇ **Heiratsgesetz:** *Nein, der Mann sollte nicht heiraten. Wenn er eine Witwe hat, ist er nämlich tot. Warum übersieht man diese Anomalie leicht? Durch ein Kodierungsproblem entsteht eine enge Gedankenschlucht. Man neigt dazu, die Hinweise zum erstbesten sinnvollen Muster zu arrangieren. Liest man das Rätsel, neigt man zu der Annahme, die Frau des Mannes sei gestorben: Sollte es ihm erlaubt sein, die Schwester zu heiraten? Aber das ist nicht der Kernpunkt des Problems.*

◇ **Der Apfelgarten:** *Die Bedingungen können erfüllt werden, indem man die Bäume sternförmig anordnet. Dieses Rätsel erweist sich aufgrund einer Gedankenschlucht als schwierig: Man ist gewöhnt, Reihen als parallel zueinander zu denken, und es ist schwer, sich von dieser Vorstellung zu lösen.*

◇ **Die Kartenspieler:** *Die Personen spielen alle Solitaire. Es ist natürlich, die Situation als vier Menschen zu verstehen, die miteinander Karten spielen. Das Rätsel besagt jedoch nur, dass sie am selben Tisch sitzen und Karten spielen.*

◇ **Der Zigarettenmacher:** *Die offensichtliche Antwort, und damit eine Oase der falschen Verheißung, ist: vier Zigaretten, wobei eine Kippe übrig bleibt. Nachdem der Tippelbruder jedoch die vier geraucht hat, ergibt das vier weitere Stummel. Mit der übrig gebliebenen Kippe hat er nun fünf, um eine weitere Zigarette zu basteln. Daher erhält er fünf Zigaretten – und hat immer noch eine Kippe übrig, nachdem er sie aufgeraucht hat.*

◇ **Die Strickleiter:** *Bei diesem Rätsel entsteht durch ein Kodierungsproblem eine Oase der falschen Verheißung. Man neigt zu der Annahme – der »Kodierung« –, dass das Wasser über die Leiter steigt. Doch man beachte, dass die Leiter an einem Boot hängt. Boot und Strickleiter steigen also gemeinsam mit der Flut. Deshalb befindet sich auch nach drei Stunden immer noch lediglich die fünfte Sprosse unter Wasser.*

◇ **Hausarbeit:** *Es gibt eine schnelle Oasenlösung: 60 Minuten. Es gibt jedoch eine bessere selektive Kombination. Wenn Bettina und Boris sich einfach die Arbeit teilen – eine Gedankenschlucht – muss entweder Bettina oder Boris* warten, bis der andere die dritte Aufgabe erfüllt hat. Der Trick besteht darin, dass Bettina und Boris die ganze Zeit arbeiten. Das ließe sich bewerkstelligen, wenn Bettina die Hälfte des Staubsaugens übernimmt (15 Minuten) und sich allein um das Baby kümmert (30 Minuten). In der Zwischenzeit würde Boris mit dem Rasenmähen beginnen (30 Minuten) und dann das Staubsaugen beenden (15 Minuten). Gesamtzeit: 45 Minuten.

Teil IV

Kann die Natur denken?

◆

In diesem Teil kehren wir zum Vergleich zwischen dem bahnbrechenden Denken des Menschen und der biologischen
Evolution zurück. Wir fragen, auf welchem Wege ein blinder
Prozess wie die Evolution Durchbrüche erreicht, erkunden, weshalb
die kulturelle Evolution zuweilen wie die biologische funktioniert,
und untersuchen, warum die Notwendigkeit von »Geistesblitzen«
universell und unvermeidlich ist.

13

Die Evolution schafft den Durchbruch

Ein »Heureka!« in zehn Millionen Jahren

Wie lange dauert jenes »Heureka!«-Erlebnis, bei dem sich eine Entdeckung ereignet? Von einer Sekunde bis zu zehn Millionen Jahren. Die letzte Zahl ist 10^{13} oder $10\,000\,000\,000\,000$ mal so viel wie das Ein-Sekunden-Extrem dieses Spektrums.

Was für ein Geistesblitz kann so lange dauern? Die Antwort ist: ein evolutionärer Durchbruch. Die Evolution erfindet in irgendeiner Weise Organismen: Hummeln, Orchideen, Schnabeltiere und Wesen mit einem Gehirn wie wir selbst. Von Zeit zu Zeit erreicht der evolutionäre Prozess grundlegende Durchbrüche. Einer davon war das Auftauchen von Mehrzellern vor etwa 650 Millionen Jahren. Ein weiterer war die Entwicklung des Fliegens – nicht nur einmal, sondern mehrere Male, etwa bei Insekten, Vögeln, Fledermäusen und Flugreptilien.[1]

Im ersten Kapitel dieses Buches schlossen wir nicht aus, dass es so etwas wie Klondike-Logik auch auf anderen Spielwiesen außerhalb des menschlichen Verstandes gibt, zum Beispiel bei der biologischen Evolution. So bizarr sich das anhören mag, es passt zu unserer Theorie des bahnbrechenden Denkens und ihrer Kernthese: Geistesblitze sind keine wesentlich psychologischen, sondern strukturelle Phänomene. Ihre Dynamik offenbart nicht die Art, wie der menschliche Geist im Besonderen arbeitet, sondern die allgemeinen Herausforderungen einer Suche in Möglichkeitsräumen mit Klondike-Merkmalen. Wo immer diese Suche stattfindet, wird es das typische Profil des innovativen Denkens geben.

Formulieren wir dieses in Kapitel 1 beschriebene Profil nun so um, dass dabei der menschliche Verstand nicht eigens erwähnt wird:

1. *Lange Suche.* Ein bahnbrechendes Ereignis folgt auf eine lange Suche.

2. *Geringer erkennbarer Fortschritt.* Eine lange Suche zeigt wenig Fortschritt in die erhoffte Richtung (obwohl sie andere interessante Ergebnisse erbringen mag).

3. *Beschleunigendes Ereignis.* Der Durchbruch wird von einem beschleunigenden Ereignis ausgelöst: einem entscheidenden Schritt in die richtige Richtung oder einer äußeren, zufälligen Begebenheit.

4. *Schneller Durchbruch.* Nach dem auslösenden Ereignis erfolgt sehr rasch der Durchbruch. Dies ist die allgemeine Entsprechung zum »Heureka!«-Erlebnis.

5. *Umgestaltung der Welt.* Der Durchbruch verwandelt das Vorhandene in produktiver Weise. Er ist im Verhältnis zur Ausgangssituation überraschend und schlägt eine entschieden neue Richtung ein.

In dieser allgemeinen Form erfordern die einzelnen Phasen des Profils keine mentalen Prozesse. Es gibt hier keinen Hinweis mehr auf Denken, Intelligenz oder Einsicht. Wie der Fall der Evolution nahe legt, können sich solche Klondike-Suchprozesse bei völlig blinden und geistlosen Mechanismen vollziehen, wobei das grundlegende Muster aber bestehen bleibt.

Der Durchbruch der Vögel

Das Auftauchen der Vögel ist eine der vielen Erfolgsgeschichten der Evolution. Die Verlierer waren in diesem Fall die Dinosaurier, die unseren Planeten in einer massiven Ausrottungswelle vor 65 Millionen Jahren verließen. Heute wird allgemein angenommen, dass die Vögel von den Dinosauriern abstammen, so dass diese in einer flugtauglichen Form fortleben. Einige Wissenschaftler haben sogar vorgeschlagen, die Klassifizierung der Tierwelt neu zu schreiben und die Vögel als Dinosaurier zu kategorisieren.

Die Evolution vollzieht sich seit beinahe vier Milliarden Jahren in der 4,5 Milliarden Jahre alten Erdgeschichte. Inmitten all der Fülle biologischen Wandels haben wir einen besonders leichten Zugang zur Entwicklung der Vögel, weil sie den Himmel bevölkern und das Fliegen einer der großen Menschheitsträume war. Ihre Geschichte vollzog sich im Wesentlichen in den folgenden Schritten:

vor ... Millionen Jahren

225 Auftauchen der Dinosaurier.

200 Auftauchen der Flugsaurier.

175 Die frühesten Fossilien von Vögeln, Protoavis, mit bereits voll entwickelten Federn. Vogelfossilien aus dieser Zeit sind selten. Weiterhin beherrschen Flugsaurier den Himmel.

150 Achäopteryx, ein weiteres frühes Vogelfossil. Immer noch dominieren die Flugsaurier.

95 Auftauchen von Wasservögeln, die den heutigen ähnelten.

65 Untergang der Dinosaurier, Flugsaurier und vieler anderer Lebensformen.

35 Dramatische Ausbreitung der Vögel seit dem Untergang der Dinosaurier, darunter auch flugunfähige Vögel, viele heutige Arten. In seinem Buch *Die unberechenbare Natur* bemerkt Robert Wesson, dass die starke Ausbreitung der Vögel die der Flugsaurier weit hinter sich ließ.

Entspricht diese Evolutionsleiter vielleicht dem Profil eines Klondike-Ereignisses?

- *Lange Suche.* Die Suche der Evolution nach lebensfähigen Formen währt seit vielen Milliarden Jahren und hält bis heute an. Sie ist natürlich keine bewusste Suche, die von einem Akteur gelenkt wird. Der Prozess der Mutation und Auslese durch das Überleben des Tüchtigsten geschieht automatisch.

- *Geringer erkennbarer Fortschritt.* Die Idee des Fortschritts muss im Zusammenhang mit der Evolution vorsichtig verwendet werden. Stephen Jay Gould macht in seinem Buch *Zufall Mensch* deutlich, dass die Evolution nicht nach höheren Lebensformen strebt, sondern sich lediglich durch Anpassung ausbreitet. Wenn Fortschritt jedoch als Fortschritt zur Besetzung von Nischen verstanden wird, wie zum Beispiel die Ausbildung mittelgroßer Flugorganismen zur Ausfüllung einer ökologischen Nische, dann kann man fragen, ob sich die Evolution im Bereich des Fliegens beständig voranbewegt. Die Antwort ist nein. Die Vögel tauchten in den Maßstäben geologischer Zeit relativ plötzlich auf, ohne eine lange Geschichte unmittelbarer Vorgänger. Das zeigen die Fossilienfunde.

- *Beschleunigendes Ereignis.* Darüber kann man nur spekulieren, da frühe Vogelfossilien selten sind. Wie die Chronologie oben anzeigt, scheint es zwei kritische Scheidepunkte zu geben: die Entwicklung von Federn und zumindest die teilweise Flugfähigkeit vor etwa 200 Millionen Jahren sowie die schnelle Ausbreitung der Vögel durch Anpassung vor etwa 50 Millionen Jahren.[2]

  Was den ersten Scheidepunkt betrifft, war das beschleunigende Ereignis wahrscheinlich die zufällige Eignung von Federn für teilweises Fliegen, vielleicht in der Form von Luftsprüngen oder Gleiten. Die Ausbildung von Federn vor der Flugfähigkeit erfüllte vielleicht den Zweck, warmblütige Dinosaurier warm zu halten. Bunte Federn an den Vordergliedmaßen von Sauriern könnten auch zur Balz gedient haben, wie es bei vielen heutigen Vögeln heute noch der Fall ist. Was immer die Quelle ihres Auftauchens war, die Federn schufen die Voraussetzung für die rasche Entwicklung des Fliegens.

  Im Hinblick auf den zweiten Scheidepunkt bietet sich als Hypothese die typische evolutionäre Anpassung an: Das beschleunigende Ereignis war das Aussterben der Flugsaurier. Die Vögel füllten deren ökologische Nische.

- *Schneller Durchbruch.* Auch hier müssen wieder die zwei Phasen der Vogelevolution beachtet werden. Federn tauchen in den Fossilienfunden früh auf, wie »aus dem Nichts«. Die frühesten Federn haben anatomisch fast die gleiche Struktur wie die Federn der heutigen Vögel. Sie entwickelten sich also sehr rasch.

  Obwohl die Federn vielleicht eine schnelle Errungenschaft waren,

waren die Vögel anfänglich keine besonders erfolgreiche Gattung. Etwa 150 Millionen Jahre liegen zwischen den ersten Vögeln und der großen Auffächerung der Vogelarten, die im Verlauf von 30 Millionen Jahren annähernd die heutige Artenvielfalt schuf. Dies war der zweite, in geologischen Zeitmaßstäben gerechnet plötzliche Durchbruch in der Entwicklungsgeschichte der Vögel.

- *Umgestaltung der Welt.* Das Fliegen ist zweifellos ein radikaler Bruch in der Geschichte solcher Organismen, die echte Flügel ausbildeten und anfänglich alle auf dem Boden lebten. Robert Wesson zufolge bestand die besonders charakteristische Errungenschaft der Vögel in der Ausbildung von Federn, von komplexen, ineinander verwobenen Strukturen, die sich durch Steifheit und Leichtigkeit auszeichnen. Federn dienen dem Schutz vor Kälte ebenso wie dem Fliegen, aber die ebenfalls wärmenden fellartigen Strukturen entwickelten sich häufiger. Fledermausartige Flügel bildeten sich in der Evolution immerhin drei Mal aus, bei Flugsauriern und bei zwei Unterordnungen von Flattertieren, Federn dagegen nur einmal.

Das Durchbruchereignis der Vögel brachte die gesamte Bandbreite der Vogelarten in all ihrer Vielfalt hervor, mit Anpassungen an ein breites Spektrum ökologischer Nischen. Gould bemerkt, dass große Bodenvögel in Südamerika sogar die Rolle von großen Raubtieren übernahmen, die wenigstens so erfolgreich wie die Beuteltiere waren, bis sich der Kontinent vor einigen Millionen Jahren mit Nordamerika verband.[3]

Die Natur begibt sich auf die Suche

Einige Episoden der Evolution, darunter die Ausbildung der Flugfähigkeit, folgen also dem Muster eines Geistesblitzes. Warum ist das so? Weil die gleichen Herausforderungen, die das bahnbrechende Denken des Menschen erklären, auch auf die Durchbrüche der Evolution zutreffen. Um die Details zu verstehen, muss man die Evolution als einen Prozess der klugen Suche in einem Möglichkeitsraum beschreiben.

Betrachten wir, wie die Dinosaurier vielleicht das Fliegen lernten. Noch vor einigen Jahrzehnten glaubte man, Dinosaurier seien Kaltblüter. Heutige Paläontologen halten es für wahrscheinlich, dass es sich um Warmblüter handelte. Dadurch wären sie nicht so anfällig für eine Kältestarre bei Kälte und Dunkelheit gewesen wie die kaltblütigen Reptilien. Ihr Organismus hätte einen beständigen Stoffwechsel gehabt und wäre ähnlich aktiv gewesen wie der der heutigen Säugetiere.

Die Regulierung der Körperhitze ist die wesentliche Herausforderung der Warmblütigkeit. Säuger lösen dieses Problem unter anderem mit Haaren und Schweiß, um sich zu kühlen. Die Federn entwickelten sich, so meinen einige Forscher, anfänglich nicht zum Fliegen. Sie waren vielmehr die Antwort der Dinosaurier auf das Problem, sich warm halten zu müssen, so wie es noch bei den heutigen Vögeln der Fall ist.

Was dann geschah, war vielleicht dies: Viele Dinosaurier gingen auf zwei Beinen, sodass die Vordergliedmaßen zum Greifen frei waren. Die Federn entlang dieser beiden Gliedmaßen könnten eine Anpassung an die Notwendigkeit einer besseren Balance gewesen sein. Durch natürliche Auslese wurden sie länger. Zufällig boten diese längeren Federn die Möglichkeit, sich leicht in die Luft zu erheben und zu gleiten. Zuerst erlaubten sie vielleicht nur etwas weitere Sprünge, dann, als die Federn noch länger wurden, wirkliches Gleiten und schließlich das Fliegen. Demnach übernahmen die Federn entlang der Vordergliedmaßen nach und nach vier Funktionen: erstens das Wärmen, zweitens eine bessere Balance, drittens das Gleiten und schließlich das Fliegen. In jeder Phase bedeuteten sie einen Anpassungsvorteil, der die Evolution vorantrieb, bis die Dinosaurier schließlich die Luft eroberten.

Man kann sich diesen Evolutionsprozess als Suche in einer Landschaft verschiedener biologischer Formen vorstellen, die sich als lebensfähig erweisen oder nicht. Die folgende Grafik veranschaulicht, wie das ausgesehen haben könnte. Richten wir die Aufmerksamkeit zuerst auf die Federsaurier, Gleitsaurier und echten Vögel und ignorieren wir für einen Moment die Wundervögel und Supervögel. Betrachten wir eine gedeihende Federsaurierpopulation, kleine Dinosaurier mit wärmenden Federn. Die Hoffnung ist, dass die Evolution daraus über die Zwischenstufe der Gleitsaurier echte Vögel machen wird. Um dies zu erreichen, muss sie einen schmalen Pfad beschreiten. Die Organismen dürften entlang dieses Pfades nur gerade eben überlebensfähig sein.

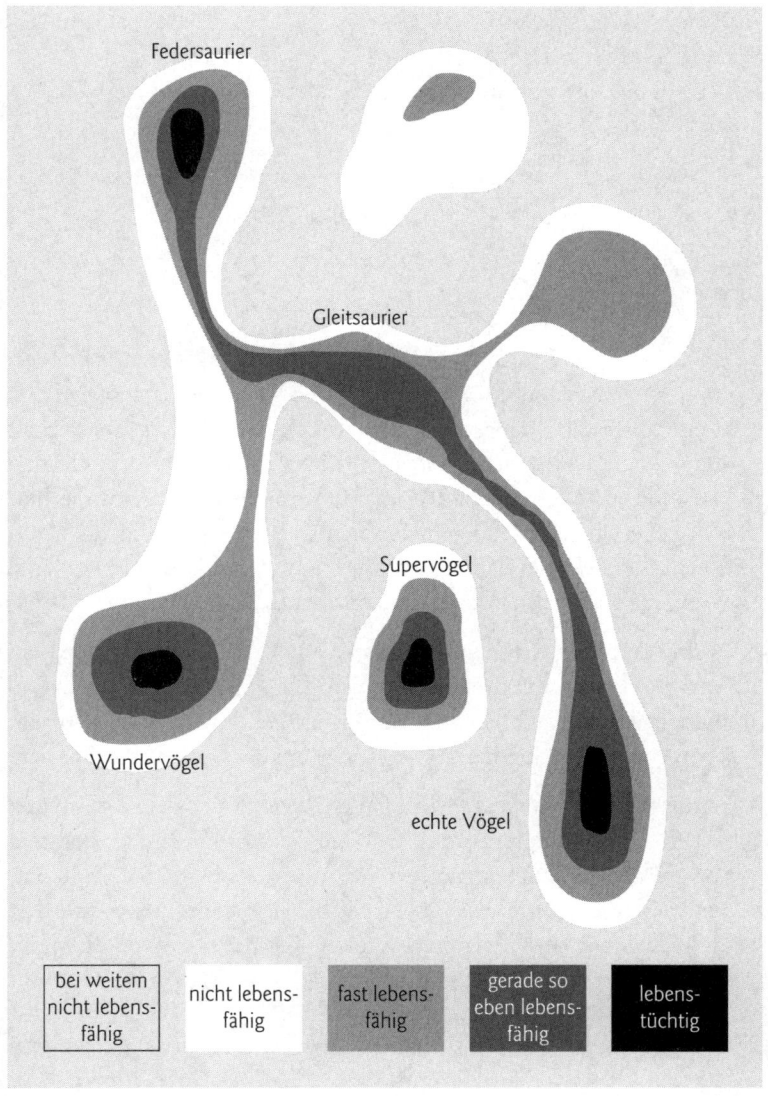

Stellen Sie sich vor, wie sich ein Teil dieser Landschaft evolutionärer Möglichkeiten auf die Federsaurier zentriert. Hier sind nur ein paar ihrer Dimensionen angezeigt, die dem Schutz vor Kälte, die Stabilität beim Laufen und das Fliegen betreffen.

- Gesamtzahl der Federn
- Länge und Steifheit der Federn
- Verteilung von steifen, langen Federn: auf den Vordergliedmaßen statt anderswo
- Gesamtkörpermasse

Nach Darwin erkundet die Evolution diese und andere Dimensionen durch einen Prozess der Variation, Selektion und Bewahrung von Merkmalen:

- *Blinde Variation.* Junge Organismen zeigen Variationen relativ zueinander und gegenüber ihren Eltern. Sie sind ein bisschen größer, kleiner, schneller, langsamer, haben dickeres oder dünneres Haar und so weiter. Diese Variationen vollziehen sich nach einer blinden Methode von Versuch und Irrtum: Sie können dem Organismus helfen zu überleben, oder auch nicht. Heute verstehen wir dies als Variationen der DNA, in denen sich Mutationen und Umgruppierungen von Genen spiegeln, aber davon konnte Darwin noch nichts wissen.

- *Auslese durch Überleben und Fortpflanzung.* Variationen, die zu einem Anpassungsvorteil führen, helfen dem Organismus, lange genug zu überleben und Nachkommen zu zeugen. Der Effekt mag klein sein – ein geringer statistischer Vorteil –, aber mit der Zeit summiert er sich.

- *Bewahrung von Merkmalen durch Vererbung.* Trotz der Variationen neigen die Nachkommen dazu, Merkmale ihrer Eltern zu bewahren. Sowohl gute als auch schlechte Anpassung wird an die Nachkommen weitergegeben. Besser angepasste Organismen sind jedoch eher in der Lage zu überleben und sich fortzupflanzen, sodass deren Merkmale in der nächsten Generation häufiger vorkommen.

Was bedeutet dies für die Welt der Federsaurier? Jede Generation schafft ein Spektrum von Variationen: Federsaurier mit mehr oder weniger, steiferen oder weicheren Federn, unterschiedlich verteilten Federn, mehr oder weniger Körpermasse. Die tüchtigeren Formen überleben, pflanzen sich fort, und die nächste Generation weist mehr dieser Überlebensmerkmale auf. Heutige Evolutionstheorien wie die Theorie des unterbrochenen Gleichgewichts, die wir in Kapitel 1 erwähnt haben, ergründen die Konsequenzen des grundlegenden Darwinschen Mechanismus, aber sie zweifeln ihn nicht an. Im nächsten Kapitel werden wir uns jedoch einigen kritischen Theorien zuwenden und erkunden, was sie in Klondike-Begriffen bedeuten.

Die wichtigste Erkenntnis ist, dass der Suchprozess blind verläuft. Die Evolution ist überhaupt nicht zielgerichtet, sondern vollzieht sich willkürlich. Von den Federsauriern abweichende Organismen breiten sich in alle Richtungen aus. Das Überleben und die Fortpflanzung bestimmen, welche Richtungen erfolgreich sind und welche im Sand verlaufen.

Natürlich ist dies ein vereinfachtes und spekulatives Beispiel. Es gibt eine bestimmte Vorstellung, auf welche Weise Vögel entstanden sind – durch Ausbildung wärmender Federn – und welche kritischen Anpassungsdimensionen es gegeben haben könnte. Tiere entwickeln sich außerdem nicht von selbst. Andere Organismen – die Beute der Federsaurier und ihre Feinde ebenso wie jene, die weniger direkt mit ihnen zu tun haben – bilden sich zur gleichen Zeit heraus und komplizieren die Dynamik. Die Lebensfähigkeit eines sich entwickelnden Organismus variiert nicht nur nach seinen Merkmalen, sondern auch nach den Merkmalen anderer Organismen im selben Ökosystem. Es spielt jedoch gar keine wirkliche Rolle, ob die Federsaurier genau so entstanden sind oder nicht, solange sie als plausibles Beispiel dienen, um die Struktur des Möglichkeitsraumes und die Klondike-Logik der Evolution zu diskutieren.

Die Klondike-Logik der Evolution

Obwohl sie sich blind vollzieht, ist die Suche der Evolution nach neuen und besser angepassten Lebensformen nicht dumm. Es gibt Eigenschaften des Prozesses, die den vier Herausforderungen der Klondike-Wildnis entsprechen. Wie die Höchstleistungen des menschlichen kreativen Denkens findet die Evolution Möglichkeiten, »dem Glück auf die Sprünge zu helfen« und die Chancen eines guten Abschneidens im »unvernünftigen« Chaos zu verbessern. Natürlich hat die Evolution etwas andere Strategien als die Klondike-Logik des Menschen. Wie sie funktioniert, erkennt man bei einem genaueren Blick auf die Federsaurier.

- *Die Wildnis der Möglichkeiten*. Im Fall der Evolution hat die Wildnisfalle eine einfache Gestalt: Nur sehr wenige Organismen sind tatsächlich lebensfähig. In der letzten Grafik stehen nur die dunkleren und dunkelsten Regionen für lebensfähige Organismen inmitten eines Meeres von nicht-lebensfähigen Dinosauriern.

Um zu erkennen, warum Lebenstüchtigkeit selten ist, kann man sich Tierarten vorstellen, die nur in den erwähnten vier Merkmalen abweichen: Menge, Länge, Steifheit und Verteilung der Federn sowie die Gesamtkörpermasse des Organismus. Nehmen wir an, ein Genmischer spielt willkürlich mit diesen Faktoren, um neue Federsaurier zu kreieren. Wie viele seiner Mischformen werden überleben? Bedenken Sie die Gefahren: Viel mehr Federn, und es würde viel Energie benötigt, um sie auszubilden und mit sich herumzuschleppen; wesentlich weniger Federn, und sie würden weder wärmen noch zur Ausbildung der Flugfähigkeit führen. Längere, steifere Federn könnten Exemplare hervorbringen, die eher fliegen können, aber auf Kosten der Wärmedämmung, weshalb sie den Kältetod sterben müssten. Anders verteilte Federn könnten ebenfalls zu Abstrichen bei der Wärmedämmung und der Flugtauglichkeit führen. Auf den Vordergliedmaßen werden Federn zur besseren Balance, zum Gleiten und Fliegen benötigt, aber am ganzen Körper, um den Saurier warm zu halten.

Die Körpermasse kann die genetische Variation nicht verändern, ohne bei anderen Merkmalen in ernste Schwierigkeiten zu kommen. Ein größerer Federsaurier mag wegen seiner Größe einen Überlebensvorteil haben, aber er braucht mehr Nahrung und wird vermutlich weniger gut gleiten oder fliegen, weil viel Energie in die Ausbildung längerer, steifer Federn an den Vordergliedmaßen fließen würde, damit er sich überhaupt vom Boden erheben kann. Kleine

Vögel haben nämlich relativ kurze Flügel, während sie bei größeren Tieren viel länger sind. Hier spielen einfache physikalische Gesetze eine Rolle. Die Auftriebskraft eines Flügels hängt von der Oberfläche ab, aber die Last, die er tragen muss, wird von der Körpermasse des Vogels vorgegeben. Verdoppelt man die Maße eines Vogels, verachtfacht sich das zu tragende Gewicht (2^3), die Auftriebskraft jedoch vervierfacht sich lediglich (2^2). Das reicht nicht aus, denn alles muss zusammenwirken.

Allgemein lässt sich sagen, dass nur sehr wenige Kombinationen von externen und internen biologischen Merkmalen lebensfähige Organismen schaffen. Der Möglichkeitsraum denkbarer biologischer Formen ist riesig, aber nur ein paar verstreute sind geeignet, um zu überleben.

Wie also wird die Evolution mit einer Wildnis von Möglichkeiten fertig? Durch rohe Gewalt. Die Evolution besitzt zwei große Vorteile: Zeit und Parallelität. Sie wirkt in geologischen Zeiträumen. Selbst die Theorie des unterbrochenen Gleichgewichts, wenn sich die Evolution also tatsächlich nach Phasen der Stagnation in raschen Spurts vollzieht, stellt dies nicht grundlegend infrage. Die »Spurts« dauern bei Mehrzellern immer noch unzählige Fortpflanzungszyklen und Zehntausende von Jahren. Was den Parallelismus angeht, so versucht die Evolution viele Dinge zur selben Zeit. Jede Generation eines Organismus bringt eine Reihe von Varianten hervor. Jede Variante ist ein paralleler Versuch.

- *Das spurenlose Plateau.* Eine Suchrichtung sieht so aussichtsreich oder aussichtslos aus wie die nächste. Wie stellt sich diese hoffnungslose Situation in der Welt biologischer Organismen dar? Viele Varianten mögen einigermaßen lebensfähig sein. Es gibt aber keinen Hinweis, welche davon die vielversprechendste ist. Das gilt besonders in einem reichen Biotop, in dem mehrere ähnliche Variationen gedeihen. Wie kann die Evolution demnach wissen, welche Anpassung für das Fliegen besonders fruchtbar ist, wenn es mindestens ein Dutzend andere ebenfalls lebensfähige Möglichkeiten gibt? Die Antwort ist, dass die Evolution dies nicht weiß und auch gar nicht wissen muss. Die Evolution ist blind. Mit den Plateaus geht sie durch schiere Gewalt um und erforscht alle Richtungen parallel, die von den Elternorganismen fortführen. Sie funktioniert, indem sie gewissermaßen das Plateau erforscht, statt eine bestimmte Richtung zu erkunden.

- *Die enge Gedankenschlucht.* Wenn sich der Suchprozess auf eine bestimmte Region beschränkt, die Durchbruchentdeckungen aber in einer anderen, unzugänglicheren Region liegen, steckt auch die Natur in einer Falle. Unzugängliche Regionen stellen in der Evolution meistens einen engen Pfad marginaler Lebensfähigkeit dar, der vom anfänglichen Organismus zu einer radikal anderen Form führt. Damit sich die Federsaurier zu echten Vögeln wandeln können, muss die Evolution die Gratwanderung zwischen der richtigen Balance von Größe, wärmenden Federn und Flugfähigkeit wagen. Der Pfad ist eng, weil wenigstens zwei Faktoren im Wettbewerb stehen: Federn als wärmendes Kleid und Federn als Investition in die Flugfähigkeit. Hält die Evolution nicht die richtige Balance, kann die Zwischenstufe des Organismus nicht überleben.

  Beim Menschen tragen nicht nur schmale Pfade, sondern viele andere Faktoren zu engen Gedankenschluchten bei. Menschen mögen ein Problem in irreführender Weise verstehen, wie viele »unvernünftige« Rätsel auf den vorhergehenden Seiten demonstriert haben. Die Evolution erkennt dagegen überhaupt nichts. Die Schluchten der Evolution sind schmale Pfade, auf denen jeder Fehltritt das Leben kostet.

  Solche Fallen überwindet die Evolution durch ihren langfristigen und parallelen Charakter. Vergleichbar ist ihre Taktik mit einem dünnen Gas von Organismen, das bei Federsauriern beginnt und sich langsam ausbreitet, um die dunkle Region mit der Aufschrift »lebenstüchtig« und dann die Region »lebensfähig« auszufüllen. Mit Glück breiten sich einige Moleküle dieses Gases entlang des Flaschenhalses mit der Aufschrift »gerade so eben lebensfähig« in Richtung auf die echten Vögel aus. Natürlich geht es in diesem Prozess um Wahrscheinlichkeiten. Es kann sein, dass keine Moleküle des Gases in den dünnen Flaschenhals wandern. Wäre dies geschehen, gäbe es heute keine Vögel.

Diese Darstellung der Klondike-Logik der Evolution beweist ihre Stärke. Mit viel Zeit und parallelen Versuchen in allen Richtungen beseitigt sie die vier Herausforderungen der Wildnis – in gewisser Weise.

Aber das Diagramm illustriert auch die Schwäche des Evolutionsprozesses. Evolutionspfade müssen Pfade lebensfähiger Organismen sein, von denen jeder zumindest marginal erfolgreich ist. Die Evolution kann es von Federsauriern zu echten Vögeln schaffen, weil beide ein Pfad der Lebensfähigkeit verbindet. Bedenken wir jedoch, was unentdeckt bleibt. Nehmen wir an, Wundervögel und Supervögel stünden für zwei sehr wirkungsvolle vogelartige biologische Entwürfe. Die Evolution schafft es zu keinem von beiden. Die Supervögel bleiben absolut isoliert, eine Insel in der weißen, gänzlich lebensuntüchtigen Region. Wundervögel scheinen eine bessere Wette zu sein, weil die Grafik eine Verbindung von den Federsauriern zu den Wundervögeln über biologische Formen zeigt, die »fast lebensfähig« sind. Aber das ist für die Evolution kein ausreichend breiter Pfad. Nur das Überleben zählt.

In dieser Hinsicht erweist sich die Darwinsche Evolution als weit weniger flexibel als das menschliche Denken. Menschliche Schöpfer beschreiten gewöhnlich auch Wege der bloßen Verheißung, um zu sehen, wohin sie führen. Menschen streifen umher, spüren versteckte Hinweise auf, geben Situationen einen neuen Rahmen, und das alles kann zu neuen Lösungen führen. Tatsächlich springen schöpferische Menschen häufig über Regionen hinweg, die nicht die geringste Verheißung bergen. Ausgehend vom Federsaurier könnte ein Edison in der rekombinatorischen DNA-Werkstatt der Zukunft Wundervögel und sogar Supervögel kreieren. Die Evolution kann das nicht. Sie kann sich zwar Umwege, aber keine Irrwege erlauben.

- *Oasen der falschen Verheißung.* Die Evolution erkennt Varianten langsamer, wenn die Lebenstüchtigkeit abnimmt, und überhaupt nicht, wenn sie fehlt. Blicken wir wieder auf die Grafik, wird die Evolution viele Arten von Federsauriern in der schwarzen Region mit der Aufschrift »lebenstüchtig« erzeugen. In den marginalen Gebieten

»gerade so eben lebensfähiger« Organismen wird die Ausbreitung weit langsamer vonstatten gehen, in den nicht-überlebensfähigen Gebieten gar nicht.

Die Klondike-Logik der Evolution bei Oasenfallen besteht darin, sich in Regionen mit marginaler Überlebensfähigkeit auszubreiten. Es ist wichtig zu erkennen, dass die Evolution nicht optimiert und sich nur auf Organismen konzentriert, die gut gedeihen. Sie geht überallhin, wo Organismen überleben können. Stellen wir uns kleine Federsaurier vor, die gut an ein Leben als warmblütige Raubtiere angepasst sind. Unter den schier unzähligen Varianten bringt die genetische Durchmischung schließlich einen kleinen Dinosaurier mit steifen Flügelfedern hervor, die ihm helfen, die Balance zu halten und lange Gleitsprünge zu machen. Dieser Gleitsaurier könnte weniger lebensfähig sein als ein Federsaurier. Dennoch hat er seine eigene Nische und nutzt seine bessere Balance, um sich von fliegenden Insekten zu ernähren, an die andere kleine Dinosaurier nicht herankommen. Doch das hat seinen Preis: Die Flügelfedern verhindern die Nutzung seiner Vordergliedmaßen zur Verteidigung, wodurch der Gleitsaurier leichter größeren Raubtieren zum Opfer fällt. Ausbreitung und Diversifizierung seiner Art vollziehen sich daher nur sehr langsam.

Aber das ist unwichtig. Die Evolution, die sich um nichts kümmern kann, kümmert es nicht, dass der Gleitsaurier nicht so gut angepasst ist wie sein gut gedeihender Vorfahre, der Federsaurier. Solange er so gerade eben überlebt, genügt das. In diesem Sinne hat die blinde Evolution einen Vorteil gegenüber menschlichen Erfindern. Während Menschen die scheinbar geringere Verheißung einer marginalen Variante beunruhigen kann, stört das die Evolution nicht. So stärkt und verlängert die natürliche Auslese schließlich die Federn und Stützmuskulatur der Gleitsaurier. Mit längeren Gleitsprüngen und der teilweisen Flugfähigkeit können sich die Tiere jetzt nicht nur besser von Luftinsekten ernähren, sondern auch ihren Feinden entkommen. Echte Vögel erscheinen auf der Bildfläche.

Der Durchbruch des Burgess-Schiefers

Die Entwicklung der Vögel ist ein spätes Kapitel in der Evolutionsgeschichte mehrzelligen Lebens. Ein frühes Kapitel, die Entwicklung einzelligen Lebens, nimmt eine zeitlich weit größere Spanne ein. Seltsamerweise scheint das Leben in Minimalform keine so schwierige chemische Errungenschaft zu sein. Die Erde ist annähernd 4,5 Milliarden Jahre alt. Schon vor 3,75 Milliarden Jahren gab es Anzeichen für Leben, das sogar schon früher entstanden sein könnte: Gesteine aus dieser Zeit haben sich so stark verändert, dass sie sowieso keine Zeichen von Leben mehr aufweisen würden. Obwohl lang, ist dieses erste Kapitel im Buch des Lebens nicht besonders dramatisch. Beinahe 2,5 Milliarden Jahre lang waren die einzigen Lebensformen Einzeller mit einer schlichten inneren Struktur. Komplexere Zellen entwickelten sich schließlich und beherrschten die Szene weitere 700 Millionen Jahre.

Eines der Rätsel der Evolution ist, warum komplexere Vielzeller so lange brauchten, um zu entstehen. Die Koordinierung von zellübergreifenden Aktivitäten, um größere Organismen zu schaffen, war eine mächtige Klondike-Herausforderung. Diese Herausforderung bewältigte die Evolution vor 570 Millionen Jahren, zu Beginn des Kambriums in der so genannten kambrischen Revolution. In der für evolutionäre Maßstäbe kurzen Spanne von 50 Millionen Jahren erschien eine Vielzahl von komplexen mehrzelligen Lebensformen im Meer.

Der beste Schnappschuss aus dem Leben jener entfernten Tage sind die Fossilienfunde aus dem kanadische Teil der Rocky Mountains an der Ostgrenze des Bundesstaates British Columbia. Die Fossilien des Burgess-Schiefers, vom großen Naturforscher C. D. Walcott nach dem benachbarten Burgess-Pass benannt, bildeten sich durch unterseeische Erdrutsche. Diese rissen große Massen von Schlick mit verschiedenartigen Organismen in tiefere Gewässer. Dort verhinderte der niedrige Sauerstoffgehalt die Verwesung, während die chemischen Prozesse der Fossilierung einsetzten. 530 Millionen Jahre später finden wir dort reiche Fossilienflöze vor, die nicht nur die harten, panzerartigen Teile prähistorischer Organismen bewahren, sondern auch die Weichteile. Die zusammenfassende Chronologie sieht wie folgt aus:

vor ... Milliarden Jahren

3,7 Chemische Anzeichen für Leben.

1,4 Erscheinen von komplexen Zellen.

0,570 Beginn des Kambriums, »kambrische Revolution« der Diversifizierung vielzelligen Lebens.

0,530 Organismen des Burgess-Schiefers. Jüngere Funde von anderen Fundstellen legen nahe, dass die Entwicklung von Organismen ähnlich der des Burgess-Schiefers bis ins frühe Kambrium zurückreicht.

Weisen die Fossilien des Burgess-Schiefers auf einen weiteren Durchbruch der Evolutionsgeschichte hin? In seinem Buch *Zufall Mensch* von 1993 beschreibt Stephen Jay Gould die Geschichte des Schiefers und benennt deutliche Indizien dafür.[4] Traditionell wurde die Evolution als gradueller Prozess gesehen, der von primitiveren und undifferenzierteren zu besser angepassten, überlebensfähigen Formen voranschritt. Die im Burgess-Schiefer gefundenen Fossilien zeigen jedoch recht subtile und komplexe Anpassungen an ihren Meereslebensraum. Sie wirken weit »feiner abgestimmt«, als man zu Beginn des vielzelligen Lebens erwarten würde. Die kambrische Revolution erreichte viel in kurzer Zeit.

Darüber hinaus repräsentiert die Burgess-Fauna eine weit größere Verschiedenartigkeit grundlegend anderer biologischer Formen, als es seither gab. Um dies besser zu begreifen, muss man wissen, dass Biologen die Welt der Lebewesen in hierarchische Klassen einteilen. An der Spitze dieser Taxonomie stehen die fünf großen Königreiche der heutigen Biologie: Tiere, Pflanzen, Pilze, komplexe Einzeller und einfache Einzeller (darunter Bakterien), die sich weiter in Tier- und Pflanzenstämme (Phyla) unterteilen. Der Burgess-Schiefer enthält Vertreter aller modernen Tierstämme. Sollten Taxonomien jeden dieser Organismen als getrenntes Phylum anerkennen? Die strukturellen Unterschiede, die dies rechtfertigen, sind sicherlich vorhanden. Die Tierwelt dieses lange vergangenen Zeitalters wies eine größere strukturelle Vielfalt an Tierformen auf, als heute existiert. Und das war keine fortschreitende, von einem ursprünglichen Typus ausgehende Verästelung. Die Evolution scheint ein Brainstorming veranstaltet zu haben, das eine große Vielfalt schuf, die dann beschnitten wurde.

Können wir hier nun auch, ermutigt durch diese Belege, die fünf Kennzeichen von Durchbruchereignissen aufspüren? Tauchen sie alle auf? Versuchen wir es:

- *Lange Suche und begrenzter Fortschritt.* Die Suche, die der kambrischen Revolution vorausging, war die längste und am wenigsten erfolgversprechende Suche in der Geschichte des Lebens: mehr als drei Milliarden Jahre seit den frühesten Anzeichen des Lebens bis zum Beginn der kambrischen Ära.

- *Beschleunigendes Ereignis*: Die Evolution ging durch einen engen Flaschenhals in das Reich komplexer Vielzeller.

- *Rascher Durchbruch.* Sobald die Evolution in diesem neuen Gebiet ans Werk ging, tauchte in rascher Folge eine Vielzahl von Lebensformen auf. Die kambrische Diversifizierung ereignete sich über einen Zeitraum von 100 Millionen Jahren. Dies ist selbst in geologischen Maßstäben sicher ein langer Zeitraum, aber er muss im Vergleich zu den vier Milliarden Jahren davor und den 500 Millionen Jahren danach gesehen werden, in denen keine bedeutenden Stämme hinzukamen.

- *Umgestaltung der Welt.* Viele grundlegend verschiedenen anatomischen Entwürfe erschienen in der kambrischen Revolution, und viele davon weisen auf Stämme, die es seither nicht mehr gibt. Tatsächlich schafft die Natur selten etwas so Andersartiges wie einen Tier- oder einen Pflanzenstamm. Die Produktivität der kambrischen Revolution zeigt sich deutlich in der Verschiedenartigkeit der damals vorhandenen Stämme, zu denen heute ausgerottete Phyla gehörten.

So bieten die Organismen des Burgess-Schiefers ein zweites und nachhaltigeres Beispiel für die Kennzeichen eines evolutionären Durchbruchs. Natürlich sind dies ausgewählte Fälle, aber noch weit mehr davon lassen sich an anderen Fossilien ablesen. Wie zuvor erwähnt, sind eine Reihe von Paläontologen der Meinung, dass die Fossilienbeweise die ursprüngliche Auffassung einer graduellen Evolution Lügen strafen. Sie nehmen stattdessen an, dass Organismen in relativ kurzen

Zeiträumen entstanden, untergingen, sich diversifizierten, die Vorherrschaft gewannen oder verloren. Diese Ereignisse unterbrachen lange Zeiträume, in denen sich kaum ein Wandel ereignete. Solche Prozesse weisen ihrem Wesen nach die meisten Merkmale von Durchbrüchen auf.

Eine letzte Wendung der Geschichte der Burgess-Fossilien ist, dass die scheinbar Lebenstüchtigsten nicht immer die wirklichen Überlebenden waren. Von zwei Stämmen wurmartiger Organismen weist ein Stamm heute eine enorme Vielfalt auf, während der andere nur in einigen seltenen Formen überlebt hat. Doch der erste war im Burgess-Schiefer weit rarer. Das Gleiche geschah in der Evolution viele Male. Die Dinosaurier beherrschten, wie wir uns erinnern, mehr als 100 Millionen Jahre die Szene. Sie waren zu ihrer Zeit die einzigen großen Landtiere der Erde. Wie Wesson schreibt, gab es während der Herrschaft der Dinosaurier keinen Nicht-Dinosaurier, der größer als ein Pudel war.[5] Heute sind sie alle verschwunden. Im Burgess-Schiefer hatten viele Lebensformen die größte Zukunft, die damals nicht dominierten. Eine davon war ein eher harmloser Organismus namens *Pikaia*, der den Vorläufer eines Wirbels hatte, einen so genannten Rückenstrang. *Pikaia* könnte der Urahn aller Wirbeltiere gewesen sein, einschließlich uns selbst.

14

Blinder Verstand und kluge Evolution

Warum sind Menschen klüger als die Evolution?

Sind Menschen im bahnbrechenden Denken besser als die Evolution? Auf Anhieb scheint die Antwort »Ja!« zu sein. Schließlich bewegen wir uns inmitten von Düsenflugzeugen, Computern, Demokratien, Symphonien und sogar Büchern über abstrakte Dinge wie Geistesblitze und evolutionäre Durchbrüche. Die Evolution hat *das* nie geschafft. Auf den zweiten Blick lautet die Antwort eher »Nein!«. Die Evolution hat *das* sehr wohl bewerkstelligt – sie erfand uns. Und allenthalben umgibt uns die schwindelerregende Kreativität der biologischen Welt.

Doch dann drängt sich der Gedanke auf, dass der Vergleich ebenso hinkt wie der Vergleich zwischen Äpfeln und Birnen. Die überquellende Kreativität, die sich in der Tier- und Pflanzenwelt ausdrückt, überflügelt zweifellos die Summe menschlicher Einsicht. Die Evolution trägt im Hinblick auf die Fülle der Vielfalt den Sieg davon. Die menschliche Einsicht befasst sich jedoch mit einem weit breiteren Themenspektrum als lediglich mit Überleben und Fortpflanzung. Sie ist siegreich im Hinblick auf die Vielfalt der Vielfalt. Zu bedenken ist auch, dass sich Evolution und menschliches Denken in radikal verschiedenen Zeitskalen vollziehen. Das Denken schafft viel schneller neue Möglichkeiten als die Evolution. Aber der denkende Mensch hat eine weit kürzere Zeit zur Verfügung als die Natur. Kann es einen fairen Vergleich geben?

Statt nach qualitativen Vergleichen zu suchen, sollten wir uns auf die Frage konzentrieren, wie der menschliche Verstand und die Evolution mit den an sie gestellten Herausforderungen umgehen. Wir könnten sogar von ihrer relativen *Klondike-Intelligenz* sprechen und beschreiben, wie sie auf die vier »unvernünftigen« Fallen der Klondike-Logik reagieren. Demnach sind menschliche Suchprozesse, wenn sie ihr höchstes Niveau erreichen, weit besser geeignet, um mit den Gefahren von Klondike-Räumen fertig zu werden als die blinden Suchprozesse der Evolution. Es gibt mehrere Punkte, bei denen der Verstand einsichtsvoller ist als die Gene.

• *Wissengeleitetes Denken.* Die natürliche Selektion, wie sie gewöhnlich verstanden wird, hat kein Gedächtnis. Die Karten der genetischen Vielfalt werden neu gemischt, und nach dem Zufallsprinzip ausgeteilt. Im Gegensatz dazu hängen Menschen von ihrem individuellen und kulturellen Gedächtnis ab, zu dem sie durch Bücher, CD-ROMs und andere Informationsquellen Zugang haben. Menschen können daher leichter ein Annäherungsproblem erkennen, das andernfalls ein Klondike-Problem bliebe. Wie in Teil III betont, macht Hintergrundwissen einen wesentlichen Unterschied aus. Selbst wenn unser Wissen aus einem »unvernünftigen« Problem kein vollkommen »vernünftiges« Problem macht, kann es das Problem doch in diese Richtung lenken, indem es mehr Hinweise liefert, nach denen man Ausschau halten kann, mehr Wegweiser auf dem Weg zu einer Lösung.

• *Gute Wetten.* Ähnlich ist es, wenn Menschen Testlösungen finden. Solche Lösungen sind in der Regel »gute Wetten«. Schachmeister kommen oft im ersten Anlauf auf hervorragende Züge, bevor sie eine ausgiebige Suche unternehmen. Bei Forschungen, die ich vor Jahren selbst durchführte, produzierten Dichter bessere Gedichtzeilen, wenn sie die Optionen auf dem Wege eines *Brainstorming* durchgingen. Aus der Perspektive der Informationsverarbeitung würde man sagen, dass dies das Ergebnis von Beschränkungen ist. Ein Such-und-Auswahl-Prozess kann Lösungsvorschläge hervorbringen, an die man dann Kategorien anlegt, um eine Auswahl zu treffen. Einige Beschränkungen können auch in den Schaffensprozess selbst aufgenommen werden, sodass alle möglichen Lösungsvorschläge bereits eine Bedingung erfüllen. Beim menschlichen Lernen ist dies der Fall: Wir lernen schon beim ersten Mal, uns an die richtige Lösung anzunähern. Im Gegensatz dazu mischt die Evolution im klassischen Sinn einfach die Gene durch und verfährt nach dem Zufallsprinzip.

- *Brainstorming.* Wenn Menschen in eine Sackgasse geraten, erweitern sie häufig bewusst den Umfang ihrer Suche und unternehmen ein *Brainstorming*, um ganz unterschiedliche Ansätze zu finden. Die natürliche Auslese ist dagegen blind für den Einfluss des Augenblicks. Sie bringt in guten wie in harten Zeiten das gleiche Maß an Variation hervor.

- *Produktivität.* Die natürliche Auslese, wie sie gewöhnlich verstanden wird, sorgt sich nur um das Überleben, sie strebt nicht nach Produktivität. Sie sucht keine Organismen mit einem hohen Potenzial für Diversifikationen. Im Gegensatz dazu suchen menschliche Problemlöser häufig ganz bewusst nach Theorien und Rahmen mit einem hohen Produktivitätspotenzial.

- *Verheißungen folgen.* Eine grundlegende Beschränkung der natürlichen Auslese besteht darin, dass sie nur Organismen ausprobiert, die tatsächlich überleben können. In der natürlichen Auslese gibt es so etwas wie einen vielversprechenden ersten Entwurf nicht. Schöpferische Menschen dagegen schaffen üblicherweise in ersten Entwürfen aussichtsreiche Erfindungen, Theorien, Gedichte und andere Dinge, die in dieser Form durchaus nicht lebensfähig sind. Die natürliche Auslese würde sie alle als Fehlschläge bewerten und sich anderweitig umblicken.

- *Planung.* Die Suche in einem gewissermaßen »einstöckigen« Möglichkeitsraum wird dem Reichtum der menschlichen Erkenntnis nicht gerecht. Dichter und Erfinder navigieren nicht nur in Räumen möglicher Gedichte und Erfindungen, sondern denken darüber nach, was sie auf einem höheren Niveau tun – wohin sie gehen, wie sie dorthin gelangen, was schief gehen könnte. Sie denken in Möglichkeitsräumen von Zielen und Plänen ebenso wie in dem »Grundraum« der Gedichte und Erfindungen.[1] Die natürliche Auslese besitzt keinen Bereich für solche Planungsniveaus ihrer Suche.

Auf diese und andere Weise beweisen Menschen manchmal mehr Klondike-Intelligenz als die Evolution. Die menschliche Suche ist demnach weit besser an die Herausforderungen von Klondike-Räumen angepasst.

Vielleicht hat sich diese menschliche Fähigkeit nach und nach entwickelt. Michael Ruse und Rupert Riedl argumentieren, dass nicht nur die Morphologie, sondern auch die Epistemologie des Menschen ein Produkt seiner Evolutionsgeschichte ist.[2] Unsere Begriffe von Kausalität, Vorstellungen über Zahlen, Analogiebildungen sowie das Prinzip, dass Behauptungen mit Beweisen aus verschiedenen Quellen verifiziert werden müssen, sind nach dieser Theorie wahrscheinlich die Konsequenz des Evolutionsprozesses, und die Begriffe selbst sind jeweils sehr grundlegende Anpassungsmerkmale des Verstandes mit einer genetischen Basis. Diesen abstrakten Denkweisen kann man außerdem die Fähigkeit der Selbstlenkung einschließlich der Lenkung von Suchprozessen hinzufügen.

Aber an welche Umwelt ist der Verstand angepasst? So wie sich Kofferfische durch eine Korallenwelt bewegen und Füchse durch Wälder und Auen, bewegt sich der Verstand durch eine Welt von Ideen und sucht nach jenen, die den unterschiedlichsten Zwecken dienlich sind. Menschen denken nicht nur unmittelbar Gegebenes, ihr Verstand erwägt auch Möglichkeiten, die er nach Verheißung und Erfolg bewertet. So wie sich Kofferfische und Füchse durch die Evolution an ihre physische Umgebung angepasst haben, so hat sich wahrscheinlich der Verstand an seine mentale Umwelt angepasst. Im Geist von Ruse und Riedl kann man sagen, dass die menschliche Abstraktionsfähigkeit und unsere Fähigkeit, Suchprozesse zu lenken, Konsequenzen der genetischen Evolution der Intelligenz sind, die die besonderen Eigenschaften aufweisen, die Suche in Klondike-Räumen zu erleichtern. So hat die Evolution einen weit höher entwickelten Mechanismus geschaffen als den, über den sie selbst in ihrem eigenen Klondike-Spiel verfügt.

Blinder Verstand

Das ist hohes Lob für die höchsten Leistungen des menschlichen Denkens. Schreiten Kunst, Wissenschaft und Kultur jedoch immer durch kunstvolles bahnbrechendes Denken voran? Keineswegs. Zuweilen, vielleicht die meiste Zeit, entwickelt sich die Zivilisation eher wie die chaotische Geschichte des Lebens auf der Erde.

Sozusagen als »Bonbon« am Ende seines Buches *Das egoistische Gen* entwickelt Richard Dawkins die Idee von »Memen«, die nicht biologischen Formen, sondern menschlichen Ideen entsprechen.[3] Der Philosoph Daniel Dennett griff diesen Gedanken auf und entwickelte sie in *Consciousness Explained* weiter.[4] Die Mem-Analogie folgt eng dem Mechanismus der Evolution, wendet sie aber auf den menschlichen Geist und die Gesellschaft an. Dawkins spricht eine Sprache, die es uns erlaubt, in Darwinschen Begriffen über die soziale Evolution von Ideen zu sprechen.

Das Wort »Mem« steht für »mentales Gen«, eine Denkeinheit, die im Ökosystem der menschlichen Kultur und Kommunikation gedeiht. Zu denken ist dabei an Ideen wie »Demokratie«, industrielle Verfahren wie die Eisenschmelze, eine medizinische Praxis wie der Aderlass, Sprichwörter wie »Was du heute kannst besorgen, das verschiebe nicht auf morgen«. Meme sind ein so umfassendes Konzept, dass es fast alles einschließt. Dawkins meint, dass sich Meme ganz ähnlich wie Gene entwickeln können, indem sie verschiedene Nachkommen zeugen, die ihrerseits nach ihrer Überlebensfähigkeit ausgewählt werden.

Denken wir an einen Sprichwortreimer bei der Arbeit. An einem Tag schreibt er drei Sprichwörter: »Wer nicht zur rechten Zeit kommt, bekommt nichts.« »Ohne Fleiß kein Preis.« »Was du heute kannst besorgen, das verschiebe nicht auf den nächsten Tag.« Alle drei Sprichwörter sind Meme – mentale statt genetische Formen, die in das Ökosystem der menschlichen Gesellschaft eingehen. Sie werden entweder überleben, sich verändern und überleben, oder absterben. »Wer nicht zur rechten Zeit kommt, bekommt nichts« hat keine Poesie. Man vergisst es zu leicht. »Ohne Fleiß kein Preis« bleibt hängen. Die Menschen erinnern sich daran und geben das Sprichwort weiter. »Was du heute kannst besorgen, das verschiebe nicht auf den nächsten Tag« hält sich vielleicht eine Weile. Aber an einem bestimmten Punkt erfindet jemand die Variante »Was du heute kannst besorgen, das verschiebe nicht auf morgen«. Der größere Wohlklang erlaubt der mutierten Form, sich zu verbreiten und die schwächere, konkurrierende Form zu verdrängen.

Wahrscheinlich liegt der sozialen Evolution ein solcher Mechanismus zugrunde. Von Zeit zu Zeit versuchen Einzelne spontane Variationen, üblicherweise ohne viel darüber nachzudenken. Einige Varianten regen die Vorstellungskraft der Menschen an, werden übernommen und überliefert. Sie selbst werden dann wiederum zur Grundlage neuer Veränderungen.

Ein entscheidender Punkt von Dawkins Mem-Begriff ist, dass die Evolution von Ideen nicht von Wahrheit oder Vortrefflichkeit abhängt. Sie ist vielmehr nur Ausdruck ihres Beharrungsvermögens – ihrer »Überlebenskraft«. Die Meme, die im geistigen und sozialen Lebensraum gedeihen, sind nicht notwendigerweise jene, die die tiefsten Aussagen oder die reichsten künstlerischen Ideen ausdrücken: Techno-Musik wird zum Mainstream, während Free Jazz sich nur schlecht und recht behauptet. Das Gleiche gilt in der biologischen Welt. Die Erfolgsgeschichte der Insekten ist weit großartiger als die der höher entwickelten und intelligenteren Säugetiere. In ähnlicher Weise stellt Stephen Jay Gould die verbreitete Auffassung von der Evolution als einer Abfolge von Zeitaltern in Zweifel. Nach Gould gibt es kein »Zeitalter der Fische, der Reptilien oder der Säugetiere«.[5] In der langen Evolutionsgeschichte kann es keine dieser Klassen von Lebewesen auch nur annähernd mit der wirklich dominanten Lebensform unseres Planeten aufnehmen: Die gesamte Evolution, so Gould, ist das Zeitalter der Bakterien.

Eines meiner Lieblingsbeispiele für ein wenig intelligentes Mem ist die Unterscheidung zwischen linker und rechter Gehirnhälfte. Vor Jahren populär geworden, hat sich diese Auffassung bei allen festgesetzt, die auch nur entfernt mit Psychologie, Kreativität und Pädagogik zu tun haben.[6] Die rechte Gehirnhälfte hat danach ganzheitliche, kreative Aktivitäten, während die linke für analytische und sprachliche Funktionen zuständig ist. Das ist natürlich eine grobe Vereinfachung und Verdrehung der tatsächlichen Befunde, die nicht einmal einen logischen Sinn hat. Wie können Mathematiker und Dichter bei so einer Arbeitsteilung kreativ mit Sprache und Begriffen umgehen? Trotzdem übt diese Idee offenbar einen enormen Reiz aus. Man glaubt gerne daran und zieht fragwürdige Schlüsse daraus.

In Übereinstimmung mit Dawkins Analogie müssen Meme unsere vier Klondike-Herausforderungen bestehen. Aber wie? Als ein blinder Prozess wie die biologische Evolution vollzieht sich die Memevolution in etwa der gleichen Weise, mit einer Reihe interessanter Unterschiede.

- *Meme in einer Wildnis von Möglichkeiten.* Meme breiten sich durch Kommunikationsprozesse wie Gespräche, Publikationen, Radio- und Fernsehsendungen aus. Diese Prozesse schaffen durch Verzerrungen und Verständnisfehler häufig Varianten. Wie bei den Genen vollzieht sich die Suche nach Möglichkeiten bei den Memen parallel, weil jedes Mem Abkömmlinge in vielen Köpfen hervorbringt, wobei einige Varianten überleben und an andere weitergegeben werden, andere hingegen nicht.

   Im Gegensatz zur genetischen Evolution vollzieht sich die Memevolution rasch. Der Slang von Teenagern kommt und geht, Kleidermoden ändern sich in der Frist von Jahren und Jahrzehnten. Ein Grund für die hohe Geschwindigkeit ist, dass der Verstand, der ein bestimmtes Mem aufnimmt, es häufig spontan verändert und lebensfähiger macht. Der Ausspruch »Was du heute kannst besorgen, das verschiebe nicht auf den nächsten Tag« bedarf keines Versprechers – ein der zufälligen Mutation ähnlicher Vorgang –, um sich zu »auf morgen« zu ändern. Ein dichterisch begabter Verstand wird sich bald seiner annehmen.

- *Meme und spurenlose Plateaus.* Wie bei der genetischen Evolution breiten sich Memvarianten in alle Richtungen aus. Dadurch füllen sich die Plateaus mit Varianten, von denen sich einige vielleicht auf grüneren Weiden ausbreiten.

- *Meme und enge Gedankenschluchten.* Auch Meme entwickeln sich nur durch lebensfähige Formen, das heißt Ideen, die im Geist eines Menschen lange genug überleben, um an andere in der ursprünglichen Form oder in einer Variante weitergegeben zu werden. So weit scheinen Meme mit engen Gedankenschluchten nicht besser fertig zu werden als die Evolution. Doch der aufnehmende Verstand kann ein Mem spontan verändern, bevor er es weitergibt, und ein verwandeltes Mem schaffen, das aus einer eng umgrenzten Schlucht ausgebrochen ist. Durch diese leichte Veränderbarkeit haben Meme eine Dimension der Flexibilität, die das Erbgut von Tieren oder Pflanzen nicht aufweist.

- *Meme und Oasen falscher Verheißung.* Die genetische Evolution wird mit solchen Oasen durch die Ausbreitung von Lebensformen trotz marginaler Überlebensfähigkeit fertig. Das Gleiche geschieht bei der Memevolution. Nehmen wir wieder das Sprichwort »Was du heute kannst besorgen, das verschiebe nicht auf den nächsten Tag«. Obwohl es nicht sehr eingängig ist, übernehmen es doch nach und nach einige Menschen, die es ihrerseits in unveränderter oder in veränderter Form weitergeben. Schließlich entdeckt jemand den Reim von »morgen« und »besorgen«. In dieser Form breitet sich das Mem dann rasch in der Gesellschaft aus.

Die Memevolution bietet einen Darwinschen Mechanismus für Erfindungen, der für die menschliche Kultur wichtig ist. Aber anders als bei Genen können Meme vom Menschen bewusst verändert werden. Wie effizient die Prozesse der Memvariation und -selektion sind, hängt also davon ab, wie wahrscheinlich es ist, dass ein bestimmter Verstand ein Mem aktiv überdenkt. In der sozialen Evolution der Sprachen und Sitten scheint die bewusste Überarbeitung keine große Rolle zu spielen. Gelegentlich etabliert jemand ein Wort oder ein Ritual, das sich anderen einprägt. In der Populärkultur gedeihen Meme in relativ reiner Form, weil die Menschen nicht lange darüber nachdenken, was ihnen begegnet. Sie weisen sie einfach zurück, oder sie akzeptieren die Meme und geben sie, vielleicht mit zufälligen Varianten, weiter.

Natürlich nutzt die Werbung den populärkulturellen Austausch von »Designer-Memen«, bewusste Versuche, Stile oder Genres neu zu schaffen, die verfangen und sich weithin ausbreiten. Am anderen Ende dieses Extrems stehen technische Erfindungen mit einem sehr hohen

Entwurfsaufwand, denen die ursprünglichen Erfinder und Nachfolger, die sie zu verbessern suchen und eigene Patente anmelden wollen, die höchste Aufmerksamkeit widmen. Es gibt hier tatsächlich eine memartige Ausbreitung von Ideen von einem Menschen zum anderen, aber es sind Meme, die sehr bewusst aufgenommen und verändert werden.

Kluge Evolution

Wenn Menschen nicht immer so klug sind und Memen einen Teil der Bewältigung von Klondike-Problemen überlassen, dann ist die Evolution vielleicht doch nicht so dumm. Oben haben wir die Evolution in Darwinschen Begriffen als blinde Variation, Selektion und Vererbung beschrieben, wodurch im Verlauf von Jahrmillionen durch schiere Gewalt Durchbrüche in Klondike-Räumen erzielt werden. Einige Evolutionsbiologen bezweifeln dieses Bild und selbst den klassischen Mechanismus der Auslese.[7] Sie argumentieren entweder, dass dabei mehr geschieht als einfach natürliche Auslese, oder zumindest, dass zur natürlichen Auslese feinere Mechanismen gehören als lediglich das erneute Werfen der genetischen Würfel in jeder Generation. Die Evolution könnte auch ein Prozess von höherer Klondike-Intelligenz sein, als es auf den ersten Blick erscheint. Es lohnt sich, einige Merkmale dieser Intelligenz von Menschen Revue passieren zu lassen, um zu sehen, ob sie sich in der Evolution wieder finden.[8]

- *Wissengeleitetes Denken.* Im menschlichen Genom sind 99 Prozent der Gene nicht damit befasst, die Entwicklung des Organismus zu steuern. Sie sind passiv oder latent. Ähnliches gilt für andere Organismen. Es wurde vermutet, dass diese passiven Gene ein abrufbares Repertoire von Anpassungen aus der Geschichte des Organismus darstellen. Darauf weist unter anderem die schnelle Reaktion mancher Insektenarten auf Insektizide hin. Einige entwickeln vererbbare Resistenzen in einer einzigen Erntesaison. Hier findet offensichtlich nicht nur eine zufällige genetische Suche nach neuen Lösungen statt, sondern es werden latente Ressourcen aktiviert. In der Sprache unserer vier Operationen der Klondike-Logik handelt es sich um eine Frage des Aufspürens: Aufzuspüren gilt es dabei, welche latente Ressource am besten zu einer gegebenen Situation passt.

- *Gute Wetten.* Menschen ersinnen beim Denken wahrscheinliche Lösungen für die Herausforderung, der sie gegenüberstehen. In Laborstudien passen sich Bakterien häufig in sehr wenigen Generationen einer Nahrung an, die sie normalerweise nicht verdauen können. Das legt nahe, dass alle entstehenden Varianten »gute Wetten« sind, um die verfügbare Nahrung zu nutzen, welcher Art sie auch sein mögen. Die »guten Wetten« entspringen vielleicht einem latenten genetischen Repertoire.

- *Brainstorming.* Stoßen Menschen auf ein Impasse, ersinnen sie zuweilen verschiedene Möglichkeiten. In einer Reihe von Stresssituationen können viele Organismen die Rate der genetischen Variation in einer Art »Brainstorming« erhöhen, um neue Wege zu finden. Pflanzen reagieren häufig mit genetischen Veränderungen auf einen Wandel ihrer Umwelt. Der Druck der Umwelt, besonders Temperaturveränderungen, schafft zum Beispiel beim Flachs vererbbare Varianten. Zu den Merkmalen, die verändert werden, gehören Größe, Gewicht, Ausbildung der Samenkapseln, bestimmte chemische Produkte und die Menge der Nukleinsäure. Auf diesem Weg verstärkt die Evolution unter einigen Bedingungen ihre weitschweifige Suche, um neue Optionen zu erkunden.

- *Streben nach Produktivität.* Menschen suchen oft nach besonders produktiven Theorien und nach Rahmen, die weitere Perspektiven eröffnen. In der biologischen Welt ist eine hohe Variation in Zeiten schnellen Wandels, also hohen Anpassungsdrucks, besonders vorteilhaft. Unter Bedingungen, die nach Diversifizierung rufen, können sich Organismen stärker genetisch verändern: Der Wandel wird zur Tagesordnung. Bakterien, die nach ihrer Veränderbarkeit ausgewählt wurden, gaben dieses Merkmal weiter. Eine andere interessante Lebensform sind die Buntbarsche, eine Familie von Süßwasserfischen, die man in Afrika, Mexiko und Hawaii findet. Bei einer Art zeigen die Jungen einer einzigen Brut große Variationen bei den Zähnen und in der Struktur des Verdauungssystems. Vielleicht aufgrund dieser hohen Variabilität der Buntbarsche haben sich in sieben ostafrikanischen Seen in einem Zeitraum von einer Million Jahren 300 Arten entwickelt, viele mit unterschiedlichen Lebensweisen.

• *Verheißungen folgen.* Menschen suchen häufig nach verschiedenen Versionen oder Prototypen, bevor sie etwas produzieren. Etwas strukturell Analoges kann in der Evolution geschehen. Merkmale, die ein Organismus in seiner Lebensspanne durch Lernen, Muskelstärkung oder andere Aktivitäten erwirbt, können diesen mit einer groben Anpassung an eine Nische ausstatten. Man stelle sich zum Beispiel vor, dass eine bestimmte Vogelart bei den Insekten, die zwischen Baum und Rinde leben, auf eine reiche Nahrungsquelle gestoßen ist und beginnt, sich von ihr zu ernähren. Diese grobe Anpassung ist strukturell mit der menschlichen Jagd auf Verheißungen vergleichbar.

Ein Organismus kann in seiner Lebensspanne eine, ja mehrere neue Nischen ausprobieren und sich häufig unbeschadet zurückziehen, wenn er dort scheitert. Wenn der Organismus in einer Nische halbwegs erfolgreich ist, kann er diese besetzen, und seine Nachkommen und Artgenossen werden ihm in dieser neuen Lebensweise folgen. Dann beginnt der Anpassungsdruck, durch den erworbene Fähigkeiten genetisch und durch weitere Varianten ergänzt werden. Die Vögel, die für sich die Bauminsekten entdeckten, könnten sich zu den heutigen Spechten entwickeln, die anatomisch und verhaltensmäßig auf diese Nahrung spezialisiert sind. Dies ist der Baldwin-Effekt, benannt nach James Mark Baldwin, einem amerikanischen Philosophen und Psychologen des späten 19. und beginnenden 20. Jahrhunderts.

Natürlich stellen die eben erwähnten Eigenschaften der Evolution nicht immer die natürliche Auslese als ausschlaggebenden Mechanismus infrage. Zumindest weisen sie aber darauf hin, dass die Auslese in einem unterstützenden Kontext operiert: einem Repertoire passiver Gene, Lebewesen, die lernfähig sind und folglich in ihrer Lebensspanne neue Nischen ausprobieren können. Um zu verstehen, wie der Evolutionsmechanismus sucht, reicht es demnach nicht aus, von blinder Variation, selektivem Überleben, Fortpflanzung und Vererbung zu sprechen, selbst wenn sie den Kern des Prozesses bilden.

Verfügt die Evolution also doch über ein gerüttelt Maß an Klondike-Intelligenz? Hinter dieser Auffassung steht nicht die Annahme einer mystischen oder teleologischen Absicht. Kein Meisterplaner, der hinter der Evolution steht, ist dafür vonnöten. Die Evolution ist vielmehr im oben definierten Sinne klug: Sie ist in einer Reihe von Fällen gut dafür geeignet, in einem Klondike-Raum zu suchen, und ist damit weit besser angepasst, als der klassische Darwinsche Prozess von Versuch und Irrtum andeutet.

Solche Anpassungen werden von den Genen weitergegeben. Die lange Geschichte des Lebens auf der Erde hat dazu geführt, dass sich das Genom nicht nur verschiedenen Umweltbedingungen anpasst, sondern auch den Zufälligkeiten der Evolution selbst. Gene sind nicht dumm, sondern klug.

15

Warum wir von Klondike-Logik
nicht loskommen

Glück und mehr

Sowohl das menschliche Denken als auch die Evolution scheinen allzu häufig bei »unvernünftigen« Problemen festzustecken, die nach Durchbrüchen verlangen. Zu oft müssen Menschen auf andere und weniger bequeme Weise denken. Natürlich bereitet das der Evolution nicht solche Kopfschmerzen wie uns, aber die Probleme sind vergleichbar.

Warum kommt die Notwendigkeit, durch einen Klondike-Raum zu manövrieren, so häufig vor?

Grund Nr. 1: Die Ordnung steht auf verlorenem Posten. Der Zufall spielt eine Rolle, und zwar eine wichtige. Wunschdenken mag dazu verleiten, sich eine geordnetere Welt vorzustellen, wo zielführende Räume die Regel und Klondike-Räume so exotisch sind wie weiße Tiger. Das ist allerdings keine vernünftige Erwartung. Der ideale zielführende Raum präsentiert eine Landschaft, in der es von Hinweisen wimmelt, die deutlich zu dem einen Gipfel zeigen, den es zu erklimmen gilt. Problemlöser, die klug genug sind, sie zu lesen, können den Berg mit stetigem Fortschritt besteigen und den Preis einheimsen. Reale Probleme, jene willkürlich aus dem Zauberhut gezogenen Kaninchen, mit denen uns die Welt konfrontiert, bringen dagegen in der Regel unweigerlich unregelmäßige Möglichkeitsräume mit einem Spektrum von lästigen Klondike-Merkmalen mit sich.

Aber es ist nicht nur der Zufall. Wenn wir bedenken, wie »unvernünftige« Probleme, die Geistesblitze erfordern, auftauchen, entdecken wir, dass sie nicht einfach zufällig auftreten, sondern weil wir die zielführenden Probleme so erfolgreich lösen. Bahnbrechende Herausforderungen ergeben sich aus unserem Erfolg bei zielführenden Problemen. Um zu erkennen, wie dies geschieht, ist es wichtig, ein sehr allgemeines Konzept aus der Systemtheorie zu verstehen, das selbstorganisierte Kritikalität genannt wird.

Selbstorganisierte Kritikalität

Klondike-Probleme führen zu einer Fülle menschlicher Erfindungen, und zwar aus dem gleichen Grund, warum Reifen quietschen. Und die Struktur eines Erdbebens – Druckaufbau und Entladung – ähnelt der Struktur der biologischen Evolution, wo sich nach Phasen relativer Stagnation »plötzlich« reiche Entwicklungsmöglichkeiten eröffnen. Klondike-Möglichkeitsräume entstehen aber nicht zufällig, sie haben einen tieferen Grund.

Selbstorganisierte Kritikalität ist ein zentraler Gegenstand der Erforschung komplexer Systeme.[1] Das Standardbeispiel ist ein Sandhaufen. Man stelle sich vor, wie der Sand langsam herabrieselt und einen Haufen bildet, der bald kegelförmig wird. Während der Sand rieselt, entwickelt sich ein interessantes Muster von Stagnation und Wandel. Ein paar Körner verändern den Haufen üblicherweise nicht sehr. Sie bleiben an verschiedenen Punkten nahe der Kegelspitze liegen. Wenn jedoch mehr und mehr Körner die Spitze belasten, muss diese schließlich nachgeben. Ein Erdrutsch findet statt, der die Last abträgt. Während der Sand weiter rieselt, wiederholt sich dieses Muster von Stagnation und Wandel mit kleineren und gelegentlich größeren Erdrutschen.

Der Sandhaufen ist ein Musterbeispiel für selbstorganisierte Kritikalität. Kritisch sind solche Zustände, weil sie durch Phasenumwandlungspunkte geprägt sind. Die plötzlichen Erdrutsche sind kritische Ereignisse, die die Stagnation unterbrechen. Selbstorganisation meint, dass der gesamte Prozess auf solche kritischen Ereignisse hinausläuft. Während der Sand nach unten rieselt, neigt die physische Struktur des Haufens zwangsläufig immer stärker einem kritischen Ereignis zu.

Reifen auf der Straße und Kreide auf einer Tafel quietschen aus dem gleichen Grund. Während sich die schiere Kraftwirkung zwischen einer

Oberfläche und einer anderen verstärkt, kleben die Oberflächen kurzzeitig aneinander. Da dies aber nicht ewig so weitergehen kann, kommt es zu einem plötzlichen Rutscheffekt, der als Quietschen zu hören ist. Sobald das Rutschen beendet ist und sich die Kraft entladen hat, kleben die Oberflächen wieder eine Zeit lang zusammen. Was im Mikrobereich bei Reifen und Kreide geschieht, passiert im Makrobereich bei Erdbeben. Tektonische Platten in langsamer, aber unerbittlicher Bewegung pressen sich gegeneinander, und der Druck steigt. Schließlich ereignet sich ein Erdbeben, ein kritisches Ereignis, das den Druck entlädt, und der Druckaufbau beginnt von neuem.

Warum die Welt nach Geistesblitzen und Durchbrüchen verlangt

Außer quietschenden Reifen und Erdbeben hat selbstorganisierte Kritikalität eine weitere Tochter. Klondike-Landschaften in der Welt der biologischen Evolution und des menschlichen Geistes verdanken sich nämlich zum Teil einer solchen Kritikalität. Das scheint sich durch wenigstens drei Prozesse zu vollziehen, die jeder auf eigene Weise analog zum Muster des Druckaufbaus und der plötzlichen Entladung sind, das wir beim rieselnden Sand gesehen haben. Außer der Tatsache, dass die Ordnung auf verlorenem Posten steht, gibt es daher noch zwei weitere Gründe für das Auftreten »unvernünftiger« Probleme.

Grund Nr. 2: Die leichten Antworten zuerst. Jede Anpassungssituation, die reich an Problemen ist, weist ein Spektrum von leichter und schwerer zugänglichen Problemen auf. Zu den Letzteren gehören die Klondike-Probleme. Die Ersteren werden sofort angegangen und lassen einen Klondike-Gebirgszug übrig, der Aufmerksamkeit verlangt. Die Glieder- und Organchirurgie entwickelte sich zum Beispiel früh, weil Eingriffe hier die Lebensfähigkeit nicht unmittelbar beeinträchtigten. Die Herzchirurgie dagegen entwickelte sich spät, weil das Herz bei jeder lebensbedrohlichen Operation pumpen muss oder eine Herz-Lungen-Maschine diese Aufgabe übernimmt.

Der Grundsatz »leichte Antworten zuerst« schafft keine Klondike-Landschaft, aber er führt den Problemlöser systematisch zu ihren Klondike-artigen Bereichen, wenn die leichter zugänglichen bereits besiedelt sind. Und dies führt zu kritischen Ereignissen.

Grund Nr. 3: Zur Routine gehören Hindernisse. In jeder Anpassungssituation folgen der ursprünglichen Anpassung weitere Feinabstimmungen. Künstler finden zu einem eigenen Stil; Physiker entwickeln ein Repertoire von Techniken und einen Bestand von Fragen, die ihrer Spezialisierung entsprechen. In der biologischen Welt entwickeln Lebewesen feine Anpassungen an die Besonderheiten ihrer ökologischen Nischen. Sie schaffen alle Routinen, die durchaus nicht zu verachten, sondern im Gegenteil sehr effektiv sind und relativ sicheren und produktiven Nutzen bringen.

Zur Routine gehören jedoch auch Hindernisse. Die Anpassungen selbst verpflichten auf ihre jeweilige Umgebung. Sie sichern die Überlebensfähigkeit in ihnen, sind aber über die jeweilige Umgebung hinaus hinderlich. Sie schaffen Oasen und Schluchten, von denen man sich nur schwer lösen kann, wenn man dazu genötigt ist.

Diese drei Gründe führen uns dazu, dass wir auf Klondike-Situationen stoßen und neue schaffen. Ähnliches geschieht in der biologischen Welt, ohne dass sie dabei einer lenkenden Hand bedürfte. Das für menschliche Geistesblitze und evolutionäre Durchbrüche typische Muster plötzlicher Entdeckung ist also nur ein weiteres Beispiel für selbstorganisierte Kritikalität.

Das Besondere an Durchbrüchen in der menschlichen und biologischen Welt ist, dass Kreide nicht quietscht oder Erdbeben beben, um etwas zu erreichen. Wildnisse und Plateaus, Schluchten und Oasen sind für die Kreide oder die tektonischen Platten bedeutungslos. Das Quietschen und das Beben geschehen einfach. Im Gegensatz dazu zielen Menschen darauf, bessere und verschiedenartigere Wege zu finden, etwas zu tun oder auszudrücken, zuweilen blind, aber häufig sehr bewusst und mit großer Anstrengung. Die Evolution selbst ist angepasst und darauf geeicht, Wege und Formen des Überlebens zu entwickeln und zu verfeinern, auch wenn dies ein blinder Prozess ist.

Ohne Newton und seine Nachfolger, die das bequeme und weitgehend effektive Wissen der klassischen Physik schufen, hätte es keinen Einstein gegeben. Ohne Archimedes würde der heutigen Mathematik ein wichtiges Grundprinzip fehlen. Ohne Leonardo da Vinci, die Wright-Brüder und andere Flugpioniere hätten die Menschen nicht zum Mond fliegen können. Die Klondike-Wirklichkeiten, denen wir uns stellen müssen, sind individuelle oder gesellschaftliche Probleme, die nur durch bahnbrechende Geistesblitze zu lösen sind – und das nicht aufgrund eines Fehlers der menschlichen Natur oder eines lange zurückliegenden kognitiven Sündenfalls. Sie sind ein wesentlicher und unvermeidlicher Teil der Dynamik des Problemfindens und des Problemlösens. Die Klondike-Rätsel machen die Welt mit all ihren Erfindungen, Entdeckungen und Veränderungen erst zu dem, was sie ist.

Anmerkungen

I. Denken wie Leonardo

1 Leonardo da Vincis Hubschrauberentwurf: Edward MacCurdy, *The Mind of Leonardo da Vinci*, London 1928.
2 Zur Entwicklung des Propellers durch die Wright-Brüder vgl. Tom Crouch, *The Bishop's Boys. A Life of the Wright Brothers*, New York 1989, Kapitel 18.
3 Das »Heureka!«-Erlebnis des Archimedes: Arthur Koestler, *Der göttliche Funke. Der schöpferische Akt in der Kunst und Wissenschaft*, Bern/München 1966.
4 Darwins Darstellung der Entdeckung des Prinzips der natürlichen Auslese: Charles Darwin, *Erinnerungen an die Entwicklung meines Geistes. Tagebuch meines Lebens und Schaffens*, hg. von Francis Darwin, Köln 1982.
5 Vgl. Howard Gruber, *Darwin on Man. A Psychological Study of Scientific Creativity*, New York 1974.
6 Alfred Russel Wallace, *My Life*, Bd. 1, New York 1905, S. 361 f. Hervorhebungen von Wallace.
7 Vgl. Neil Baldwin, *Edison. Inventing the Century*, New York 1995; Robert Fiedel, Paul Israel, *Edison's Electric Light*, New Brunswick (N. J.) 1986; W. B. Carlson, M. Gorman, »A Cognitive Framework to Understand Technological Creativity: Bell, Edison, and the Telephone«, in: Robert J. Weber, David N. Perkins (Hg.), *Inventive Minds: Creativity in Technology*, New York 1992, S. 48–78.
8 Die Geschichte der Steinfliege: vgl. James H. Marden, »How Insects Learned to Fly«, *The Sciences*, 35, Nr. 6 (1995), S. 26-30.
9 Unterbrochenes Gleichgewicht: vgl. Stephen J. Gould, *Der Daumen des Panda. Betrachtungen zur Naturgeschichte*, Frankfurt am Main 1989, Kapitel 17 und 18.
10 Platon über Inspiration, Platon, *Werke*, Bd. I, Darmstadt 1977, *Ion*, 534.
11 David Perkins, *Outsmarting IQ: The Emerging Science of Learnable Intelligence*, New York 1995.

2. Von Sufi-Geschichten zu James Bond-Thrillern

1 Vgl. Idries Shah, *Das Geheimnis der Derwische. Geschichten der Sufimeister*, Freiburg im Breisgau u. a. 1983, S. 20.
2 Pierre Berloquin, *Logische Kopfspiele*, München 1982.
3 Margaret Boden, *Die Flügel des Geistes. Kreativität und künstliche Intelligenz*, München 1992, S. 58.
4 Vgl. Allan Newell, Herbert Simon, *Human Problem Solving*, Englewood Cliffs (N. J.) 1972.
5 Forschungsergebnisse, die die These vom »Heureka!«-Erlebnis bei »unvernünftigen« Problemen stützen: vgl. Janet Metcalfe, »Premonitions of Insight and Cognition«, *Psychology: Learning, Memory, and Cognition*, 12 (1986), S. 623–634; dies., David Wiebe, »Intuition in Insight and Noninsight Problem Solving«, *Memory & Cognition*, 15 (1987), S. 238–246; Janet Davidson, »The Suddenness of Insight«, in: Robert Sternberg, Janet Davidson (Hg.), *The Nature of Insight*, Cambridge (Mass.) 1995, S. 125–155; Robert S. Lockhart, Mary Lamon, Mary Gick, »Conceptual Transfer in Simple Insight Problems«, *Memory & Cognition*, 16 (1988), S. 36-44.
6 Vgl. Marvin Minsky, »Jokes and the Logic of the Cognitive Unconscious«, in: R. Groner, M. Groner, W. F. Bischof (Hg.), *Methods of Heuristics*, Hillsdale (N. J.) 1983, S. 171–194.

3. Die Logik des Glückhabens

1 Vgl. Arthur Koestler, *Der göttliche Funke. Der schöpferische Akt in der Kunst und Wissenschaft*, Bern/München 1966.
2 Die hier präsentierte Ansicht habe ich über die Jahre in einer Reihe von Artikeln entwickelt. Die wichtigsten sind: David N. Perkins, »The Topography of Invention«, in: Robert J. Weber, David N. Perkins (Hg.), *Inventive Minds: Creativity in Technology*, New York 1992, S. 238–250; ders., »Creativity: Beyond the Darwinian Paradigm«, in: Margaret Boden (Hg.), *Dimensions of Creativity*, Cambridge (Mass.) 1994, S. 119–142; ders., »Insight in Minds and Genes«, in: Robert J. Sternberg, Janet Davidson (Hg.), *The Nature of Insight*, Cambridge (Mass.) 1995, S. 495–533; ders., »The Evolution of Adaptive Form«, in: John Ziman, *Technological Innovation as an Evolutionary Process*, Cambridge, im Druck.
3 Das Rätsel der beiden Stricke ist eines von mehreren Problemen, die ein früher Forscher auf diesem Gebiet untersucht hat: vgl. Norman R. Maier, *Problem Solving and Creativity in Individuals and Groups*, Belmont (Ca.) 1970.
4 Die verzweigte Familie ist leicht abgewandelt Berloquin, *Logische Kopfspiele*, entnommen.

4. Gibt es eine wissenschaftliche Erklärung für den Geistesblitz?

1   Vgl. Allan Newell, Herbert Simon, *Human Problem Solving*, Englewood Cliffs (N. J.) 1972.

5. Die lange Suche vor dem großen Knall – Umherschweifen!

1   Zur Entwicklung des Zeolithkatalysators: vgl. Edward Rosinski, »The Origin and Development of the First Zeolite Catalyst for Petroleum Cracking«, in: Robert J. Weber, David N. Perkins (Hg.), *Inventive Minds: Creativity in Techno-logy*, New York 1992, S. 166-177; zur Entwicklung des Ivermectins: William Campbell, »The Genesis of the Antiparasitic Drug Ivermectin«, in: ebd., S. 194–214; zur kombinatorischen Chemie: Matthew J. Plunkett, Jonathan A. Ell-man, »Combinatorial Chemistry and New Drugs«, *Scientific American*, 276, Nr. 4 (1997), S. 68–73.

2   Robert J. Weber, David N. Perkins (Hg.), *Inventive Minds: Creativity in Techno-logy*, New York 1992; eine umfassende Diskussion der allgemeinen Charakteris-tika dieser Erfinder und der Erfindungsprozesse in ebd., S. 317–336.

3   Vgl. Alex Osborn, *Applied Imagination*, New York 1953; Robert Sutton, Andrew Hargadon, »Brainstorming Groups in Context: Effectiveness in a Product Design Firm«, *Administrative Quarterly*, 41, Nr. 4 (1996), S. 685–718.

4   Wallace Stevens, »Eine Amsel dreizehnmal gesehen«, in: *Der Planet auf dem Tisch*, Stuttgart 1983, S. 65.

5   »Ars Poetica«, in: Archibald MacLeish, *Collected Poems of Archibald MacLeish*, Boston 1962.

6   Das Werk von Hieronymus Bosch ist Benedikt Taschen, *Bosch*, Köln 1994 ent-nommen.

7   »Hundert Ansichten des Bergs Fuji«: aus Henry Smith, *Hokusai. One Hund-red Views of Mount Fuji*, New York 1988.

8   »On the Vanity of Earthly Greatness«, Arthur Guiterman, *Gaily the Trouba-dour*, New York 1936.

9   Edward de Bono, *Laterales Denken. Ein Kurs zur Erschließung Ihrer Kreativitäts-reserven*, Düsseldorf u. a. 1989.

6. Wegmarken für die Orientierungslosen

1   Vgl. Arthur I. Miller, *Imagery in Scientific Thought. Creating 20th Century Phy-sics*, Boston 1984.

2 Das Zitat von Einstein stammt aus *Autobiographische Notizen* (1949), zitiert nach Gerald Holton, *Thematische Analyse der Wissenschaft. Die Physik Einsteins und seiner Zeit*, Frankfurt am Main 1981, S. 31.

3 Vgl. Margaret Boden, *Die Flügel des Geistes. Kreativität und künstliche Intelligenz*, München 1992, S. 138 ff.

4 Vgl. William J. J. Gordon, *Synectics. The Development of Creative Capacity*, New York 1961. (Bei dem Verfahren handelt es sich um eine Kreativitätsmethode. Ihr Grundgedanke besteht darin, aus verschiedenen Lebensbereichen Analogien zu bilden und daraus durch Abstraktion und Verfremdung Ideen zu gewinnen. Dazu gehören neben Neuformulierungen der Problemstellung und spontanen Einfällen vor allem Analogien aus anderen Bereichen wie Natur, Technik, Wirtschaft etc. Beispiel: Von der Fledermaus zum Radar. A. d. Ü.)

5 Eine ausführlichere Diskussion des Abdriftalarmproblems und der Mängel des Denkens in Analogien findet sich in David Perkins, »Novel Remote Analogies Seldom Contribute to Discovery«, *Journal of Creative Behavior*, 17 (1983), S. 223–239.

6 Vgl. Ronald Finke, »Creative Insight and Preinventive Forms«, in: Robert J. Sternberg, Janet Davidson (Hg.), *The Nature of Insight*, Cambridge (Mass.) 1995; Ronald Finke, Thomas Ward, Steven Smith, *Creative Cognition. Theory, Research, and Applications*, Cambridge (Mass.) 1992.

7. Mit dem Kopf durch die Wand – oder lieber umdenken?

1 Einsteins erster Aufsatz über Relativität: »Zur Elektrodynamik bewegter Körper«, in: *Annalen der Physik*, 17 (1905), S. 891–921.

2 Von den Arbeiten De Bonos vgl. zum Beispiel *Das Sechsfarben-Denken. Ein neues Trainingsmodell*, Düsseldorf u. a 1987; *Der Denkprozeß. Was unser Gehirn leistet und was es leisten kann*, Reinbek bei Hamburg 1975; *Laterales Denken. Ein Kurs zur Erschließung Ihrer Kreativitätsreserven*, Düsseldorf u. a. 1989.

3 Vgl. Stellan Ohlsson, »Restructuring Revisited: An Information Processing Theory of Restructuring and Insight«, *Scandinavian Journal of Psychology*, 25 (1984), S. 117–129.

4 Vgl. Kevin Dunbar, »How Scientists Really Reason: Scientific Reasoning in Real World Laboratories«, in: Robert J. Sternberg, Janet E. Davidson (Hg.), *The Nature of Insight*, Cambridge (Mass.) 1995, S. 365–395.

5 Das Rätsel der Giraffen und Strauße stammt aus Janet Davidson, »The Suddenness of Insight«, in: Robert Sternberg, Janet E. Davidson (Hg.), *The Nature of Insight*, Cambridge (Mass.) 1995.

6 Vgl. Steven M. Kosslyn, W. L. Thompson, I. J. Kim, N. M. Alpert, »Topographical Representations of Mental Images in Primary Visual Cortex«, *Nature*, 378 (1995), S. 496 ff.

7   David Perkins, *Knowledge as Design*, Hillsdale (N. J.) 1986, Kapitel 7.
8   Allan Newell, Herbert Simon, *Human Problem Solving*, Englewood Cliffs (N. J.) 1972.

8. Alles, nur nicht das – also abrücken!

1   Die Geschichte von dem Studenten und dem Barometer findet sich bei Alexander Calandra, Lehrerausgabe von *Current Science*, 49, Nr. 14 (1964), übernommen aus Murry Gell-Mann, *Das Quark und der Jaguar: Vom Einfachen zum Komplexen. Die Suche nach einer Erklärung der Welt*, München 1996, S. 381 ff.

2   Vgl. Ronald Finke, »Creative Insight and Preinventive Forms«, in: Robert J. Sternberg, Janet Davidson (Hg.), *The Nature of Insight*, Cambridge (Mass.) 1995.

3   Einstein über die Formulierung von Problemen: Albert Einstein, Leopold Infeld, *The Evolution of Physics*, New York 1938, S. 92 (dt.: *Die Evolution der Physik*, Reinbek bei Hamburg 1995).

4   Das Problem des Wiedereintritts diskutiert Michael Collins, *Liftoff. The Story of America's Adventure in Space*, New York 1988.

5   Die Umwidmung und die Entwicklung der »Post-its« diskutiert Robert J. Weber in *Forks, Phonographs, and Hot Air Balloons. A Field Guide to Inventive Thinking*, New York 1992.

6   Über Problemfindung im Allgemeinen vgl. Eileen Jay, David Perkins, »Creativity's Compass: A Review of Problem Finding«, in: M. Runco (Hg.), *The Creativity Research Handbook*, Bd. 1, Cresskill (N. J.) 1997, S. 257–293.

7   Vgl. Jacob Getzels, Mihaly Csikszentmihalyi, *The Creative Vision: A Longitudinal Study of Problem Finding in Art*, New York 1976; vgl. auch die Folgestudie über professionelle Kreativität: dies., »Creativity and Problem Finding in Art«, in: F. H. Farley, R. W. Neperud (Hg.), *The Foundations of Aesthetics, Art, and Education*, New York 1988, S. 91–116.

8   Vgl. Michael T. Moor, »The Relationship Between the Originality of Essays and Variables in the Problem-Discovery Process: A Study of Creative and Non-Creative Middle School Students«, *Research in Teaching of English*, 19, Nr. 1 (1985), S. 84–95.

9   Zum Konzept der Verheißungsfülle vgl. Carl Bereiter, Marlene Scardamalia, *Surpassing Ourselves. An Inquiry into the Nature and Implications of Expertise*, Chicago 1993.

10 Vgl. Karen Pryor, Richard Haag, Joe O'Reilly, »Dolphin Cognition and Behavior: A Comparative Approach«, in: *On Behavior*, North Bend (Wash.), 1995.

9. Geistesblitze auf dem Prüfstand

1 Vgl. Pat Langley, Herbert Simon, Gary Bradshaw, Jan Zytkow, *Scientific Discovery. Computational Explorations of the Creative Processes*, Cambridge (Mass.) 1987.
2 Die Datentabelle stammt aus Langley et al., *Scientific Discovery*, Cambridge (Mass.) 1987, S. 69.
3 Zu Max Planck und zur Hohlraumstrahlung vgl. Langley et al., *Scientific Discovery*, Cambridge (Mass.) 1987, S. 47 ff.
4 Zu Lavoisiers Überwindung der Phlogistontheorie vgl. Langley et al., *Scientific Discovery*, Cambridge (Mass.) 1987, S. 223–255, die Zitate auf S. 250 und 251.

10. Gibt es eine mentale Überholspur?

1 Arthur Koestler, *Der göttliche Funke. Der schöpferische Akt in der Kunst und Wissenschaft*, Bern/München 1966.
2 Vgl. Thomas Kuhn, *Die Struktur wissenschaftlicher Revolutionen*, Frankfurt a. M. 1973.
3 Vgl. Janet Davidson, »The Suddenness of Insight«, in: Robert Sternberg, Janet Davidson (Hg.), *The Nature of Insight*, Cambridge (Mass.) 1995, S. 125–155.
4 Robert Sternberg, *Beyond IQ: A Triarchic Theory of Human Intelligence*, New York 1985.
5 Das Rätsel der Schachspieler stammt aus Robert Sternberg, Janet Davidson, »The Mind of the Puzzler«, in: *Psychology Today*, 16 (1982), S. 37–44; das Rätsel der drei Steaks: Robert Sternberg, Janet Davidson, »What is Insight?«, *Educational Horizons*, 64 (1986), S. 177 ff.; Der Garderobenständer: Norman Maier, »Reasoning in Humans III: The Mechanisms of Equivalent Stimuli and of Reasoning«, *Journal of Experimental Psychology*, 35 (1945), S. 349–360.
6 Vgl. Janet Davidson, »The Suddenness of Insight«, in: Robert Sternberg, Janet Davidson (Hg.), *The Nature of Insight*, Cambridge (Mass.) 1995, S. 125–155.
7 Janet Davidson, »The Suddenness of Insight«, in: Robert Sternberg, Janet Davidson (Hg.), *The Nature of Insight*, Cambridge (Mass.) 1995, S. 125–155, S. 133; ebenso die Befunde über die Theorie der drei Prozesse.
8 Studien über Inkubation: Vgl. Robert Olton, D. M. Johnson, »Mechanisms of Incubation in Creative Problem Solving«, *American Journal of Psychology*, 89, Nr. 4 (1976), S. 617–630; Robert Olton, »Experimental Studies of Incubation: Searching for the Elusive«, *Journal of Creative Behavior*, 13, Nr. 1 (1979), S. 9–22.

11. Geistesgegenwart

1 Experimente über träges Wissen: vgl. J. D. Bransford, J. Franks, N. J. Vye, R. D. Sherwood, »New Approaches to Instruction: Because Wisdom Can't Be Told«, in: Stella Vosniadou, Andrew Ortony (Hg.), *Similarity and Analogical Reasoning*, New York 1989, S. 470–497; G. A. Perfetto, J. D. Bransford, J. J. Franks, »Constraints on Access in a Problem Solving Context«, *Memory & Cognition*, 11, Nr. 1 (1983), S. 24–31; das Rätsel des Polygamisten entstammt ebenfalls diesem Aufsatz.

2 Zur Entdeckung des Penizillins vgl. Robert J. Weber, *Forks, Phonographs, and Hot Air Balloons. A Field Guide to Inventive Thinking*, New York 1992; *Encyclopedia Americana, International Edition*, Danbury (Conn.) 1997, Bd. 11, S. 388.

3 Vgl. Bluma Zeigarnik, »Über das Behalten von erledigten und unerledigten Handlungen«, *Psychologische Forschung*, 9 (1927), S. 1–85.

4 Vgl. Colleen M. Seifert, David E. Meyer, Natalie Davidson, Andrea Patalano, Ilan Yaniv, »Demystification of Cognitive Insight: Opportunistic Assimilation and the Prepared-Mind Perspective«, in: Robert J. Sternberg, Janet E. Davidson (Hg.), *The Nature of Insight*, Cambridge (Mass.) 1995, S. 65–124.

5 Weitere Experimente von Seifert und ihren Kollegen finden sich in Seifert et al., »Demystification of Cognitive Insight: Opportunistic Assimilation and the Prepared-Mind Perspective«, in: Robert J. Sternberg, Janet Davidson (Hg.), *The Nature of Insight*, Cambridge (Mass.) 1995, S. 65–124.

6 Die fünf Rätsel stammen aus einem Aufsatz von Robert W. Weisberg, »Prolegomena to Theories of Insight in Problem Solving: A Taxonomy of Problems«, in: Robert J. Sternberg, Janet Davidson (Hg.), *The Nature of Insight*, Cambridge (Mass.) 1995, S. 157–196.

12. Zu viel wissen und genug vergessen

1 Die Aufgabe des Einwegkaffeebechers stammt aus: Steven Smith, »Getting Into and Out of Mental Ruts: A Theory of Fixation, Incubation, and Insight«, in: Robert Sternberg, Janet Davidson (Hg.), *The Nature of Insight*, Cambridge (Mass.) 1995, S. 229–251.

2 Die Studie über Wortrebusse: vgl. Steven Smith, »Getting Into and Out of Mental Ruts: A Theory of Fixation, Incubation, and Insight«, in: Robert Sternberg, Janet Davidson (Hg.), *The Nature of Insight*, Cambridge (Mass.) 1995, S. 229–251.

3 Ronald Finke, Thomas Ward, Steven Smith, *Creative Cognition. Theory, Research and Applications*, Cambridge (Mass.) 1992.

4 Quellen der Rätsel: »Heiratsrecht« adaptiert aus Raymond M. Smullyan, *Wie heißt dieses Buch? Eine unterhaltsame Sammlung logischer Rätsel*, Braunschweig

1983; »Der Apfelgarten« adaptiert aus Robert W. Weisberg, »Prolegomena to Theories of Insight in Problem Solving: A Taxonomy of Problems«, in: Robert J. Sternberg, Janet Davidson (Hg.), *The Nature of Insight*, Cambridge (Mass.) 1995, S. 157–196; »Hausarbeit« übernommen aus Janet Davidson, »The Suddenness of Insight«, in: Robert Sternberg, Janet Davidson (Hg.), *The Nature of Insight*, Cambridge (Mass.) 1995, S. 125–155.

13. Die Evolution schafft den Durchbruch

1 Die hier und im Folgenden vorgestellte »Klondike-Sicht« evolutionärer Durchbrüche habe ich über mehrere Jahre in verschiedenen Aufsätzen entwickelt, vgl. David Perkins, »Creativity: Beyond the Darwinian Paradigm«, in: Margaret Boden (Hg.), *Dimensions of Creativity*, Cambridge (Mass.) 1994, S. 119–142; ders., »Insight in Minds and Genes«, in: Robert J. Sternberg, Janet Davidson (Hg.), *The Nature of Insight*, Cambridge (Mass.) 1995, S. 495–533; ders., »The Evolution of Adaptive Form«, in: John Ziman, *Technological Innovation as an Evolutionary Process*, Cambridge, im Druck.

2 Mögliche Funktionen von Federn: vgl. Stephen Jay Gould, *Der Daumen des Panda. Betrachtungen zur Naturgeschichte*, Frankfurt am Main 1989; Robert Wesson, *Die unberechenbare Natur. Chaos, Zufall und Auslese in der Natur*, München 1993.

3 Vgl. Stephen Jay Gould, *Zufall Mensch. Das Wunder des Lebens als Spiel der Natur*, München 1994.

4 Stephen Jay Gould, *Zufall Mensch. Das Wunder des Lebens als Spiel der Natur*, München 1994.

5 Vgl. Robert Wesson, *Die unberechenbare Natur. Chaos, Zufall und Auslese in der Natur*, München 1993.

14. Blinder Verstand und kluge Evolution

1 Erfahrene Dichter, die bessere Ergebnisse bringen: vgl. David Perkins, *Der zündende Funke. Jeder ist kreativ*, Berlin u. a. 1984.

2 Vgl. Michael Ruse, *Taking Darwin Seriously: A Naturalistic Approach to Philosophy*, Oxford 1986; Rupert Riedl, *Biology of Knowledge: The Evolutionary Basis of Reason*, New York 1984.

3 Vgl. Richard Dawkins, *Das egoistische Gen*, Berlin 1988.

4 Daniel Dennett, *Consciousness Explained*, Boston 1991; Aaron Lynch, *Thought Contagion. How Beliefs Spread Through Society*, New York 1999.

5 Stephen Jay Gould in seinem Vortrag auf der Sixth International Conference on Thinking, Cambridge (Mass.), 17.–22. Juli 1994.

6 Zur irrigen Rechts-Links-Konzeption des Gehirns vgl. Howard Gardner, *The Shattered Mind*, New York 1975; David Perkins, *Der zündende Funke. Jeder ist kreativ*, Berlin u. a. 1984.

7 Es wurden mehrere Mechanismen identifiziert, die die Vererbung von Anpassungen ohne genetische Veränderungen erlauben, auch wenn Letztere weiterhin im Vordergrund stehen: vgl. Eva Jablonka, Marion J. Lamb, *Epigenetic Inheritance and Evolution. The Lamarckian Dimension*, New York 1995.

8 Die Argumente in den folgenden Abschnitten stammen weitgehend aus Robert Wesson, *Die unberechenbare Natur. Chaos, Zufall und Auslese in der Natur*, München 1993.

15. Warum wir von Klondike-Logik nicht loskommen

1 Zusammenfassung der Idee der selbstorganisierten Kritikalität in: M. Mitchell Waldrop, *Inseln im Chaos. Die Erforschung komplexer Systeme*, Reinbek bei Hamburg 1996; Murry Gell-Mann, *Das Quark und der Jaguar: Vom Einfachen zum Komplexen. Die Suche nach einer Erklärung der Welt*, München 1996.

Literatur

◆

Baldwin, Neil, *Edison. Inventing the Century*, New York 1995.

Bereiter, Carl; Scardamalia, Marlene, *Surpassing Ourselves. An Inquiry into the Nature and Implications of Expertise*, Chicago 1993.

Berloquin, Pierre, *Logische Kopfspiele*, München 1982.

Boden, Margaret (Hg.), *Dimensions of Creativity*, Cambridge (Mass.) 1994.

Dies., *Die Flügel des Geistes. Kreativität und künstliche Intelligenz*, München 1992.

Bransford, J. D.; Franks, J.; Vye, N. J.; Sherwood, R. D., »New Approaches to Instruction: Because Wisdom Can't Be Told«, in: Stella Vosniadou, Andrew Ortony (Hg.), *Similarity and Analogical Reasoning*, New York 1989, S. 470–497.

Calandra, Alexander, Lehrerausgabe von *Current Science*, 49, Nr. 14 (1964).

Campbell, William, »The Genesis of the Antiparasitic Drug Ivermectin«, in: Robert J. Weber, David N. Perkins (Hg.), *Inventive Minds: Creativity in Technology*, New York 1992, S. 194–214.

Carlson, W. B.; Gorman, M., »A Cognitive Framework to Understand Technological Creativity: Bell, Edison, and the Telephone«, in: Robert J. Weber, David N. Perkins (Hg.), *Inventive Minds: Creativity in Technology*, New York 1992, S. 48–78.

Charness, Neil, »Expertise in Chess: The Balance Between Knowledge and Search«, in: K. A. Ericsson, J. Smith (Hg.), *Toward a General Theory of Expertise: Prospects and Limits*, New York 1991, S. 39–63.

Collins, Michael, *Liftoff. The Story of America's Adventure in Space*, New York 1988.

Crouch, Tom, *The Bishop's Boys. A Life of the Wright Brothers*, New York 1989.

Darwin, Charles, *Erinnerungen an die Entwicklung meines Geistes. Tagebuch meines Lebens und Schaffens*, hg. von Francis Darwin, Köln 1982.

Davidson, Janet, »The Suddenness of Insight«, in: Robert Sternberg, Janet Davidson (Hg.), *The Nature of Insight*, Cambridge (Mass.) 1995, S. 125–155.

Dawkins, Richard, *Das egoistische Gen*, Berlin 1988.

De Bono, Edward, *Das Sechsfarben-Denken. Ein neues Trainingsmodell*, Düsseldorf u. a 1987.

Ders., *Der Denkprozeß. Was unser Gehirn leistet und was es leisten kann*, Reinbek bei Hamburg 1975.

Ders., *Laterales Denken. Ein Kurs zur Erschließung Ihrer Kreativitätsreserven*, Düsseldorf u. a. 1989.

Dennett, Daniel, *Consciousness Explained*, Boston 1991.

Dunbar, Kevin, »How Scientists Really Reason: Scientific Reasoning in Real World Laboratories«, in: Robert J. Sternberg, Janet Davidson (Hg.), *The Nature of Insight*, Cambridge (Mass.) 1995, S. 365–395.

Einstein, Albert, »Zur Elektrodynamik bewegter Körper«, *Annalen der Physik*, 17 (1905), S. 891–921.

Ders.; Infeld, Leopold, *Die Evolution der Physik*, Reinbek bei Hamburg 1995.

Encyclopedia Americana, International Edition, Danbury (Conn.) 1997.

Ericsson, Anders K.; Smith, J. (Hg.), *Toward a General Theory of Expertise: Prospects and Limits*, New York 1991, S. 39–63.

Farley, F. H.; Neperud, Ronald W. (Hg.), *The Foundations of Aesthetics, Art, and Education*, New York 1988.

Friedel, Robert; Israel, Paul, *Edison's Electric Light*, New Brunswick (N. J.) 1986.

Finke, Ronald, »Creative Insight and Preinventive Forms«, in: Robert J. Sternberg, Janet. Davidson (Hg.), *The Nature of Insight*, Cambridge (Mass.) 1995.

Ders.; Ward, Thomas; Smith, Steven, *Creative Cognition. Theory, Research, and Applications*, Cambridge (Mass.) 1992.

Gardner, Howard, *The Shattered Mind*, New York 1975.

Gell-Mann, Murray, *Das Quark und der Jaguar. Vom Einfachen zum Komplexen. Die Suche nach einer Erklärung der Welt*, München 1996.

Getzels, Jacob; Csikszentmihalyi, Mihaly, »Creativity and Problem Finding in Art«, in: F. H. Farley, R. W. Neperud (Hg.), *The Foundations of Aesthetics, Art, and Education*, New York 1988, S. 91–116.

Dies., *The Creative Vision: A Longitudinal Study of Problem Finding in Art*, New York 1976.

Gordon, William J. J., *Synectics. The Development of Creative Capacity*, New York 1961.

Gould, Stephen Jay, *Der Daumen des Panda. Betrachtungen zur Naturgeschichte*, Frankfurt am Main 1989.

Ders., *Zufall Mensch. Das Wunder des Lebens als Spiel der Natur*, München 1994.

Groner, Rudolf; Groner, M.; Bischof, W. F. (Hg.), *Methods of Heuristics*, Hillsdale (N. J.) 1983, S. 171–194.

Gruber, Howard, *Darwin on Man: A Psychological Study of Scientific Creativity*, New York 1974.

Guiterman, Arthur, *Gaily the Troubadour*, New York 1936.

Holton, Gerald, *Thematische Analyse der Wissenschaft. Die Physik Einsteins und seiner Zeit*, Frankfurt am Main 1981.

Jablonka, Eva; Lamb, Marion J., *Epigenetic Inheritance and Evolution. The Lamarckian Dimension*, New York 1995.

Jay, Eileen; Perkins, David, »Creativity's Compass: A Review of Problem Finding«, in: M. Runco (Hg.), *The Creativity Research Handbook*, Bd. 1, Cresskill (N. J.) 1997, S. 257–293.

Koestler, Arthur, *Der göttliche Funke. Der schöpferische Akt in der Kunst und Wissenschaft*, Bern/München 1966.

Kosslyn, Steven M.; Thompson, W. L.; Kim, I. J.; Alpert, N. M., »Topographical Representations of Mental Images in Primary Visual Cortex«, *Nature*, 378 (1995), S. 496 ff.

Kuhn, Thomas, *Die Struktur wissenschaftlicher Revolutionen*, Frankfurt am Main 1973.

Langley, Pat; Simon, Herbert; Bradshaw, Gary; Zytkow, Jan, *Scientific Discovery. Computational Explorations of the Creative Processes*, Cambridge (Mass.) 1987.

Lockhart, Robert S.; Lamon, Mary; Gick, Myry, »Conceptual Transfer in Simple Insight Problems«, *Memory & Cognition*, 16 (1988), S. 36–44.

Lynch, Aaron, *Thought Contagion. How Beliefs Spread Through Society*, New York 1999.

MacCurdy, Edward, *The Mind of Leonardo da Vinci*, London 1928.

MacLeish, Archibald, *Collected Poems of Archibald MacLeish*, Boston 1962.

Maier, Norman R., *Problem Solving and Creativity in Indiviuals and Groups*, Belmont (Ca.) 1970.

Maier, Norman, »Reasoning in Humans III: The Mechanisms of Equivalent Stimuli and of Reasoning«, *Journal of Experimental Psychology*, 35 (1945), S. 349–360.

Marden, James H., »How Insects Learned to Fly«, *The Sciences*, 35, Nr. 6 (1995), 26-30.

Metcalfe, Janet, »Premonitions of Insight and Cognition«, Sonderausgabe von *Psychology: Learning, Memory, and Cognition*, 12 (1986), S. 623–634,

Dies.; Wiebe, David, »Intuition in Insight and Noninsight Problem Solving«, *Memory & Cognition*, 15 (1987), S. 238–246.

Miller, Arthur I., *Imagery in Scientific Thought. Creating 20th Century Physics*, Boston 1984.

Minsky, Marvin, »Jokes and the Logic of the Cognitive Unconscious«, in: R. Groner, M. Groner, W. F. Bischof (Hg.), *Methods of Heuristics*, Hillsdale (N. J.) 1983, S. 171–194.

Moor, Michael T., »The Relationship Between the Originality of Essays and Variables in the Problem-Discovery Process: A Study of Creative and Non-Creative Middle School Students«, *Research in Teaching of English*, 19, Nr. 1 (1985), S. 84–95.

Newell, Allan; Herbert Simon, *Human Problem Solving*, Englewood Cliffs (N. J.) 1972.

Ohlsson, Stellan, »Restructuring Revisited: An Information Processing Theory of Restructuring and Insight«, *Scandinavian Journal of Psychology*, 25 (1984), S. 117–129.

Olton, Robert, »Experimental Studies of Incubation: Searching for the Elusive«, *Journal of Creative Behavior*, 13, Nr. 1 (1979), S. 9–22.

Ders.; Johnson, D. M., »Mechanisms of Incubation in Creative Problem Solving«, *American Journal of Psychology*, 89, Nr. 4 (1976), S. 617–630.

Osborn, Alex, *Applied Imagination*, New York 1953.

Perfetto, G. A., Bransford, J. D.; Franks, J. J., »Constraints on Access in a Problem Solving Context«, *Memory & Cognition*, 11, Nr. 1 (1983), S. 24–31.

Perkins, David N., »The Topography of Invention«, in: Robert J. Weber, David N. Perkins (Hg.), *Inventive Minds: Creativity in Technology*, New York 1992, S. 238–250.

Ders., »Creativity: Beyond the Darwinian Paradigm«, in: Margaret Boden (Hg.), *Dimensions of Creativity*, Cambridge (Mass.) 1994, S. 119–142.

Ders., »Insight in Minds and Genes«, in: Robert J. Sternberg, Janet Davidson (Hg.), *The Nature of Insight*, Cambridge (Mass.) 1995, S. 495–533.

Ders., »Novel Remote Analogies Seldom Contribute to Discovery«, *Journal of Creative Behavior*, 17 (1983), S. 223–239.

Ders., »The Evolution of Adaptive Form«, in: John Ziman, *Technological Innovation as an Evolutionary Process*, Cambridge, im Druck.

Ders., *Knowledge as Design*, Hillsdale (N. J.) 1986.

Ders., *Outsmarting IQ: The Emerging Science of Learnable Intelligence*, New York 1995.

Ders., *Der zündende Funke. Jeder ist kreativ*, Berlin u. a. 1984.

Plunkett, Matthew J.; Ellman, Jonathan A., »Combinatorial Chemistry and New Drugs«, *Scientific American*, 276, Nr. 4 (1997), S. 68–73.

Pryor, Karen; Haag, Richard; O'Reilly, Joe, »Dolphin Cognition and Behavior: A Comparative Approach«, in: *On Behavior*, North Bend (Wash.), 1995.

Rosinski, Edward, »The Origin and Development of the First Zeolite Catalyst for Petroleum Cracking«, in: Robert J. Weber, David N. Perkins (Hg.), *Inventive Minds: Creativity in Technology*, New York 1992, S. 166–177.

Rupert, Riedl, *Biologie der Erkenntnis. Die stammesgeschichtlichen Grundlagen der Vernunft*, Berlin 1981.

Ruse, Michael, *Taking Darwin Seriously: A Naturalistic Approach to Philosophy*, Oxford 1986.

Seifert, Colleen M.; Meyer, David E.; Davidson, Natalie; Patalano, Andrea; Yaniv, Ilan; »Demystification of Cognitive Insight: Opportunistic Assimilation and the Prepared-Mind Perspective«, in: Robert J. Sternberg, Janet Davidson (Hg.), *The Nature of Insight*, Cambridge (Mass.) 1995, S. 65–124.

Shah, Idries, *Das Geheimnis der Derwische. Geschichten der Sufimeister*, Freiburg im Breisgau u. a. 1983.

Smith, Henry (Hg.), *Hokusai. One Hundred Views of Mount Fuji*, New York 1988.

Smith, Steven, »Getting Into and Out of Mental Ruts: A Theory of Fixation, Incubation, and Insight«, in: Robert Sternberg, Janet Davidson (Hg.), *The Nature of Insight*, Cambridge (Mass.) 1995, S. 229–251.

Smullyan, Raymond M., *Wie heißt dieses Buch? Eine unterhaltsame Sammlung logischer Rätsel*, Braunschweig 1983.

Sternberg, Robert, *Beyond IQ: A Triarchic Theory of Human Intelligence*, New York 1985.

Ders.; Davidson, Janet (Hg.), *The Nature of Insight*, Cambridge (Mass.) 1995.

Ders.; Davidson, Janet, »The Mind of the Puzzler«, in: *Psychology Today*, 16 (1982), S. 37–44.

Dies., »What is Insight?«, *Educational Horizons*, 64 (1986), S. 177 ff.

Stevens, Wallace, *Der Planet auf dem Tisch*, Stuttgart 1983.

Sutton, Robert; Hargadon, Andrew, »Brainstorming Groups in Context: Effectiveness in a Product Design Firm«, *Administrative Quarterly*, 41, Nr. 4 (1996), S. 685–718.

Taschen, Benedikt, *Bosch*, Köln 1994.

Vosniadou, Stella; Ortony, Andrew (Hg.), *Similarity and Analogical Reasoning*, New York 1989.

Waldrop, M. Mitchell, *Inseln im Chaos. Die Erforschung komplexer Systeme*, Reinbek bei Hamburg 1996.

Wallace, Alfred Russel, *My Life*, Bd. 1, New York 1905, S. 366 f.

Weber, Robert J.; Perkins, David N. (Hg.), *Inventive Minds: Creativity in Technology*, New York 1992.

Ders., *Forks, Phonographs and Hot Air Balloons. A Field Guide to Inventive Thinking*, New York 1992.

Weisberg, Robert W., »Prolegomena to Theories of Insight in Problem Solving: A Taxonomy of Problems«, in: Robert J. Sternberg, Janet Davidson (Hg.), *The Nature of Insight*, Cambridge (Mass.) 1995, S. 157–196.

Wesson, Robert, *Die unberechenbare Natur. Chaos, Zufall und Auslese in der Natur*, München 1993.

Zeigarnik, Bluma, »Über das Behalten von erledigten und unerledigten Handlungen«, *Psychologische Forschung*, 9 (1927), S. 1–85.

Danksagung

◆

Dies ist eines jener Bücher, die sich wie ein Bild von Monet aus vielen Farbtupfern zusammensetzen. Viel Mühe kostete es, die Quellen und die entscheidenden Informationen zu sammeln. Drei Menschen, die mir dabei mit Ausdauer und Umsicht geholfen haben, bin ich zu großem Dank verpflichtet: Dorothy MacGillivray, die jahrelang meine Verwaltungsassistentin war; ihrer Assistentin Cynthia Rogers und meiner gegenwärtigen Verwaltungsassistentin, Lisa Frontado.

Eine besondere Freude war es, die theoretischen Konzepte mit Rätselaufgaben zu überprüfen, die ich meiner Familie, meinen Freunden und zuweilen Studenten der Harvard Graduate School of Education stellte. Häufig standen mir auch meine zwei Söhne Theodore und Thomas Perkins, denen ich dieses Buch widme, mit Anregungen und eigenen Überlegungen zur Seite. Danken möchte ich auch zwei langjährigen Kolleginnen, Abigail Lipson und Beatriz Capdevielle, für ihre große Hilfe.

Mein Dank gilt außerdem all jenen erfinderischen Menschen auf der ganzen Welt, die Rätsel ersonnen, sie aufgeschrieben oder mündlich an andere weitergegeben haben. Wo ich Rätsel bestimmten Quellen entnommen habe, sind diese genannt. Einige der Rätsel sind auch von meinen beiden Söhnen oder von mir selbst. Häufig stammen sie jedoch aus zufälligen Gesprächen, wo ich zuweilen dasselbe Rätsel in verschiedener Form hörte. Manchmal ist es daher schwierig, eine genaue Quelle anzugeben.

Besonderer Dank gebührt meinem langjährigen Kollegen Shari Tishman, der die Rohfassung las und eine Reihe kleinerer und größerer Veränderungen vorschlug, von denen das Buch profitiert hat. Schließlich möchte ich noch meiner Agentin Faith Hamlin und meinem Lektor Ed Barber bei Norton & Company Dank sagen. Das Buch hat durch ihre Unterstützung viel gewonnen.

Bildnachweise

◆

- Leonardo da Vincis Hubschrauberentwurf aus: Edward MacCurdy, *The Mind of Leonardo da Vinci*, London 1928, wieder abgedruckt mit Erlaubnis der Bibliothèque de L'Institut de France, Paris.
- »Der Garten der Lüste« von Hieronymus Bosch aus: Benedikt Taschen, *Bosch*, Köln 1994; die Studien über Ungeheuer wieder abgedruckt mit Erlaubnis des Ashmoleum Museum, Oxford; die Skizze des Baummannes mit Erlaubnis des Albertina Museums, Wien.
- Beispiel aus »Hundert Ansichten des Bergs Fuji« aus: Henry Smith, *Hokusai: One Hundred Views of Mount Fuji*, New York 1988, Wiederabdruck mit Erlaubnis von David N. Perkins.
- »On the Vanity of Earthly Greatness«: Arthur Guiterman, *Gaily the Troubadour*, New York 1936.
- Datentabelle aus Pat Langley, Herbert Simon, Gary Bradshaw, Jan Zytkow, *Scientific Discovery. Computational Explorations of the Creative Process*, Cambridge (Mass.) 1989, wieder abgedruckt mit Erlaubnis von MIT Press.
- Illustration des Einwegkaffeebechers aus: Robert J. Sternberg, Janet Davidson (Hg.), *The Nature of Insight*, S. 125-155, Cambridge (Mass.) 1995, wieder abgedruckt mit Erlaubnis von MIT Press.
- Präinventive Formen aus: Ronald Finke, Thomas Ward, Steven Smith, *Creative Cognition. Theory, Research, and Applications*, Cambridge (Mass.) 1992, wieder abgedruckt mit Erlaubnis von MIT Press.
- Der »Kontaktlinsenentferner« aus: Ronald Finke, Thomas Ward, Steven Smith, *Creative Cognition. Theory, Research, and Applications*, Cambridge (Mass.) 1992, wieder abgedruckt mit Erlaubnis von MIT Press.

- Das »Universalgerät« aus: Ronald Finke, Thomas Ward, Steven Smith, *Creative Cognition. Theory, Research, and Applications*, Cambridge (Mass.) 1992, wieder abgedruckt mit Erlaubnis von MIT Press.
- Ein Fantasiewesen aus: Ronald Finke, Thomas Ward, Steven Smith, *Creative Cognition. Theory, Research, and Applications*, Cambridge (Mass.) 1992, wieder abgedruckt mit Erlaubnis von MIT Press.
- Ein Fantasiewesen mit Federn: Ronald Finke, Thomas Ward, Steven Smith, *Creative Cognition. Theory, Research, and Applications*, Cambridge (Mass.) 1992, wieder abgedruckt mit Erlaubnis von MIT Press.

Register

◆

Abrücken 51 ff., 55, 64, 133–136, 199
Alchimie 65 f.
Alexander der Große 134
Analogien, denken in 12 ff., 17, 19 f.,
  22, 27, 105, 107 f., 114, 124, 131,
  165, 189, 199
Archimedes 13 f., 16 f., 31, 46, 98, 124,
  151, 161, 164 f., 170, 172, 241
Aristoteles 125
Aufspüren 51, 53, 136, 176, 199, 219,
  234

BACON 154
Baldwin, James Mark 235
Baldwin-Effekt 235
Beinahelösungen 55, 64, 109
Bell-Laboratorien 15
Bereiter, Carl 138
beschleunigendes Ereignis (Denkpro-
  zess) 16 f., 27, 32, 34, 38, 46, 79,
  208, 210, 223
Bezugsrahmen 163 f., 200
Bildrätsel 98 ff.
Bisoziation 162 ff., 168, 174, 199 f.
Blankenship, Steven 194
Boden, Margaret 35, 105 f.
Bono, Edward de 99, 122
Bradshaw, Gary 151, 158, 160, 198
Brainstorming 53, 89–92, 98, 107 ff.,
  222, 226 f., 234
Bransford, John 178
Brunelleschi, Filippo 15
Burgess-Schiefer 221–224

Campbell, William 85, 87
Canyonfalle 48; *siehe auch* enge Ge-
  dankenschlucht
Carroll, Lewis 37
Chemie 65, 86, 151, 158
Christie, Agatha 185
Coolidge, William D. 22
Csikszentmihalyi, Mihaly 137

Darwin, Charles 17 ff., 29, 31, 46, 75,
  98, 124, 151, 164 f., 178, 214 f., 219,
  229, 232 f., 236
Davidson, Janet 37 f., 162, 165–169,
  199
Dawkins, Richard 229 ff.
Denkgewohnheiten 179
Denkmuster 34, 48, 130 f., 138, 146,
  197 f.
Dennett, Daniel 229
Deutungsrahmen 122, 124 f., 128, 131,
  190
divergente Einsicht 133
Doyle, Arthur Conan 102, 176
Dunbar, Kevin 124
Durchbrüche
  gedankliche 22, 26, 79, 86, 151,
    155 f., 177, 197, 237, 240
  evolutionäre 207, 210, 223 ff., 233,
    237, 240

Edison, Thomas Alva 14, 20 ff., 85 f.,
  97, 219
effektives Lernen 183

Ehrenfest, Paul 157
Einsicht, -prozess 166, 169f., 174, 208, 225
    divergente Einsicht 133
    konvergente Einsicht 133
Einstein, Albert 104f., 107, 119, 121f., 131, 134, 157, 241
Einstellung (Rolle der) 191, 195
    Durchbrechen mentaler 198–201
Ellman, Jonathan 86
enge Gedankenschlucht 48–52, 54, 57, 60f., 64, 75, 78f., 90, 98, 102, 109, 112, 121f., 164, 168, 171, 173, 177ff., 189, 197, 199, 218, 231f.
Erfindungen, Entdeckungen 15, 17, 87
Erstsuche 90
Euklid 106f.
Evolution, -stheorie 17f., 23–26, 28, 80, 164ff., 207–212, 214–240

Fehlerindizes 182f., 185
Finke, Ronald 114, 116, 133
Fleming, Alexander 180f.
fruchtbares Vergessen 171f., 193ff., 197, 200

Gehirnprozesse 27
Geistesblitz, Muster von 31f., 37, 39
Genplore-Modell 114
Geometrie 105
geringer Fortschritt (Denkprozess) 16, 25, 27, 32, 79, 208f., 223
Getzels, Jacob 137
Gick, Mary 38
Glück (auf die Sprünge helfen) 46, 51, 53, 56, 87, 97, 216
Gould, Stephen Jay 209, 211, 222, 230
Gruber, Howard 18
Guiterman, Arthur 97
Gutenberg, Johannes 45f., 75, 98, 124, 145, 151, 164, 170, 172, 178

Haag, Richard 147
Hanaman, Franz 23

»Heureka«-Erlebnis (Denkprozess) 17f., 25, 27, 32, 34, 41, 46, 79, 142, 165, 173f., 207f.
heuristische Suche 73
Hieron II. von Syrakus 13f., 16, 161
Hieronymus Bosch 93ff., 97
Hillier, James 87
Hinweise (aufspüren, entdecken) 102f., 106f., 109f., 199, 201, 219
hinweisgebende Muster 172, 182
Hohlraumstrahlung 154ff.
Humor 39f., 163f.
hydrostatisches Prinzip 13, 17
Hypostasierung 162f., 175, 198

Impasse 182, 184f., 234
Inkubation 27, 162f., 170–173, 194, 197
innovatives Denken 27, 29, 32, 47, 56, 65ff., 98, 102, 109, 119, 122, 198, 207
Intelligenz 27, 151, 208, 228, 233
    IQ 169
    Klondike-Intelligenz 225, 228, 233, 236

Jansson, David 191ff.
Just, Alexander 22

kambrische Revolution 221ff.
Kepler, Johannes 126, 152f.
Keynesianische Ökonomie 163
Klondike-Analogie 49
Klondike-Intelligenz 225, 228, 233, 236
Klondike-Logik 51, 53, 57, 65f., 97, 102, 109, 121, 151f., 156, 160, 173, 186, 189, 197, 199, 207, 215f., 226, 234
Klondike-Merkmale 50f., 237
Klondike-Psychologie 197, 199, 201
Klondike-Raum 75ff., 79f., 89f., 164, 169, 198, 226, 228, 233, 236f.
Koestler, Arthur 162ff.

komplexe Systeme 238
konvergente Einsicht 133
kopernikanische Wende 125 f.
Kopernikus, Nikolaus 125 f., 131
Kopfzerbrecher 32, 34–37, 139
Kosslyn, Steven 129
kreative Erfindungen 116 f.
kreatives Denken 15, 107, 117, 137, 216
Kreativität 26 f., 114, 137, 164, 168, 225, 230
Kreidetrommelhörer 21
kryptoarithmetische Probleme, Rätsel 35 f., 67 f., 72 ff.
Kuhn, Thomas 163
künstliche Intelligenz 39 f., 65, 106, 175
    BACON 154
    Programme 152, 160

Lamon, Mary 38
lange Suche (Denkprozess) 16, 25, 27, 32, 78, 208 f., 223
Langley, Pat 151, 158, 160, 198
Larson, Gary 39
Lavoisier, Antoine Laurent de 152, 157–160
Leonardo da Vinci 11–14, 16 f., 22, 75, 241
Lichtgeschwindigkeit 104, 120
Lockhart, Robert 38
logische Verknüpfungen, Verbindungen (bei Geistesblitz) 20, 22, 27
Lösungsfixiertheit 136 f.
Lösungsindikator 68, 70, 73, 75, 77 ff.
Lösungskriterien 72
Lösungszustand 68, 70

3M 135
MacLeish, Archibald 92
Malthus, Thomas 17 ff., 124, 151, 164, 166
Marden, James H. 23

Maxwells Gleichungen 104 f.
Meme 229–233
Menlo Park 21
Metcalfe, Janet 37 f.
Minsky, Marvin 39
Möglichkeitsräume 49, 66 ff., 70, 73, 75–78, 82, 86, 90 f., 98, 211, 215, 217, 227, 237 f.
    Konzept der 65, 69, 71 f.
Moore, Michael T. 137
Morgan, Paul 87
Mustererkennung (Empfänglichkeit für) 171, 181 f., 198 f.

Nachsinnen 171 f., 182
neuer Rahmen (für Probleme) 52, 54 f., 122, 124, 126, 155, 200, 219
Neumann, John von 191
Newcomb, Simon 21
Newell, Alan 67 f., 130
Newton, Isaac 105, 241
Newtonsche Physik 163

O'Reilly, Joe 147
Oase der falschen Verheißung 48–52, 54, 57, 60 f., 64, 75, 78 f., 98, 109 f., 112, 138, 171, 173, 189 f., 199, 219, 232; *siehe auch* Oasenfalle
Oasenfalle 49, 133, 146, 193, 220; *siehe auch* Oase der falschen Verheißung
Ohlsson, Stellan 122
Operatoren, Operationen 67–70, 72 f., 77 f.
Osborn, Alex 89
Oxidationstheorie 152, 158, 160

Pappus von Alexandria 106 f.
Pasteur, Louis 20, 181
Phlogiston, -theorie 157 ff.
Picasso, Pablo 96
Planck, Max 152, 154–157
Planetenbewegung 152 f.

Plateaufalle 48; *siehe auch* spurenloses
	Plateau
Platon 26
Plunkett, Matthew 86
Post-it 135 f.
präinventive Formen 114, 116 f.
Priestley, Joseph 158
Problemfindung 134–138, 241
Problemlösung, Problemlösen 49, 65,
	67, 69, 133 f., 151 f., 156, 160 f.,
	164 ff., 170, 173, 175, 177 f., 183 f.,
	189, 197, 227, 241
	evolutionäre 23
Problemlösungstechniken 89, 107
Pryor, Karen 147
Ptolemäus 125 f.

Quantentheorie 155, 157

Rätsel 31, 37, 40
Rebusse 193 ff.
Relativitätstheorie 105, 119
richtige Fragen stellen (bei Geistes-
	blitz) 20, 22, 27
Riedl, Rupert 228
Rompecabezas 32
Rosinski, Edward 85, 87
Ruse, Michael 228

Scardamalia, Marlene 138
Schachspiel 66 ff., 71
Schleppjagd 20, 85
Schritt-für-Schritt-Verfahren (Rätsel)
	28, 32, 34 f., 38
Seifert, Colleen 182 ff.
selbstorganisierte Kritikalität 238 ff.
selektive Kombination 162, 165–169,
	199 f.
selektives Kodieren 162, 165–169
selektives Vergleichen 162, 165–169,
	199
Semmelweis, Ignaz 165
sequenzielles Denken 77, 151 f.,
	156

Simon, Herbert 67 f., 130, 151, 155 f.,
	158 ff., 198
Smith, Steven 114, 191–195
spurenloses Plateau 47, 49 f., 52, 54,
	56 f., 60, 75, 78 f., 90, 102 f., 110 ff.,
	173, 176, 199, 217, 231
STAHL 158 f.
Sternberg, Robert 162, 165 f., 168 f.,
	199
Stevens, Wallace 92
Strahlungsgesetz 152, 157
Suchstile 88
Suchtechniken 88
Sufi-Erzählungen 29, 39, 75
Synektik 107 f.
systematische Suche (bei Geistesblitz)
	22, 27, 57, 59, 86

Teeri, James 87

Umdenken 51–55, 62, 118, 126, 130,
	135 f., 199 f.
Umgestaltung der Welt (Denkprozess)
	17, 27, 79, 208, 211, 223
Umherschweifen, streifen 51, 53, 55,
	85 f., 88, 136, 173, 199, 219
Umwidmung 24, 27, 136
unterbrochenes Gleichgewicht (Theo-
	rie) 25, 215, 217
»unvernünftige« Probleme, Rätsel
	27 f., 32, 34–38, 40 f., 46, 49, 51,
	65 f., 73, 86, 109, 122, 138, 147,
	156, 170, 177, 179, 183, 186, 189,
	197 f., 218, 226, 237, 239

»vernünftige« Probleme 27, 32, 34–37,
	51, 56 f., 66, 73
Verstehen 174 f.

Walcott, C.D. 221
Wallace, Alfred Russel 19 f.
Ward, Tom 114, 196
Weber, Robert 86 f.
Wentorf, Robert 87

Wesson, Robert 211, 224
Wiebe, David 37
Wien, Wilhelm 155
Wiener, Norbert 191
Wild, John 87
Wildnis von Möglichkeiten 47, 49,
    53, 78, 87 f., 98, 161, 173 f., 199,
    216 f., 231; *siehe auch* Wildnisfalle
Wildnisfalle 47, 90, 216; *siehe auch*
    Wildnis von Möglichkeiten
William von Ockham 174
    Ockhams Klinge 174 f.
Wissen 176 ff., 190 f., 195, 198 f., 226,
    233
Wortrebus 193 f.
Wright, Stephen 38 f., 162

Wright, Wilbur und Orville 12 f., 16 f.,
    22, 29, 75, 241

Zeigarnik, Bluma 181
Zeigarnik-Effekt 181 f., 184
zielführende Räume 75, 77, 79, 82,
    152, 156, 160, 237
Zufall (Kunst des) 98, 100 f., 237
Zufall (systematisch gesuchter)
    88 f.
Zufallshinweise 185
Zufallsprinzip 184, 226 f.
Zufallsreihen 99 f.
Zufallsschritte 100
Zufallstreffer 99
Zytkow, Jan 151, 158, 160, 198

Sven Ortoli
Nicolas Witkowski

Die Badewanne
des Archimedes

*Berühmte Legenden aus der
Wissenschaft. Aus dem
Französischen von Juliane
Gräbener-Müller. 192 Seiten mit
25 Abbildungen. Serie Piper*

Wußten Sie, daß Archimedes
nicht nur in der Badewanne
nachdachte, sondern auch in
Waffengeschäfte verwickelt
war? Und stimmt die Ge-
schichte von dem Schmetter-
ling und dem Wirbelsturm
wirklich? Die berühmtesten
Legenden aus der Wissen-
schaft werden in diesem ver-
gnüglichen Buch zugleich ent-
larvt und ernst genommen.
Die beiden Journalisten gehen
die Legenden ganz respektlos
an: Sie haben eine Vielzahl
von Geschichten und Mythen
aus dem Poesiealbum der Forschung unter die Lupe genommen und auf ihren Wahrheits-
gehalt untersucht. Ausgestat-
tet mit feiner Ironie, totaler
Skepsis gegenüber gängigen
Klischees und mit viel Sinn
fürs Paradoxe, zeigen sie, daß
zwischen Wissenschaft und
ihren Mythen kein Wider-
spruch bestehen muß.

Einstein sagt

*Zitate, Einfälle, Gedanken. Her-
ausgegeben von Alice Calaprice.
Vorwort von Freeman Dyson.
Betreuung der deutschen Ausgabe
und Übersetzungen von Anita
Ehlers. 280 Seiten mit
26 Abbildungen. Serie Piper*

Mit Einstein ist es wie mit
Goethe: Mit einem Zitat von
ihm liegt man immer richtig!
Er formulierte glänzend und
einfallsreich, seine Worte und
Sprüche waren nicht nur wit-
zig, sondern hatten auch be-
denkenswerten Tiefgang. Die
hier versammelten fünfhun-
dert Einstein-Zitate ordnen
zum ersten Mal seine Gedanken und Ideen nach Themen:
Der Leser findet also Einsteins
Äußerungen über sich selbst,
Deutschland, Amerika, die Ju-
den und Israel, den Tod, die
Ehre und die Familie, Krieg
und Frieden, Gott und Reli-
gion, Freunde, Wissenschaftler und die Frauen. Er selbst
würde vermutlich über die
Sammlung seiner geflügelten
Worte schallend lachen und
seinen Stoßseufzer von 1930
wiederholen: »Bei mir wird jeder Piepser zum Trompeten-
solo!«

SERIE PIPER

Fritz Maywald

Der Narr und das Management

Leistungssteigerung im Unternehmen zwischen Shareholder Value und sozialer Verantwortung.
203 Seiten. Serie Piper

Fritz Maywald entdeckt den Narren für das Management: Der Narr ist sowohl Symbol für Lust an der Veränderung als auch für Kreativität und Engagement. Er sieht klar und ungetrübt, denn er kümmert sich nicht um die gegebenen Zwänge. Alles Eigenschaften, die für ein zukunftsweisendes Management unerläßlich sind: Denn Veränderung heißt, Bedenkenträger hinter sich zu lassen, eingefahrene Geschäftsprozesse kritisch zu analysieren und neue Wege zu beschreiten. Dafür sind mutige und erfinderische Mitarbeiter gefragt. Die praktische Klugheit des Narren, seine Unerschrockenheit und seine Unabhängigkeit stehen in Analogie zu den Anforderungen an den Manager, der innovative Prozesse in Unternehmen befördern soll. Man kann ihn Joker nennen – oder noch besser: Veränderungsmanager.

Fritz Maywald

Phantasie und Management

Wege zum kreativen Bewußt-Sein.
224 Seiten. Serie Piper

Schöpferisch-Sein ist keine Auszeichnung nur ganz weniger großer Geister. Jeder kann kreativ sein und sollte diese Fähigkeit für sich und sein Unternehmen nutzen. Was Kreativität eigentlich ist und wie sie fruchtbar werden kann, veranschaulicht Fritz Maywald in seinem Buch: Nur wer auf den subtilen, plötzlichen Impuls von unerwarteter Seite hört und seiner eigenen inneren Vision folgt, kann bisher Unentdecktes offenlegen und neue Wege gehen. Die notwendigen Kräfte sind in jedem Menschen vorhanden und müssen nur entdeckt und freigesetzt werden. Praktische Übungen geben konkrete Anleitungen, die eigene Kreativität bewußt zu machen und sie nutzbringend im Beruf und im Privatleben einzusetzen.

05/1210/01/L

05/1440/02/R

Ernst Peter Fischer

Aristoteles, Einstein & Co.

Eine kleine Geschichte der Wissenschaft in Porträts. 447 Seiten mit 26 Abbildungen. Serie Piper

Wer sind die Menschen, die in die Geschichte der Wissenschaft eingingen? Was wissen wir über ihr Leben, ihr Werk, ihre privaten Vorlieben und Gewohnheiten? Ernst Peter Fischer weckt in diesem Buch die Neugier auf die Wissenschaft und ihre »stillen Stars«. In sechsundzwanzig leicht und vergnüglich zu lesenden Porträts stellt er die Großen der Wissenschaft von der Antike über das mittelalterliche und moderne Europa bis in unser Jahrhundert vor. Er erzählt unter anderem von Bacon, Galilei, Kepler und Descartes, den vier Wissenschaftlern, die vor vierhundert Jahren die Wende zur Moderne möglich machten, und von Newton, Marie Curie und Albert Einstein. Ernst Peter Fischer zeigt, wie spannend die Geschichte der Wissenschaft und ihrer Protagonisten ist, wenn sie mit biographischer Neugier erzählt wird.

Ernst Peter Fischer

Leonardo, Heisenberg & Co.

Eine kleine Geschichte der Wissenschaft in Porträts. 361 Seiten mit 41 Abbildungen. Serie Piper

In unserem Alltag sind die Wissenschaften allgegenwärtig. Wer aber waren und sind die Menschen, denen wir die entscheidenden Forschungen verdanken? Der anerkannte Wissenschaftshistoriker Ernst Peter Fischer hat nach seinem erfolgreichen Buch »Aristoteles, Einstein & Co.« zwanzig neue Porträts großer Wissenschaftler geschrieben. Unter anderem erzählt er vom Universalgenie Leonardo da Vinci, der Naturforscherin und Künstlerin Maria Sybilla Merian, dem Mathematiker und Philosophen Gottfried Wilhelm Leibniz. Die Quantenphysiker Max Planck, Werner Heisenberg, Erwin Schrödinger und Wolfgang Pauli werden ebenso porträtiert wie Konrad Lorenz, Francis Crick und James D. Watson. In Fischers unterhaltsamer »wissenschaftlicher Hintertreppe« verbinden sich Vergangenheit und Gegenwart in den Geschichten berühmter Frauen und Männer.

Roman Braun
Die Macht der Rhetorik
Besser reden – mehr erreichen.
284 Seiten. Serie Piper

Die Qualität Ihrer Kommunikation bestimmt Ihren beruflichen Erfolg, Ihre Zufriedenheit und Ihr Lebensglück. Entscheidend ist, wie Sie Ihre Qualitäten präsentieren, Konflikte lösen und Beziehungen aufbauen. Profitieren Sie vom Rhetorik-Know-how der letzten 2500 Jahre, von Aristoteles bis zur Hypno-Rhetorik®. In diesem Buch zeigt Roman Braun Ihnen nicht nur die zehn Einsteiger-Tipps, sondern auch bewährte und innovative Wege zur Rhetorik für Fortgeschrittene.

»So wünscht man sich einen Ratgeber: konsequent praktisch aufbereitete Tipps, die zur sofortigen Umsetzung einladen, illustriert mit Fallbeispielen, die das Thema nachvollziehbar und plastisch machen, und das alles flott und mit viel Hintergrundwissen verfasst. Absolut vorbildlich.«
Zeit zu leben

Warum fallen schlafende Vögel nicht vom Baum?
Wunderbare Alltagsrätsel.
Herausgegeben von Mick O'Hare / New Scientist. Aus dem Englischen von Helmut Reuter. Mit Illustrationen von Spike Gerrell.
247 Seiten. Serie Piper

Haben Sie etwa schon einmal einen schlafenden Vogel vom Baum fallen sehen? Warum niesen wir, wenn wir in die Sonne schauen? Warum fliegen fliegende Fische? Warum ist der Himmel blau? Unsere Welt ist voller kleiner Rätsel! Die berühmte englische Zeitschrift »New Scientist« hat für solche Fragen und Antworten eine »letzte Seite« eingerichtet. Dort antworten Leser aus aller Welt den Lesern aus aller Welt. Die schönsten, skurrilsten, hintergründigsten und auch normalsten Fragen und Antworten bietet dieses Buch. Es gibt viel zu staunen und zu lernen über die Welt um uns herum.

»Eine unterhaltsame Lektüre für all jene, die das Staunen über die kleinen Dinge des Alltags noch nicht verlernt haben.«
Die Welt

05/1442/02/L.

05/1457/01/R